유니폼을 입은 개념

유니폼을 입은 개념

스포츠로 배우는
생각하는 법

윤기준 지음

채움교육
CHAEUMEDU PUBLISHING

유니폼을 입은 개념
스포츠로 배우는 생각하는 법

초판 1쇄 인쇄 | 2025년 8월 26일
초판 1쇄 발행 | 2025년 9월 1일

지 은 이 | 윤기준
펴 낸 이 | 배효선
펴 낸 곳 | 채움교육

주　　소 | 서울특별시 마포구 월드컵북로6길 19, 성산빌딩 3F
출판신고 | 제406-2020-000073호
등록번호 | 306-96-92361
대표전화 | 02)2038-2005
이 메 일 | chaeumedu2020@naver.com
홈페이지 | www.chaeumedu-pub.co.kr

개발총괄 | 양일권
편　　집 | 신관식, 김주섭, 라상진
디 자 인 | 신증호, 남하나
일러스트 | 봄날개
표지이미지 | 프리픽
인쇄·제작 | 타라TPS

ISBN | 979-11-989287-5-7　93690
값 | 23,000원

- 파본은 교환해 드립니다.
- 이 책의 무단 복제는 법으로 금지되어 있습니다.

We are what we repeatedly do.
Excellence, then, is not an act but a habit.

반복적으로 행하는 것이 우리 자신이다.
탁월함은 행위가 아니라 습관이다.

― 아리스토텔레스

개념을 곱씹는 습관이
우리를 보다 탁월하게 한다.

머리말 Preface

　우리는 두 가지 일을 경험하면 자연스럽게 그 둘의 난이도를 비교하게 된다. 읽기와 쓰기도 마찬가지다. 초등학교에 입학하면 쓰기가 읽기보다 어렵다는 것을 이해하게 된다. 학창 시절 독후감 숙제, 늘 마음의 짐이었던 대학 시절 레포트 과제, 두 번의 학위 논문과 40여 편의 학술지 논문, 피말리는 마음으로 임했던 프로젝트 제안서와 보고서 작성은 늘 버거운 일이었다. 적어도 내게는 한 문장을 쓰는 일이 열 개의 문단을 읽는 것보다 훨씬 어려웠다.

　이번에도 다르지 않았다. 한 챕터를 작성하는 데 필요한 여러 자료를 수집하고 마음속으로 정리하는 과정은 즐거움으로 충만했지만, 활자로 녹여 내는 매 순간은 다양한 수준의 고통으로 가득했다. 아주 가끔은 내가 문장을 쓰는 것인지 키보드가 나의 손가락을 조종하는 것인지 헷갈릴 정도로 잘 써지는 순간도 있었지만, 한 문장을 쓰지 못해 안절부절못하는 경우가 훨씬 많았다. 한동안 비슷한 고통에서 벗어날 수 있다고 생각하니 마음이 편하다.

이 책을 쓰게 된 배경에는 여러 가지가 있지만 다음 세 가지가 가장 크게 작용했다. 첫째, 그동안 공부하고 가르치고 운동하면서 머릿속에 입력된 낱낱의 파편을 글로 엮어야겠다는 생각을 늘 하고 있었다. 다른 사람의 배움을 도울 때 효과적이기 때문이다. 잘 가르치려면 전달하려는 내용을 잘 정리해야 하고, 잘 정리하려면 내가 준비되어야 한다. 이런저런 핑계로 생각만 하고 실천으로 옮기지 못하던 게으른 내게 처음으로 맞이한 연구년은 매우 귀중한 시간이었다. 여전히 어지러운 집이지만 현관 정도는 정리가 된 느낌이다.

  둘째, 두 아들에게 도움이 될 만한 내용을 의미 있는 형태로 남기고 싶었다. 지금까지 두 아들에게 변함없이 강조하는 것이 있다면 바로 여러 가지 스포츠에 참여하는 것이다. 직접 경험해 봐야만 배울 수 있는 것이 많기 때문이다. 두 아들이 이 책에서 다룬 여러 가지 개념을 머리가 아닌 온몸으로 깨닫고 왜 내가 그토록 스포츠 참여를 강조했는지를 이해하는 날이 얼른 오기를 바란다.

셋째, 서책 형태의 중요성을 알려준 아내 덕분이다. 20년 전 아내는 의류 디자인을 공부했다. 40살이 넘어서 의류 디자인과 연결고리를 찾기 어려운 한국어 교육을 공부하기로 결정한 아내는 평생학습자이다. 익숙하지 않은 한국어 교육을 공부하는 데 어려움과 서러움을 겪어서일까. 아내는 입문자를 위한 쉬우면서도 친절한 책의 중요성을 내내 강조했다. 바라건대 이 책이 스포츠를 통해 개념과 세상을 이해하고자 하는 사람에게 약간이라도 도움이 되기를 바란다.

모든 책이 그러하듯이 이 책 역시 무에서 유를 만들어 낸 것이 아니다. 이미 있었던 다양한 생각과 이야기에 내 생각을 조금 더했을 뿐이다. 내 생각을 보탤 수 있는 양질의 콘텐츠가 없었다면 이 책은 시작 자체가 불가능했을 것이다. 이와 같은 점에서 나는 각 챕터에서 제시한 사례와 관련된 모든 당사자에게 큰 빚을 졌다. 많은 이야깃거리를 만들어 준 선수, 지도자, 동호회, 구단, 스포츠 관련 영상 제작자 모두에게 진심으로 감사드린다.

스포츠라는 거울로 개념을 새롭게 이해하고자 한 내 시도에 얼마나 많은 독자가 공감할지 모르겠다. 여러 가지 스포츠를 좋아하던 분에게는 신선한 측면이 부각될 수도 있겠지만, 평소 철학에 관심을 가졌던 분에게는 다소 심심한 글이 될 수도 있다. 그럼에도 부족한 내 생각이 스포츠와 개념을 잇는 작은 징검다리 역할은 할 수 있지 않을까 하는 희망을 담아본다. 이 책이 익숙한 스포츠 장면에서 낯선 생각을 발견하고, 당연하게 여겨지던 개념에 다시 질문을 던질 수 있는 기회로 이어지기를 바란다. 그렇게 던진 질문이 여러분의 몸과 마음을 움직이게 하는 계기가 된다면 그보다 더 큰 보람은 없을 것이다.

Contents 목차

머리말 6

Prologue 왜 개념과 스포츠인가? 12

PART I 스포츠로 삶 읽기

- Chapter 01 지혜를 얻는 세 가지 바라보기 20
- Chapter 02 금메달과 세계 최고 기록 27
- Chapter 03 마라톤을 싫어하는 이란 34
- Chapter 04 모든 경험은 다르다 42
- Chapter 05 배움을 돕는 코칭 50
- Chapter 06 아마추어 찬가 59
- Chapter 07 Sportsmanship maketh man 65
- Chapter 08 스포츠 팬덤과 아비튀스 73
- Chapter 09 점프 슛의 원조는 무엇일까? 80
- Chapter 10 스포츠와 행복 88

PART II 스포츠로 사회 읽기

- Chapter 11 나를 아는 스포츠 100
- Chapter 12 나는 운동한다, 고로 존재한다 108
- Chapter 13 감각으로 이해하는 세계 114
- Chapter 14 박지성과 공간 이해력 121
- Chapter 15 질문으로 이해하고 실천하는 참된 불문율 .. 127
- Chapter 16 손으로 쥐는 배움 133
- Chapter 17 스포츠 레슨과 사교육 140
- Chapter 18 셔틀콕과 흰 코끼리 147
- Chapter 19 차별 없는 스포츠 생태계 153
- Chapter 20 예측의 한계와 자신 알기 161

PART III 스포츠로 권력과 구조 읽기

- Chapter 21 스포츠와 국적·조국·민족의 경계 ········ 172
- Chapter 22 태극전사와 국격 ········ 179
- Chapter 23 공격과 수비의 경계 넘기 ········ 186
- Chapter 24 최고의 상품 ········ 195
- Chapter 25 스포츠와 가치 ········ 202
- Chapter 26 믿음의 스포츠 ········ 208
- Chapter 27 부자의 축구 vs 명문의 축구 ········ 215
- Chapter 28 체급의 공정성, 계급의 불평등 ········ 222
- Chapter 29 빠름과 느림이 공존하는 스포츠 ········ 230
- Chapter 30 보이는 선, 보이지 않는 권력 ········ 237

PART IV 스포츠로 존재 읽기

- Chapter 31 즐거운 진지 씨 ········ 246
- Chapter 32 공을 몰아준 날, 벤치에 앉은 날 ········ 254
- Chapter 33 가족과 함께한 마라톤의 의미 ········ 261
- Chapter 34 입스와 초킹 그리고 존재의 균열 ········ 267
- Chapter 35 공 보기가 궤적 예상하기에 앞선다 ········ 274
- Chapter 36 자유투에 담긴 자유와 책임 ········ 281
- Chapter 37 몸을 움직이고 옷을 통과하는 무의식 ········ 288
- Chapter 38 축구공이라는 낱말은 둥글지 않다 ········ 295
- Chapter 39 코트 위의 언어 ········ 303
- Chapter 40 무소의 뿔처럼 혼자서 던져라 ········ 311

Epilogue 개념은 멈추지 않는다 ········ 318

참고 문헌 및 찾아보기 ········ 321

Prologue
왜 개념과 스포츠인가?

　이 책의 제목은 '유니폼을 입은 개념: 스포츠로 배우는 생각하는 법'이다. 여러 가지 개념을 이해하는 것이 목적이고 여기에 스포츠가 활용되는 구조이다. 이와 같은 구조는 '음악으로 이해하는 삶의 지혜' 또는 '수학으로 꿰뚫어 보는 경영 방식' 등과 같은 다양한 서적에 활용될 수 있다. 그렇다면 왜 나는 개념과 스포츠를 선택했을까? 우선 일상생활에서부터 전문적인 학술 영역까지 포괄적으로 활용되는 개념에 대해 살펴보자.

　나는 아직도 진달래와 철쭉을 구분하지 못한다. 모양과 색이 비슷하기 때문이다. 심지어 꽃이 피는 기간도 겹치기 때문에 내게는 둘을 구분하기가 여간 어려운 일이 아니다. 그래도 진달래와 철쭉 모두 꽃이라는 범주에 속한다는 점은 알고 있다. 장미, 무궁화, 벚꽃, 코스모스 모두 '과일'이 아니라 '꽃'으로 묶인다는 것도 알고 있다.

개념은 일상적인 대화에서도 작동한다. 두 아들이 각각 초등학교 5학년과 3학년일 때 있었던 일이다. 잠자리에 들기 전에 양치질하라는 의미에서 "치카하고 잘 준비해야지"라고 말했다. 바로 뒤이어 "벌써 12살, 10살인데 치카라고 얘기하니까 너무 어린애처럼 들리네. 이제 양치질이라고 해야 하겠구나"라고 했다. '치카'는 이 닦기를 직관적으로 표현한 의성어인 반면, '양치질'은 이를 닦고 헹구는 행위를 포괄하는 개념이다. 아이들이 더 어렸을 때는 '우르르 퉤'라는 표현으로 입가심을 도와줬다.

사회 현상도 마찬가지이다. 많은 사람들이 대한민국에서 태어나는 아이는 주는 반면, 노인들이 많아지는 최근 상황을 걱정한다. 이처럼 '지금 여기에서 벌어지고 있는 일'을 현상이라 한다. 개념은 현상을 지칭하기 위해 새롭게 만들어지기도 한다. 신문과 방송에서는 '저출산'과 '고령화'라는 개념을 사용하여 현상을 명확히 이해하고 토론한다.

다음은 영화 〈대도시의 사랑법〉에서 주인공들이 나눈 대화이다.

재희 나 사랑에 빠진 것 같아.
흥수 네, 다음 환자분. 야 그거 다 도파민의 농간이야. 어떤 건 사랑이고 어떤 건 아닌지 어떻게 아나? 기준이 뭐야 대체?
재희 솔직히 얼마만큼 좋아해야 사랑하는 건진 모르겠거든? 근데, 보고 싶어. 나는 보고 싶다는 말이 사랑한다는 말보다 더 진짜 같아. 사랑은 너무 추상적이고 어려운데 보고 싶다는 참 명확해. 보고 싶어 그 사람이 너무너무.

사랑은 사전적으로 '어떤 사람이나 존재를 몹시 아끼고 귀중히 여기는 마음이나 그런 일'로 정의된다. 이는 주인공이 이야기하는 '보고 싶다'라는 마음의 상태보다 추상적이다. 행복, 성공, 동기 유발, 성취 지향성 등과 눈으로 직접 볼 수 없지만 일상생활과 학문에서 굉장히 중요하게 다루어지는 추상적인 관념도 개념이라 한다('개념'이라는 낱말 자체가 이미 하나의 개념이다).

정리하면 개념에는 실제로 존재하는 것(꽃), 다른 것과 뚜렷하게 구분되는 행위(양치질), 우리가 알아차릴 수 있는 실제로 벌어지고 있는 일(저출산), 오감(눈, 귀, 코, 혀, 피부)을 통해 감각적으로 알아차릴 수 없는 추상적인 관념(사랑) 등과 같이 다양한 유형이 있다.

우리가 날마다 경험하는 생활 세계는 구체적이다. 반면 개념은 실제로 존재하지 않는다. 문자와 같은 기호로 표시되며 추상적이다. 둘의 성격은 정반대지만 서로를 보완하며 작동한다. 우리는 꽃이라는 개념을 통해 공원에 피어 있는 아름다운 진달래를 알아차리며, 벚꽃 구경을 통해 꽃이라는 개념을 이해하고 보완할 수 있다.

그렇다면 왜 개념에 관심을 가져야 할까? 크게 두 가지로 이야기할 수 있다. 첫째, 원활한 의사소통을 위해 필요하다. 개념을 뜻하는 영단어는 'concept'이다. 이 단어는 라틴어 con(함께)과 '잡다'라는 뜻의 cept가 합쳐진 것이다.[1]

결국 개념은 의사소통하는 둘 이상의 사람이 '함께 잡고 있는 생각'이라고 할 수 있다(우리말 '개념 잡아라'는 어원을 잘 살린 것이다). 달리 말하면 같은 개념에 대해서 두 사람이 다르게 이해하면 원활한 의사소통이 되기 어렵다. '사교육의 폐해와 개선 방안'이라는 주제의 포럼에서 강제적인 야간 자율 학습의 부당함에 대해 일장연설을 한다면 환영받지 못할 것이다.

둘째, 세상을 좀 더 깊이 이해하고 입체적으로 바라보는 데 도움을 주기 때문이다. 반대로 개념을 제대로 이해하지 못하면 조작이나 선동에 휘둘릴 가능성이 커진다. 우리는 흔히 '좌파=빨갱이', '우파=수구꼴통' 같은 등식에 익숙하지만, 이는 개념의 생성 배경을 살펴보지 않은 피상적 이해일 수 있다. 정치 성향을 나타내는 좌파와 우파라는 개념이 생성된 배경을 살펴보면 본인의 정치적 성향에 꼭 들어맞는 정당이 없을 수 있다는 점과 관계 중심적 사고의 중요성을 이해할 수 있다. 마찬가지로 '사교육'이라는 개념도 그 목적, 방식, 내용에 따라 다양한 방식으로 이해하고 평가할 수 있다.

개념은 다양한 방식으로 습득된다. 아이는 얼음을 만지거나 먹으면서 '차가움'을 경험하고, 사람들이 여러 강아지를 멍멍이와 개라고 부르는 것을 보면서 비슷한 특성을 가진 대상을 비교하고 분류해 공통된

---

1 어원(어떤 말이 생겨난 근원)을 살펴보는 것은 해당 개념의 이름을 지었던 사람의 생각을 들여다보는 일이다. 한 가지 유념해야 하는 점은 어원이 개념을 가장 정확하게 설명하는 수단은 아니라는 것이다. 언어와 마찬가지로 개념 역시 일종의 살아 있는 생물과 같다. 비혼 동거와 같은 다양한 형태의 가족과 반려동물을 가족 구성원으로 이해하는 문화에서는 전통적으로 이해되던 가족이라는 개념의 범위가 확장된다.

속성을 도출하는 능력을 갖추게 된다. 학교에 가면 소설, 함수, 중력, 인상파 등 여러 가지 과목에서 필수적으로 다루는 개념을 습득하기도 한다. 친구를 사귀고 이성과의 헤어짐을 통해 우정과 사랑이라는 추상적인 관념을 체득하고, 군 생활을 통해 충성과 계급 사회를 생생하게 이해할 수 있다.

반복, 비교, 체험 등은 개념의 심화 및 확장으로 이어진다. 민주주의를 예로 들어보자. 초등학교와 고등학교에서 배우는 민주주의는 다루는 내용의 깊이와 범위에 차이가 있다. 민주주의는 교과서에서만 배우지 않는다. 학급 회의, 반장 선거, 토의·토론 등을 통해 민주주의가 실생활에서 적용되는 양상을 파악할 수 있게 된다. 성인이 되어 실제로 대통령 선거에서 유권자의 권리를 행사함으로써 민주주의의 실질적인 의미를 체감한다.

이와 같은 맥락에서 스포츠는 개념 이해 및 심화에 크게 기여할 수 있다. '스포츠는 인생의 축소판이다'라는 표현은 우리가 살면서 마주하는 다양한 개념을 스포츠를 통해서도 경험하고 배울 수 있음을 의미한다. 언제 어디서든 나와 상대방에게 동일하게 적용되는 규칙과 엄격한 도핑(doping) 검사를 통해 '공정'을 이해하고, 국가대표 팀을 응원하고 프로 스포츠 구단의 팬이 됨으로써 '정체성'과 '소속감'을 배울 수 있다. 스포츠와 밀접하게 관련되는 가치인 경쟁, 협력, 책임, 성공, 실패, 인내, 통제, 페어플레이 등은 모두 인생에서도 중요한 개념이다.

스포츠 참여 경험은 이미 습득한 개념을 새로운 방식으로 이해하는 데도 활용된다. 두 아들이 두발자전거를 탈 수 있도록 다양한 방법을 동원하여 도와주는 과정에서 교수(teaching)와 학습(learning)을 새롭게 해석하거나(5장 참고), 배구의 블로킹 기술이 수비이자 동시에 공격이 되는 점을 깨닫고 이분법이라는 개념을 다시 생각할 수 있다(23장 참고). 접전으로 흘러가는 경기에서 자유투를 얻은 선수는 상대방으로부터 어떤 방해도 없이 던질 수 있다는 자유와 누구에게도 기댈 수 없다는 홀로서기의 부담감을 동시에 느낀다. 이는 사르트르의 "자유를 선고받는다"라는 표현을 재해석할 수 있는 성찰의 기회로 이어진다(36장 참고).

다시 정리하면 스포츠는 개념 학습의 장이자 삶을 이해하는 하나의 방법이다. 그런 점에서 체육교육과로 진학하고 세부 전공으로 스포츠교육학을 선택한 것은 매우 잘한 결정이었다. 다양한 스포츠의 특징과 본질을 이해할 수 있었고, 누군가의 성장을 돕는 과정에서 스포츠를 통해 얻을 수 있는 내용에 대해 깊게 고민할 수 있었기 때문이다. 이 책에서 개념을 이해하는 구체적인 방식은 나의 스포츠 참여 경험과 고민에서 비롯된 것들이다. 나는 스포츠로 배우는 개념이 우리의 삶을 좀 더 풍요롭게 만드는 데 결정적인 기여를 한다고 생각한다. '스포츠-개념-삶'의 연결고리에 주목하면서 다양한 개념을 맞이하자.

PART I

스포츠로 삶 읽기

Chapter 01

지혜를 얻는 세 가지 바라보기

다루는 개념 **탱킹, 철학, 지혜, 통찰력**

샌안토니오 스퍼스(San Antonio Spurs)팀의 감독이자 운영 부문 사장인 그렉 찰스 포포비치(Gregg Charles Popovich)는 미국 4대 프로 스포츠(미식축구, 야구, 아이스하키, 농구)를 통틀어 가장 오랫동안 연임한 지도자이다. 2021-22 시즌에 포포비치는 크게 약해진 전력에도 불구하고 저력을 발휘해 팀을 플레이-인 토너먼트에 진출시켰다. 한 기자의 "왜 탱킹을 하지 않고 전력을 다했는가?"라는 질문에 포포비치는 다음과 같이 답했다.

"탱킹은 우리가 지향하는 것이 아니다. 나 역시 그런 사람이 아니다. 물론 그것이 가장 현명한 철학은 아닐 수 있다(might not be the most intelligent overall philosophy). 그럼에도 우린 우리의 모습대로 갈 것이다. 남은 경기에서 이기려고 최선을 다할 것이다."

여기에서 말하는 탱킹(tanking)은 해당 시즌을 일부러 포기하거나 최선을 다하지 않음으로써 하위 순위를 기록하려는 행위이다(tank에는 액체나 기체를 담는 용기나 전차라는 뜻과 함께 '일부러 지다'라는 의미도 있다). 낮은 순위를 기록한 팀이 차기 년도 신인 선수를 선발하는 드래프트에서 좋은 선수를 뽑을 확률이 높아지기 때문이다. 우리나라에서는 2005년 프로 배구 신인 드래프트에서 김연경을 뽑으려고 두 팀이 탱킹을 했다는 강한 의혹이 제기된 적이 있다.

일반적으로 탱킹은 플레이오프에 진출하는 것이 실질적으로 어려워진 팀이 해당 시즌의 남아 있는 경기에 후보 선수를 내세워 실전 감각을 쌓을 수 있게 도와주는 동시에 경기력을 떨어트리는 방식으로 진행된다. 탱킹은 모든 경기에 최선을 다한다는 스포츠맨십을 망각하는 행위라는 점에서 많은 비판을 받는다. 동시에 구단의 지속적인 운영이 중요한 프로 스포츠 세계에서는 일종의 팀 운영 전략으로 여겨지기도 한다. 실제로 프로 스포츠에서 탱킹에 대한 의심은 끊이지 않는다.

포포비치 사례에서 우리가 주목해야 할 점은 두 가지다. 첫째, 탱킹을 하는 팀(감독)도 있고 그렇지 않은 팀(감독)도 있다. 드러내 놓고 하는 탱킹은 비판받을 것이 뻔하다. 팀의 승리를 원하는 팬의 바람을 저버리는 행위이기 때문이다. 그렇지만 욕 한번 먹고 우수 선수를 뽑아 장기 집권을 위한 포석을 마련하는 일에 어떤 감독이든 유혹에 빠질 수 있다. 실제로 김연경 사례 때 다른 감독들 역시 "나라도 그랬을 것이다"라고 했다. 의심은 가지만 명확하게 탱킹이라고 증명할 수 없는 섬 역시 이를 부채질한다.

둘째, 탱킹은 팀을 운영하는 지도자의 철학과 밀접하게 관련된다. 포포비치 감독의 인터뷰 내용을 다시 한번 보자. 탱킹을 위해 눈앞의 경기에서 최선을 다하지 않는 것은 자신의 철학에 부합하지 않는다고 했다. 그런데 이 문맥에서 철학을 운영 방식, 소신, 가치관, 지향점, 스타일 등으로 대신해도 이해하는 데 문제가 없다.

그렇다면 철학은 어떤 점에서 다른 용어와 다를까? 우리는 어떤 상황에서 철학이라는 말을 쓸까? 다소 거칠지만 크게 나누면 다음의 두 가지가 있다. 첫째는 분과 학문(a subject)으로서의 철학이다. 철학을 전공하는 대학생을 떠올려 보자. 하나의 학문 분야로서 철학을 공부하는 이 학생은 고대, 중세, 근대, 현대에 제기된 여러 가지 사상을 배운다. 플라톤의 이데아, 하이데거의 현존재, 알튀세르의 이데올로기 등과 같이 여러 철학자가 제시한 개념과 사상을 바탕으로 자신만의 독창적인 사고를 형성한다. 우리가 철학이라는 용어를 떠올릴 때 '어려운 것', '따분한 것', '실생활에 별로 도움이 안 되는 것'이라는 생각이 따라붙는다면 여기에서 비롯되었을 가능성이 크다.

두 번째는 분과 학문으로서의 철학을 제외한 모든 경우다. 철학이라는 말은 그 쓰임새가 매우 넓다. 일상생활을 비롯해 다양한 영역에서 활용된다. 국가를 운영하는 지도자의 소신(정치철학), 고깃집 사장님의 서비스에 대한 남다른 태도(경영철학), 자녀가 잘 되기를 바라는 마음에서 비롯된 식사 예절 교육(교육철학), 술자리에서 이야기하는 선배의 진중한 듯하지만 들어보면 맹탕인 이야기(개똥철학) 등에 모두 '철학'이라는 용어를 붙여도 이상할 것이 없다.

그렇다면 철학이라는 용어는 아무 데나 붙여도 되는 일종의 치트키일까? 어원을 통해 다른 용어과 구분되는 철학의 특징을 살펴보자. 철학을 뜻하는 영단어 philosophy는 그리스어 필로소피아(philosophia)에서 유래된 것인데 이는 사랑을 뜻하는 필리아(philia)와 지혜를 의미하는 소피아(sophia)가 합쳐진 것이다. 직역하면 철학은 '지혜에 대한 사랑'이라고 할 수 있다. 한자로는 哲學인데 哲 자에 '슬기롭다'라는 뜻이 들어 있는 점을 고려하면, 결국 철학은 지혜를 중요하게 생각하고 얻으려는 행동, 태도, 자세, 학문이라고 이해할 수 있다.

철학과 마찬가지로 지혜 역시 굉장히 넓게 설정될 수 있다. 나는 지혜를 삶에 영향을 미치는 모든 형태의 깨달음이라고 생각한다. 굳이 깨달음이라는 표현을 쓴 이유는 일정 시간과 수준 이상의 자기 주도적인 비판과 반성을 통해서만 얻을 수 있기 때문이다. 익히 알고 있듯이 지혜는 단순한 형태의 지식이나 정보와 다르다. 정보, 지식, 현상을 스스로 비판적으로 해석한 후에야 깨달음이 생겨날 수 있다. 철학(하기)은 이러한 깨달음을 얻고자 하는 노력이다.

깨달음의 형태는 다양하다. 예를 하나 들어보자. 생전에 우리 할머니는 매우 유쾌하신 분이었다. 유일한 단점이 한 가지 있었는데 요리의 간이 매번 다르다는 것이다. 간이 적절할 때가 훨씬 많았지만, 싱겁거나 짤 때가 가끔 있었다. 반찬 투정을 하는 간 큰 손자에게 할머니께서는 "반찬 두 번 먹어(싱거우니까)" 또는 "밥 두 번 먹어(반찬이 짜니까)"라고 유쾌하면서도 슬기롭게(哲) 대처하셨다. 동시에 반찬 투정(외부 자극에 대한 부정적 수용)을 하는 못난 손자를 반찬의 상태에 맞춰 새로운 방법(자기 주도적 해결)을 찾아내는 사람으로 성장할 수 있는 방법을 알려주신 셈이다. 아직 제대로 실천하지 못하는 것이 나의 여전한 문제

이긴 하지만 이런 지혜는 더 넓은 시각과 여유로운 마음으로 세상을 대하는 자세로 이어진다.

지혜는 어떻게 얻을 수 있을까? 나는 다음과 같은 세 가지 방법과 자세가 필요하다고 생각한다. 첫째, 많이 보려고 해야 한다. '아는 만큼 보이고 보는 만큼 안다'는 말은 습득한 지식 또는 이해 수준이 세상을 바라보는 관점에 영향을 미친다는 표현이다. 축구 전술을 잘 '아는' 사람은 국가대표 경기에서 3-4-3 전술이라는 것이 '보이고', 어려서부터 부모가 여러 가지 스포츠에 참여하는 것을 '본' 아이는 스포츠의 참맛을 더 일찍 '알아차릴' 가능성이 크다. 이와 같은 측면에서 많은 것을 보려는 노력은 지혜를 습득하는 데 필수이다. 이 책에서 다루는 여러 가지 스포츠의 기술, 전술, 특징, 역사 등이 여기에 해당한다.

둘째, 다르게 그리고 깊게 보려고 해야 한다. 다르게 본다는 것은 기존의 방식이나 관점만이 정답이 아님을 인정하는 태도이다. 비판은 쉽게 말해 '너는 그렇게 생각하니? 나는 이렇게 생각해'이다. 외국 선수를 귀화시켜 국가대표로 선발하는 제도는 경기력, 민족 정체성, 해당 스포츠 자생력, 다문화와의 연계 등 다양한 개념과 밀접한 관련을 지니는 복잡한 문제이다. 찬성과 반대에도 그 나름의 이유가 있다. 중요한 것은 입장에 대한 차이를 인정할 때 비로소 다르게 바라보고 여러 가지 관점을 종합할 수 있다는 것이다.

깊게 본다는 것은 표면으로 드러난 것과 함께 그 이면의 본질과 관계까지 꿰뚫어 보는 것을 말한다. 같은 정보나 현상을 접하고도 다른 사람이 생각하지 못한 새로운 관점을 논리적으로 풀어내는 것을 통찰력(insight)이라고 한다. 통찰(洞察)은 어원적으로 골짜기(洞)를 세심하게 살핀다(察)라는 뜻이며, insight는 안쪽(into)을 들여다본다(sight)는 뜻이다. 둘 다 사물이나 현상의 안쪽 깊은 곳을 보는 태도를 뜻하는 셈이다. 처음으로 국가대표 축구 경기를 직접 관람한 경우를 예로 들어 보자. 굉장한 응원 소리의 진동으로 몸이 떨리는 느낌과 평소 좋아하는 선수의 움직임을 놓치지 않고 볼 수 있다는 점에서 TV 시청과는 질적으로 다르다는 것을 알게 된다. 이를 바탕으로 매개체의 여부로 간접 경험과 직접 경험을 구분하는 것보다 모든 경험은 전적으로 다르다라는 관점이 좀 더 설득력 있다는 것을 깨닫게 된다(4장 참고). 깊이 있는 사고가 경험이라는 개념을 재정의하게 만든 경우라고 할 수 있다.

셋째, 잘 보이지 않는 것을 보려고 해야 한다. 여기서 말하는 '잘 보이지 않던 것'은 표면 안에서 있어서 시각적으로 감춰진 것이 아니다. 오히려 너무 익숙해져서 의식하지 못한 사물이나 관행이다. 이와 같은 측면에서 세 번째는 '생경하게 바라보기'라고도 할 수 있다. 외국인이 지하철 와이파이나 식당의 호출 버튼에 놀라는 모습을 보면서 비로소 우리 일상을 생경하게 바라볼 수 있다. 마찬가지로 올림픽에 출전하는 국가대표 선수들을 '태극전사' 또는 '태극낭자'라는 용어로 지칭하거나 '국가대표 상비군'이라는 표현을 사용하는 것을 생경하게 바라보면 우리 사회가 스포츠를 바라보는 방식과 관련된 또 다른 깨달음을 얻을 수 있다(22장 참고).

세 가지 형태의 '바라보기'를 통해 얻은 지혜는 삶에 큰 영향을 미칠 수 있다. 당연한 말이지만 형성된 지혜는 결코 고정적이지 않다. 바뀌는 과정도 다양하다. 좋은 책을 읽는 것과 다른 사람의 삶을 관찰하는 것이 대표적인 방법이다. 스포츠로 얻은 지혜 역시 우리의 삶을 좀 더 풍요롭게 만들어 준다. 여러 가지 스포츠 바라보기를 바탕으로 자신만의 관점을 만들어 보자.

Chapter 02

금메달과 세계 최고 기록

다루는 개념 **기록, 순위, 실체, 관계**

사례 1

2018년 아이오와 대학교 소속 조던 보해넌(Jordan Bohannon)은 경기에서 자유투를 고의로 놓치는 특별한 결정을 내렸다. 이는 선배 선수 크리스 스트리트(Chris Street)에 대한 깊은 존경과 추모를 보인 것이다. 스트리트는 1990년부터 1993년까지 활약하며 34개 자유투를 연속으로 성공해 학교 기록을 보유한 채 교통사고로 안타깝게 세상을 떠났다. 그의 등번호 40번은 영구 결번이 되었고 그의 이름을 딴 상은 매 시즌 팀의 열정과 정신을 가장 잘 보여 준 선수에게 수여되고 있다. 보해넌은 자유투를 일부러 놓치기 직전까지 34개의 자유투를 연속으로 성공해 스트리트와 기록을 나란히 했다. 경기 후 그는 크리스의 가족을 안아주었고, 인터뷰에서 "그 기록은 제 것이 아닙니다. 크리스 스트리트의 이름으로 남아야 합니다"라는 말로 마음을 전했다. 두 선수는 해당 기록을 공유 중이다.

사례 2

2009 베를린 세계육상선수권대회 남자 100미터 결승전에서 충격적인 레이스가 펼쳐졌다. 우사인 볼트(Usain Bolt)가 9초 58의 세계 신기록을 세운 것이다. 이 경기에서 2위를 차지한 타이슨 게이(Tyson Gay)의 기록은 9초 71이었다. 2024 파리 올림픽 남자 100미터 경기에서는 미국의 노아 라일스(Noah Lyles)가 9초 79의 기록으로 금메달을 차지했다. 다음의 상황을 가정해 보자. 게이 선수가 타임머신을 타고 2024년으로 이동해 같은 기록(9초 71)을 냈다면 그는 그토록 원했던 올림픽 금메달을 거머쥘 수 있었을 것이다.

기록과 순위는 스포츠에서 탁월함을 드러내는 대표적인 지표이다. 마이클 펠프스(Michael Phelps)는 올림픽에서만 총 23개의 금메달(1위라는 순위)을 획득해 역대 최고의 수영 선수로 평가받는다. 엘리우드 킵초게(Eliud Kipchoge)가 세운 1시간 59분 40초[2]라는 기록은 마라토너로서의 탁월함을 증명하는 결정적 지표라고 할 수 있다.

사례 1에서 우리는 기록의 특성을 확인할 수 있다. 기록에는 누적 득점, 출전 시간, 시간, 거리, 연속 승리 횟수 등 다양한 유형이 있다. 기록은 선수 또는 팀이 실제로 달성한 구체적인 결과로서 일종의 '실체'라고 할 수 있다. 기록은 경기 결과와 무관하게 존재할 수 있다. 34개 연속 자유투 성공이라는 기록은 팀의 승패와 무관하게 독립적으로 존

---

[2] 인간의 한계라고 여겨지는 Sub2(2시간 이내 마라톤 완주)를 달성하려는 프로젝트에서 달성한 성과라서 마라톤 공인 기록으로 인정받지는 못했다. 킵초게는 이 프로젝트에서 최첨단 신발, 41명의 페이스메이커, 평지라는 최적의 달리기 환경이라는 다양한 도움을 받았다.

재한다(경기가 끝나지 않은 상황에서 고의로 자유투를 놓쳤다는 점에서 보해넌의 행동이 더욱 주목받았다). 볼트가 세운 9.58초라는 세계 최고 기록 역시 2024 파리 올림픽 100m 경기 결과와 무관하게 항상 그 자리에 있다. 향후 누군가에 의해 세계 최고 기록이 경신된다고 하더라도 볼트가 세운 기록 그 자체가 사라지는 것은 아니다.

사례 2는 순위의 상대성을 보여 준다. 스포츠는 본질적으로 상대적이다. 내가 아무리 잘 뛰어도 나보다 잘 뛰는 선수가 있으면 이길 수 없다. 반대로 내가 아무리 잘 뛰어도 나의 탁월성을 증명해 줄 상대나 대회가 없다면 무용지물이다. 볼트가 무인도에서 태어났다면 그의 빠르기는 단지 생존에 필요한 능력으로만 평가되었을 것이다(이와 같은 측면에서 경쟁하는 상대는 나의 탁월함을 증명해 주거나 부족함을 알게 해 주는 존중해야 할 대상이다). 기록이 같더라도 규정에 의해 순위가 달라진다. 축구 리그에서 승점이 같을 때 골득실 차이를 바탕으로 순위를 결

정하는 것을 예로 들 수 있다. 이와 같이 순위는 참가자 간의 상대적 위치를 나타내 준다는 측면에서 '관계'의 산물이다.

실체로서의 기록과 관계로서의 순위는 다음과 같이 두 가지 방식으로 상호 작용한다. 첫째, 기록은 순위를 결정짓는 근거가 된다. 100미터 경기에서 누가 먼저 들어왔는지를 어렴풋이 짐작은 할 수 있지만, 결국 정확한 순위는 각 선수의 기록을 근거로 결정된다. 둘째, 기록은 순위를 통해 의미를 부여받는다. 볼트가 세운 9.58초 기록은 그것이 세계에서 최고로 빠르기 때문에 주목을 받는다. 만약 같은 경기에서 게이가 9.53초로 1위를 차지했었더라면 볼트의 기록은 덜 주목받았을 것이다.

그렇다면 두 가지 중에 더 중요한 것은 무엇일까? 기록이 순위의 기반이 되고, 순위가 기록에 의미를 부여한다는 점에서 기록이 좀 더 근본적이라고 볼 수 있다. 이는 존재 방식에서도 드러난다. 실체인 기록은 독립적으로 존재할 수 있다는 측면에서 본질적인 반면, 순위는 항상 두 개 이상의 기록이 있어야만 성립이 된다는 점에서 종속적이다.

스포츠에서 기록(실체)과 순위(관계)를 바라보는 방식은 일상생활에서도 동일하게 적용될까? 결론부터 말하면 그렇지 않다. 우리는 여러 가지 이유로 실체를 직접적으로 파악할 수 없다. 첫 번째 이유는 우리가 언어라는 도구를 통해 실체를 이해하려 하지만 언어(실체의 이름)는 실체를 완벽하게 담아내지 못하기 때문이다. 사랑, 우정, 충성 등과 같은 추상적 관념은 하나의 이름으로 완벽하게 표현될 수 없다. 법률과 행정에서 자주 등장하는 '실체적 요건'이라는 표현 역시 관련 개념이

완전히 정의되지 않았음을 의미한다. 두 번째 이유는 우리는 감각과 해석을 통해 실체를 추론할 수밖에 없기 때문이다. 누군가로부터 '친절함'을 느끼는 것은 그의 언어와 행위를 통해 해석한 것이다. 우리가 인식하는 것은 실체 그 자체가 아니라 그것을 우리만의 방식으로 해석한 결과이다.

그렇다면 실체를 좀 더 잘 파악할 수 있는 방법은 무엇일까? 바로 관계를 활용하는 것이다. 이론적으로 우리 모두는 엄연히 움직일 수 있는 신체와 스스로 생각할 수 있는 자유 의지를 가진 독립적 존재로서의 실체이다. 누군가로부터 "너는 누구냐?"라는 질문을 받았다고 가정해 보자. 윤기준이라는 이름, 누군가의 남편이자 아빠라는 사실, 근무지와 하는 일, 출신 학교 등 다양한 요소를 활용해 대답할 수 있겠지만, 그 어느 것도 나라는 실체 자체를 의미하지 않는다. 앞에서 나를 설명하려고 활용했던 다양한 요소는 모두 관계 기반의 정보이다. 이름에는 다른 사람과의 차이를 확보하려는 용도가 있고, 가족 관계, 직업과 하는 일, 출신 학교 모두 관계가 전제되지 않으면 성립될 수 없는 요소이다.

실제로 우리는 많은 영역에서 관계를 통해 실체를 파악한다. 실체는 독립적으로 존재한다고 가정되지만, 현실에서는 항상 관계 속에서 이해된다. 돈을 예로 들어보자. 실체로서의 돈은 종이 조각 또는 숫자일 뿐이나. 가지고 있는 지폐의 개수와 계좌에 새겨진 숫자 자체만으로는 내가 가진 돈의 본질(화폐 가치)을 파악할 수 없다. 다른 상품과의 관계(3,000원으로 햄버거를 하나 살 수 있다는 사실)나 대한민국 직장인의 평균 연봉 등을 통해 그 숫자의 가치를 제대로 이해할 수 있다. 이 외에도 음식의 맛을 표현하려고 다섯 가지 미각과 고통(매운맛은 이제는 미각이 아니라 통각으로 본다)을 활용하는 것, 사람과의 관계 속에서만 이해되는 성격 및 정체성, 동일한 시속 100km를 고속도로와 일반도로에서 다르게 느끼는 것, 차장과 대리를 이용해 부장이 실질적으로 행사하는 권한과 책임을 설명하는 상황 등도 모두 관계를 통해 실체를 파악하고자 하는 것이다.

　이처럼 우리는 실체 자체를 직접 인식하기보다 항상 관계를 통해 추론한다. 관계는 '차이'에서 비롯된다. 바꿔 말하면 차이가 분명할 때 실체가 드러날 수 있다. '부동산 투기와의 전쟁에서 절대로 지지 않겠다'라는 정부의 입장을 예로 들어보자. 이 맥락에서는 반드시 이겨야 하는 '투기'를 명확하게 설정해야 한다. 비슷한 개념인 투자의 사전적 정의는 '이익을 얻으려고 어떤 일이나 사업에 자본을 대거나 시간이나 정성을 쏟거나 이익을 얻고자 주권, 채권 따위를 구입하는 데 자금을 들이는 일'이고, 투기는 '기회를 틈타 큰 이익을 보려고 하려는 태도나 그런 일이나 시세 변동을 예상해 차익을 얻고자 시도하는 매매 거래'이다. 두 개념 사이에 결정적이라고 할 만한 차이가 확인되지 않는다. '시세 변동을 예상해 차익을 얻기 위함'이라는 투기의 속성을 '투자'라는 용어가 익숙한 주식에 적용해도 전혀 문제가 되지 않기 때문이다. 투자와 투기의 차이를 기간의 차이로 보는 관점도 있다. 장기는 투자이고 단기는 투기인 셈이다. 이를 적용하면 상대적으로 보유 기간이 긴 부동산은 투자에 가깝고 일부 주식 매매 형태는 투기에 가깝다. 투자를 이자나 배당 소득 또는 가격 상승을 목표로 이해하는 반면, 투기를 큰 수익을 기대하면서 사실상 전부를 잃는 위험을 감수하는 거래로 하더라도 결과는 같다.

　결국 관계는 둘 이상의 실체가 전제되어야만 성립되는 종속적인 것이 아니다. 오히려 실체를 이해하는 데 필수적인 요소다. 실체가 온전히 드러나지 않는 세상에서 관계는 실체를 비추는 거울이자 실마리가 된다. 스포츠의 기록은 탁월함을 알려주는 증거이고, 순위는 그 증거가 세상과 연결되는 방식이다.

Chapter 03
마라톤을 싫어하는 이란

다루는 개념   **문화, 자연, 다문화, 상대주의**

사례 1

마라톤은 1896년 제1회 아테네 올림픽부터 정식 종목으로 채택되어 현재까지도 많은 이의 사랑을 받는 종목이다. 인간의 육체적인 한계를 시험한다는 취지에서도 올림픽 정신과 부합한다. 하계 올림픽에서 마라톤의 위상은 매우 높다. 이목이 집중되는 폐막식에서 IOC 위원장이 직접 시상하는 유일한 종목이라는 점에서 마라톤은 '올림픽의 꽃'으로 불린다. 그런데 모든 국가에서 마라톤이 환영받는 것은 아니다. 이란이 대표적이다. 마라톤은 고대 그리스와 페르시아가 전투를 벌였던 지명에서 비롯되었다. 당시 전쟁에서 승리한 그리스와 달리 페르시아의 후예인 이란에게 마라톤은 아픈 과거를 떠올리게 하는 스포츠인 셈이다. 실제로 이란은 자국에서 개최한 1974 테헤란 아시안 게임에서 마라톤을 정식 종목에서 제외했다.

사례 2

2018년에 있었던 일이다. 스모 경기를 앞두고 축사를 하던 시장이 갑자기

의식을 잃고 도효(흙을 쌓아 만든 경기장) 위에 쓰러졌다. 간호 자격을 지닌 한 여성이 다급하게 경기장으로 올라가 응급처치를 시작했다. 그러는 사이에 다른 여성 두 명도 응급처치를 도우려고 경기장으로 올라갔다. 이때 귀를 의심할 만한 내용이 방송되었다. "여성은 경기장에서 내려오세요. 남성이 올라가 주시기 바랍니다." 이는 '여성은 도효에 올라갈 수 없다'라는 관습 때문이었다. 부적절한 조치는 이것으로 끝나지 않았다. 상황이 마무리된 후에는 여성이 경기장에 들어온 것을 부정으로 간주하며 소금을 뿌리는 정화 의식까지 이어졌다.

두 사례에서 공통으로 뽑아낼 수 있는 개념은 무엇일까? 이란이 마라톤을 싫어하는 결정적 이유가 마라톤 전투(battle of Marathon)에서 비롯되었다는 점과 일본의 스모가 역사가 오래되었다는 점에서 '역사'를 꼽을 수 있다. 오랫동안 여성에게 허용되지 않은 스포츠였다는 점에서 '관습'을 떠올릴 수도 있다(최초로 마라톤에 여성 참가가 허용된 것은 1971년이며, 2019년에 열린 전국 스모 대회에서 최초로 초등학생부 여자아이의 출전이 허용되었다). 세계인이 즐기는 마라톤과 한 국가에서만 성행하는 스모를 구분하고자 '범용성'이라는 개념을 도출할 수도 있다.

문화는 뒤에서 언급할 자연, 다문화, 상대주의와 밀접하게 관련되는 개념이다. 앞서 언급한 두 사례는 스포츠가 단순하게 신체 능력을 겨루는 활동에 국한되지 않는다는 것을 보여 준다. 상징적 문화 활동으로서 스포츠는 특정한 역사적 맥락과 문화적 규범 속에서 작동한다. 사례 1에서는 마라톤이 가진 역사적 상징성을 확인할 수 있으며, 사례 2는 젠더와 관습이 문화적으로 어떻게 형성되었는지를 보여 준다.

보통 문화는 한 사회의 주요한 행동 양식이나 상징 체계라는 의미로 사용된다. 최근 많은 사랑을 받는 한식(韓食)을 예로 들어보자. 한식은 한반도에서 구할 수 있는 식재료, 역사적 사건, 고유의 조리법 등이 조합되어 개발된 음식으로서 우리만의 독특한 생활 양식이 녹아 있다. 부대찌개는 모두가 어려움을 겪었던 역사적 기간,[3] 미군의 주둔으로 얻을 수 있었던 식재료, 찌개라는 조리 방식이 결합한 대표적인 문화적 산물이다.

문화의 대표적인 특징 중 하나는 전파된다는 것이다. 최근 들어 우리나라에서 만든 드라마, 영화, 음악, 웹툰, 게임, 소설도 높은 관심을 받고 있다. 대한민국을 방문하는 외국인의 숫자 역시 꾸준히 증가하고 있다. '케이컬처(K-Culture)'는 이와 같은 현상을 나타내 주는 좋은 표현이다. 다양한 형태의 콘텐츠를 처음으로 접하는 세계인은 우리나라의 언어, 풍습, 사회, 제도, 예술 등을 체험할 수 있다. 드라마 〈오징어 게임〉으로 이해하는 우리의 전통놀이(제기차기), 영화 〈기생충〉을 바탕으로 한식에 좀 더 많은 관심을 가지게 되는 현상, 소설 《채식주의자》를 통해 우리나라에서 독특한 양상으로 드러나는 '체면'을 신기하게 바라보는 것 등을 예로 들 수 있다.

---

[3] 무질서한 상태를 비판하는 데 사용되는 관용구 '개판 5분 전'은 6.25 전쟁 당시 피란민을 위한 무료 급식소에서 음식을 만들고 있는 솥의 뚜껑을 열고(開板, 판자를 열다) 배식이 시작되기까지 5분이 남았음을 알리는 표현에서 비롯되었다는 설이 있다. 배식을 빨리 받으려고 몰려드는 모습과 앞자리를 차지하고자 밀치는 행위 등을 나타낸 것이다.

문화는 그 안에 들어가지 않는 것이 거의 없을 정도로 굉장히 큰 개념이다. 실제로 인류학자들도 서로 다른 방식으로 문화를 정의한다. 이와 같은 상황에서는 문화라는 용어가 최초로 만들어진 과정을 이해하는 것이 도움이 된다. 문화를 뜻하는 영단어 culture는 '농사 짓다'라는 뜻을 가진 라틴어 colere에서 비롯되었다.

생활 양식의 총체를 뜻하는 문화와 농경은 어떤 방식으로 연결될까? 익히 알고 있는 것처럼 농경 생활은 수렵 및 채집 생활을 그만두고 일정한 장소에 정착함을 의미한다. 한곳에 모인 사람들은 농사를 잘 짓고 좀 더 윤택하게 생활하고자 여러 가지를 고민했다. 자연스럽게 농기구의 발달, 새로운 조리법 개발, 식물 줄기를 통한 옷감 제작법 고안 등이 나타난다. 농경 생활은 그 특성상 쉬어 가는 시기가 생길 수밖에 없다. 농사를 못 짓는 추운 겨울을 버틸 수 있게 잉여 식품 보관법을 개발하거나 재밌게 지내는 데 도움이 될 만한 놀이를 만들기도 했다. 결국 문화는 단순히 '무엇을 하느냐'뿐만 아니라 '어떻게'와 '왜 그렇게 하게 되었는가'를 담고 있는 총체이다.

시간의 흐름을 조금 더 빨리 가져가 보자. 한곳에 사람들이 모여들면 어떤 일이 벌어지게 될까? 이해관계가 많아지는 만큼 여러 가지 갈등이 생겨났을 것이다. 서로 의논해 해결해야 할 일(옆 동네 사람들이 쳐들어오면 함께 싸우자)도 있었을 것이고, 이를 효과적으로 해내는 방법(가장 힘이 센 돌쇠를 우리 동네 짱으로 하고 그의 말을 잘 듣자)도 고민했을 것이다. 그런데 중요한 이야기를 말로만 하다 보면 지켜지지 않는 경우도 있었을 것이다. 자연스럽게 말을 기록하기 위해 고민하던 과정에서 문자가 생겨나고 그 문자를 바탕으로 최초로 법도 만들어졌다. 즐거움을 추구하는 과정에서 음악, 미술, 스포츠 등과 같은 문화역시 형성되었다. 최초의 농경을 보통 기원전 9,000년경으로 추정하는 점을 고려하면 11,000년이 흐르는 동안 위에서 언급한 내용이 계속 덧대어지면서 챗GPT라는 대화형 인공 지능 서비스까지 나타나게 되었다.

한 가지 개념을 제대로 이해하는 또 다른 방법은 반대 개념을 살펴보는 것이다. 문화에 대비되는 개념은 자연이다. 앞에서 살펴본 것처럼 문화는 손길이 닿지 않은 그 무엇인가에 인위적으로 가공해 만들어진 결과물이다. 자연을 뜻하는 영단어 nature는 '있는 그대로의 것'이라는 뜻을 가진 라틴어 natura에서 비롯되었다. 최초로 농경을 시작한 선조가 발견했던 길들여지지 않은(있는 그대로) 황무지는 자연인 반면, 여기에 여러 가지 인간의 손길이 더해지면서 문화가 생겨난 셈이다.[4] 우리말 '자연스럽다'가 억지로 꾸미지 않아 어색함이 없음을 의미하는 것 역시 이와 무관하지 않다.

길들지 않은 자연(환경)은 문화가 될 수 없다는 내용은 직관적으로 이해하는 데 큰 어려움이 없다. 그렇다면 자연과 직접적으로 관련되지

---

4 지금은 이미 만들어진 두 가지 이상의 문화를 바탕으로 새로운 문화가 생겨나기도 하지만, 초기 문화 형성은 결코 자연에서 자유로울 수 없다. 그런 의미에서 인류는 자연에 커다란 빚을 지고 있는 셈이다. 가만히 있던 자연에 인위적으로 손을 대서 만든 문화로 인해 결과적으로 자연(환경)이 파괴되고 있음을 잊지 말아야 한다.

않은 인간의 행동[5] 역시 문화에 기반한 것이라고 할 수 있을까? 그렇진 않다. 유전자를 통해 전달되는 동물적 본능에 의해 발현되는 행동은 사회적 학습과 전승을 통해 전달되는 문화와 다르다. 배고픔을 느끼고 밥을 먹는 것은 일종의 자동 반사적인 행동이다. 반면 식기와 수저를 이용하고 음식물 씹는 소리를 내지 않게 노력하는 행위는 문화이다.

자연에서 문화가 생겨나듯이 환경은 문화의 형성 및 발전에 영향을 미친다. 벼농사는 기본적으로 집단 노동을 필요로 한다. 이에 강수량이 많고 논농사가 가능한 지역에서는 협업과 공동체 기반의 문화가 발달했다. 반면 밀이 잘 자라는 환경에서는 개인이 자율적으로 경작하는 방식이 보편화되었고, 이는 개인주의적 성향으로 이어졌다. 지리 환경은 외부 문화를 이해하는 태도에도 관여한다. 유목민과 잦은 충돌을 겪었던 중국은 자신의 문화가 세계의 중심이며 다른 문명을 낮잡아보는 중화 사상을 형성했다. 이와 달리 바다로 둘러싸여 상대적으로 외부의 침입으로부터 자유로웠던 일본은 외래 문화를 적극적으로 받아들이고 자신만의 방식으로 바꾸는 방법을 채택했다.

문화는 이와 같이 자연환경과 역사적 맥락 속에서 형성되고 발전

---

[5] 보통 행동(behaviour)은 자극에 대한 자연적 또는 자동적 반응으로 해석되고, 행위(action)는 목적이나 의미를 지닌 행위자의 의도된 움직임으로 본다. 재채기, 눈 깜빡임, 놀라서 뒤로 물러나는 움직임은 행동이지만, 글을 쓰거나 상대방과 악수하는 것은 행위이다. 이와 같은 측면에서 문화에서 좀 더 주목하는 것은 행위라고 할 수 있다.

한다. 그렇기 때문에 특정 문화를 절대적인 기준이나 다른 문화의 기준으로 섣불리 판단하면 안 되는데, 이를 문화 상대주의(cultural relativism)라고 한다. 문화 상대주의는 모든 문화를 그 자체 맥락에서 이해하고 존중해야 한다는 관점이다. 물론 문화 상대주의 역시 무비판적으로 수용되어서는 안 된다. 공동체의 명예를 더럽혔다는 이유로 조직 내 구성원을 죽이는 명예 살인(honor killing)처럼 보편적 인권에 어긋나는 문화는 백번 양보해도 수긍하기 어렵다. 이와 같은 측면에서 문화는 인류가 보편적으로 추구하는 가치인 인권과의 균형 속에서 이해되어야 한다. 반대로 자신이 속한 문화를 가장 우수하다고 여기며 다른 문화를 열등하거나 이상하게 여기는 태도를 문화 우월주의(ethnocentrism)라고 하며, 이는 문화 간 갈등의 주요 원인이 된다.

문화 상대주의는 오늘날 다문화 사회(multicultural society)를 제대로 이해하기 위해서도 필요하다. 우리나라에는 결혼 이주 여성, 외국인 노동자, 유학생 등 다양한 문화적 배경을 가진 사람이 있다. 다문화 사회는 두 가지 이상의 문화가 존재한다는 의미의 가치 중립적인 용어에 머물러서는 안 된다. 진정한 다문화 사회가 되려면 서로 다른 문화가 평등하게 공존하고 소통하는 방식을 고민하고 실천하는 공동체를 지향해야 한다.

한 가지 주목할 점은 문화가 국가 단위로만 구분되지 않는다는 것이다. 문화가 언어, 의례, 식습관, 행동 양식 등 생활 전반에 영향을 미치는 총체인 점을 고려하면 한 사회 안에서도 충분히 다른 문화가 존재할 수 있다. 당연히 국제결혼만 다문화 가정으로 볼 이유가 없다. 경상도 남성과 충청도 여성이 결혼해 꾸린 가정에서 서로 다른 생활 양식(사투리, 명절 관습, 식습관, 정서 표현 방법)을 인정하고 공유하면 넓은 의미에서의 다문화 가정이다. 결국 우리의 삶은 이미 다문화 속에 놓여 있다.

스포츠는 다문화적 갈등과 화합이라는 양면을 생생하게 보여 주는 곳이다. 히잡을 착용한 무슬림 여성 선수의 출전 허용 문제, 잊을 만하면 어김없이 보고되는 인종 차별적 응원과 발언, 경기력 향상과 국위 선양을 목적으로 진행되는 외국 선수의 귀화 절차를 둘러싼 갈등과 같은 다문화 기반 갈등은 여전히 현재 진행형이다. 동시에 스포츠는 진정한 다문화 사회를 형성하는 데 크게 이바지한다. 남북 단일 팀 구성으로 재확인하는 민족 정체성, 난민 청소년의 스포츠 참여를 통한 다문화 구성원 간 상호 작용 기회 제공, 서로 다른 구성원을 융합하는 팀 정체성 등 스포츠 참여는 다름을 이해하고 실천하는 데 효과적이다.

우리는 경기장에서부터 문화의 다름을 이해하고 존중하는 태도를 배울 수 있다. 동시에 자라나는 아이들의 스포츠 참여를 다문화 이해의 기회로 활용해야 한다. 스포츠를 통해 다름을 존중하는 태도를 배우는 것은 진정한 다문화 사회를 형성하는 데 큰 밑거름이 된다.

Chapter 04
모든 경험은 다르다

다루는 개념 **경험, 직접 경험, 간접 경험**

사례 1

매니저 결국 상대 팀에는 가드, 포워드, 센터 포지션에 각각 초고교급 선수들이 있다는 얘기군요.

감 독 그래요. 그리고 그들에겐 무엇보다 작년 전국대회 토너먼트를 끝까지 이겨 낸 경험이 있어요. 이 차이는 생각보다 큰 거예요.

사례 2

산왕공고의 에이스인 정우성은 전국 대회를 앞두고 신사에 들러 다음과 같이 소원을 빈다.

"고등학교 농구에서 할 수 있는 것은 다 했습니다. 제가 증명할 것은 더 이상 없습니다. 저한테 필요한 경험을 주십시오. 아직 제가 경험하지 못한 것이 있다면 그것을 제게 주십시오."

사례 3

이정환 보통 맨투맨(같은 포지션의 상대 선수를 1:1로 방어하는 기술)으로 수비할 땐 어떻게 하지?

전호장 우선 자세를 낮추고 그리고 전호장 특유의 동물적 육감으로 상대의 움직임을 읽는다. 제 경우는 그렇습니다.

이정환 보통 디펜스라는 것은 상대의 움직임을 예측하는 것이다. 그것은 동물적 육감이고 뭐고가 아냐. 경험이다. 볼을 가진 상대가 패스를 할지, 드리블로 뚫고 나올지, 드리블은 오른쪽일지 왼쪽일지, 페이크를 할 것인지 아니면 그대로 슛을 쏠지 경험으로 어느 정도의 예측을 한 후 그것에 대응하는 것이 디펜스다. 또 그러기 위한 움직임도 경험에 의해 몸에 익혀지는 거지.

사례 1~3은 인기 만화 《슬램덩크》에서 경험의 중요성을 강조하는 장면들이다. 사례 1에서 감독은 상대가 여러 강팀을 꺾으면서 누적한 경험을 높이 평가하며, 사례 2의 정우성은 성장을 위한 색다른 경험을 원하며, 사례 3의 이정환은 학습된 경험이 경기력의 본질임을 강조한다. 왜 이렇게 경험을 중요하게 여길까?

첫 번째 이유는 어떤 것은 경험을 통해서만 온전히 이해할 수 있기 때문이다. 5km 달리기 완주에 도전하는 초등학생은 한 번도 경험한 적 없는 그 거리가 얼마나 힘든지 짐작만 할 수 있다(절반의 거리인 2.5km도 경험하지 못했다면 짐작조차 어렵다). 실제로 5km를 달리는 동안 초등학생은 처음으로 무거워지는 다리, 턱밑까지 차는 숨, 계속해서 달릴지 걸을지를 고민하는 자신을 마주하게 된다. 이런 경험을 통해서만 비로소 달리기의 어려움과 의미를 온몸으로 알 수 있게 된다.

두 번째 이유는 경험이 성장에 도움을 주기 때문이다. 비록 5km를 완주하지 못하더라도 이는 큰 경험 자산이 된다. 부족한 점을 깨닫고 보완할 수 있는 기회를 얻기 때문이다. 반복은 스포츠 기술 향상의 중요한 원리이다. 한 가지 기술을 제대로 익힌다는 것은 반복된 경험으로 인해 그것이 몸에 새겨지는 것이다. 경기력 향상 과정 역시 비슷하다.

스포츠에서 자주 쓰이는 표현 중의 하나인 구력(球歷)은 구기 운동을 한 경력과 경험을 통해 쌓인 노하우와 상황 대응 능력을 포함한다. 높은 수준의 기술과 체력을 갖춘 20대 테니스 복식 팀이 60대 어르신 팀에게 처참히 패배하는 모습을 보면서 '역시 구력은 못 이겨'라고 이야기하는 것도 이와 무관하지 않다. 상대방의 약점을 재빨리 파악하는 능력, 경기의 흐름을 읽는 눈, 여러 가지 변수에 대응하는 기민함 등은 다양한 경험을 통해 형성된다.[6]

이처럼 우리는 온몸으로 겪는 경험을 통해 성장한다. 그렇다면 세상에 존재하는 무수한 경험을 어떻게 구분할 수 있을까? 일상적 경험(매일 아침에 마시는 커피)과 비일상적 경험(번지점프)으로 구분하거나, 의도적 경험(여행)과 우연한 경험(길을 걷다 우연히 마주친 '도를 아시나요')을 대비하는 방식을 떠올릴 수 있다.

---

[6] 경험한 사람과 한 번도 경험하지 못한 사람이 맞붙으면 누가 유리할지는 뻔하다. 문자를 먼저 접한 사람이 그렇지 않은 사람보다 더욱 많은 권력을 차지하는 데 유리한 점 역시 경험의 차이에서 비롯된 것이다. 문자를 몰랐던 상태와 아는 상태를 모두 경험했기 때문이다. 양적 완화처럼 많은 돈이 풀렸을 때 노동자보다 자본가에게, 무주택자보다 일주택자 또는 다주택자에게 더 많은 기회가 돌아갔다는 점 역시 경험의 차이와 무관하지 않다. 경험은 생각보다 큰 차이로 이어진다.

직접 경험과 간접 경험으로 나누는 방식 역시 널리 쓰인다. 이 구분 방식에서는 매개하는 실체 여부가 대표적 기준이다. 쉽게 말해 무엇인가를 거치지 않고 날것으로 경험하는 것은 직접 경험이고 중간에 매개되는 사람 또는 사물이 있는 경우는 간접 경험이다. 제주도 올레길을 걸으며 경치를 눈으로 담고 시원한 바람을 피부로 느끼는 것은 직접 경험이고, 〈제주 올레길 완벽 파헤치기〉라는 제목의 영상을 보는 것은 간접 경험이다.

이러한 구분 방식은 스포츠에서도 그대로 적용된다. 기술 향상을 위한 연습 또는 실제 스포츠 경기에 참여하는 것은 직접 경험이고, 그 외의 것은 간접 경험이 된다. 국가대표 축구 경기 시청하기, 스포츠 소재 만화책 읽기, 무라카미 하루키의 달리기 체험 관련 책 읽기 등을 예로 들 수 있다.

통상적으로 직접 경험은 간접 경험에 비해 학습 효과가 더 큰 것으로 이해된다.[7] 여기에는 몇 가지 이유가 있다. 첫째, 직접 경험에서 좀 더 높은 수준의 집중력과 몰입감을 겪으며, 그 결과로 생생한 학습의 기억은 오래 남는다. 이는 모든 감각이 동원되기 때문에 몸에 좀 더 잘

---

[7] 직접 경험의 학습 효과가 크다는 점은 인류 역사의 흐름으로 봤을 때 자연스러운 것이라고 할 수 있다. 인류가 책, 라디오, 영상 등과 같은 매체를 통해 간접 경험을 접한 것은 비교적 최근의 일이다. 인쇄술이 발달하기 전까지 책은 일부 기득권의 전유물이었다. 수렵 채집인으로서 동물을 사냥하고 생존의 위험을 몸소 겪는 생활을 오랜 기간 누적한 우리의 유전자는 직접 경험을 훨씬 자연스러운 것으로 인식할 것이다. 《사피엔스》의 저자 유발 하라리의 표현을 빌려 비유하면, 오늘날 우리는 컴퓨터로 모든 축구 경기를 간접 경험할 수 있지만 우리의 DNA는 여전히 그라운드를 누빈다.

새겨지고 몰입의 수준이 깊다는 데서 비롯된 것이다. 배드민턴이 구기 종목 중에서 가장 빠른 속도를 자랑하고 셔틀콕의 빠르기가 시속 300km에 달할 정도로 빠르다는 것을 머리로 이해하는 것과 직접 경험하는 것은 다르다. 실제 코트에서 긴장되는 순간에 그 빠르기를 직접 보고 무의식적으로 라켓을 휘둘러서 맞을 때의 청명한 소리와 손의 감각은 직접 경험을 통해서만 알 수 있다.

둘째, 다양한 정서적 반응을 경험할 수 있다. 테니스를 예로 들어보자. 힘껏 친 공이 아웃되었을 때의 아쉬움과 미안함, 멋진 샷을 날린 상대를 칭찬하는 장면에서의 느낌, 중요한 국면에서 서브를 받기 전의 긴장감 등과 같은 감정은 실제 경기에서만 겪을 수 있다. 테니스 매너를 책으로 읽는 것과 코트에서 직접 마주하는 것 역시 천지 차이다. 적절하지 않은 형태의 매너가 오갈 때 주변의 공기가 미묘하게 달라지는 점도 코트에서만 알 수 있다.

셋째, 즉각적 피드백과 반성의 기회를 얻을 수 있다. 직접 경험은 그 특성상 즉각적으로 결과를 확인할 수 있다. 이를 통해 자신의 수행을 뒤돌아보고 고칠 점을 파악할 수 있다. 자유투 실수에서 손목의 각도나 힘 조절을 바로 조정하는 경험은 학습을 강화시킨다.

물론 간접 경험이 더 유리할 때도 있다. 우리는 다큐멘터리로 직접 만날 수 없는 손흥민의 성장 과정을 이해할 수 있으며, 스포츠 소설 또는 영화를 통해 다양한 사람의 관점을 접할 수 있다. 이 외에도 봅슬레이와 같이 위험한 스포츠를 안전한 방법으로 경험할 수 있는 점과 상대적으로 비용과 시간이 적게 드는 점도 간접 경험의 장점이라고 할 수 있다.

그런데 이와 같이 매개체의 존재 여부로 경험을 구분하는 방식은 확고할까? 효율적인 학습을 위해 두 유형의 경험 모두 활용될 수 있는 점을 고려하면, 직접 경험과 간접 경험으로 구분하는 방식은 충분히 유익하다. 그럼에도 나는 직접 경험과 간접 경험으로 구분하는 방식에 동의하지 않으며, '모든 경험은 본질적으로 다르다'는 관점을 가진다. 그 이유는 다음과 같다.

첫째, 직접 경험과 간접 경험의 경계가 모호하기 때문이다. 대표적인 구분 방식에 근거하면 간접 경험은 다른 사람이나 매체를 통해 전해진 경험이다. 따라서 스포츠 소설을 읽는 것은 간접 경험에 해당한다. 그런데 한 단계 더 깊이 들어가면 다음과 같은 질문이 제기될 수 있다. 소설 읽기는 직접 경험이 될 수 없는 것일까? 바꿔 말하면 소설을 직접 경험하는 것은 원천적으로 불가능할까? 극장이나 넷플릭스라는 OTT 플랫폼을 통해 영화를 보는 것이 간접 경험이라면, 직접 경험은 영화가 제작되는 현장에 참여하는 것인가?

유튜브 영상을 보며 공부하는 장면을 예로 들어보자. 유튜브 채널을 활용했다는 점에서는 간접 경험이지만, 적극적으로 무엇인가를 보고 배우는 학습이라는 차원으로 보면 이는 직접 경험이다. 마찬가지로 교실에서 실시간으로 수학을 배우는 과정에서 교과서를 활용하는 '순간'만 간접 경험으로 보지 않는다.

이와 같은 관점에서 소설을 읽는 것은 저자가 만든 가상의 이야기를 머리와 마음으로 이해하고 나만의 관점으로 재해석하는 행위이다(통상적인 구분 방식에서는 소설 읽기의 직접 경험은 없다. 작가와의 대화라고 생각할 수 있지만, 엄연히 소설의 내용과 작가의 생각은 다르다). TV로 축구 경기를 시청하는 것은 분명 직접 경기장에서 보는 것과 여러 가지 측면에서 다르다. 다만 거실에서 맛있는 음식을 먹으며 캐스터와 해설자의 설명을 듣는 것을 '직접' 겪는다는 측면에서 일종의 직접 경험이라고 할 수 있다.

둘째, 동일한 콘텐츠도 경험하는 방식에 따라 완전히 다른 경험이 될 수 있기 때문이다. 엄밀히 생각해 보면 콘텐츠가 '완전히' 같더라도 실제 경험은 다를 수밖에 없다. 책을 예로 들어보자. 종이책이든 전자책(ebook)이든 콘텐츠는 100% 같다. 그렇지만 전자책을 보는 것과 종이책을 읽는 것은 엄연히 다른 활동이다.

개인적으로 나는 전자책을 선호한다. 내가 원하는 시간에 어떤 장치로도 볼 수 있고, 하이라이트나 메모만 쉽게 찾는 기능이 있기 때문이다. 그럼에도 만화책은 종이책으로 본다. 만화책을 들고 있을 때의 즐거움, 한 장씩 넘기면서 느끼는 정서, 왼쪽에 비해 오른쪽에 잡히는 책의 두께가 얇아지는 데서 오는 아쉬움 등은 종이책에서만 경험할 수 있는 독특함이다.

결국 모든 경험은 나의 감각과 이성이 동원되고 그 구체적인 양상이 다르다는 측면에서 직접 경험이다. 스포츠를 하거나(연습, 경기 출전), 보거나(경기 관람, 영화 감상), 듣거나(스포츠 음악), 읽거나(스포츠를 주제로 한 책) 생각하는 것은 본질적으로 다른 행위이다. 이와 같은 관점에서는 직접 경험과 간접 경험을 구분하는 것은 무의미하다.

정말 중요한 것은 어떤 형태의 경험에서도 무엇인가를 배우고자 하는 태도이다. 이러한 태도는 모든 경험을 성장으로 바꾼다. 시간이 지날수록 그 배움의 넓이는 확장되고 이해도는 깊어진다. 진정한 차이는 눈으로 확인되는 현재의 지식 또는 기술이 아니다. 모든 경험을 통해 배우고자 하는 태도야말로 진정한 격차이다.

Chapter 05

배움을 돕는 코칭

다루는 개념 **코칭, 교수, 학습**

사례 1

2021년 US 오픈 테니스 대회 1라운드에서 앤디 머리(Andy Murray)와 스테파노스 치치파스(Stefanos Tsitsipas)가 맞붙는 빅 매치가 성사됐다. 경기는 접전으로 흘러 세트 스코어 2:2 상황이 되었다. 5세트 시작 전 치치파스는 화장실 타임 아웃(세트와 세트 사이에 화장실 사용을 위해 신청하는 휴식 시간)을 사용한다. 그런데 웬일일까. 화장실에 간 치치파스가 7분이 넘도록 경기장에 들어오지 않자 머리는 심판에게 다가가 불만을 제기한다. 결국 이날 경기는 5세트를 가져간 치치파스가 승리했다. 기자회견장에서 머리는 더 이상 치치파스를 존중할 수 없다며 다시 한 번 강하게 불만을 제기한다.

사례 2

코트에 서면 혼자밖에 없다. 누구에게도 의존할 수 없다.
(When you're out there, you're alone. You can't rely on anyone but yourself.)
― 비요른 보리(Björn Borg)

사례 1에서 앤디 머리는 왜 이렇게 화가 났을까? 이유는 스테파노 치치파스가 화장실에서 휴대 전화 등을 이용해 코칭을 받았다고 생각했기 때문이다. 치치파스는 다른 경기에서도 휴대 전화를 가지고 화장실 타임 아웃을 8분 이상 쓴 전적이 있다. 공교롭게도 치치파스가 화장실에 있는 시간에 그의 코치인 아버지도 휴대 전화를 사용하는 장면이 중계 화면에 잡혀 '아빠 찬스' 의혹은 더욱 짙어졌다. 치치파스의 같은 행동이 2라운드에서도 반복되자 관중은 화장실에서 돌아오는 그에게 야유를 보냈다.

테니스에는 경기 중 코칭을 허용하지 않는 전통이 있다. 비요른 보리의 명언처럼 코트 위의 선수는 모든 것을 스스로 해결해야 한다. 이는 선수의 신체적 탁월성과 함께 스스로 경기를 분석하고 풀어 나가는 정신적 능력을 중요하게 여기기 때문이다. 물론 나른 스포츠가 선수의 경기 분석 능력을 소홀히 여기는 것은 아니다. 전술을 잘 이해하고 영리하게 플레이하는 농구 선수에게 'BQ(basketball IQ)가 높다'라는 표현을 쓰는 점이나 요한 크라위프(Johan Cruyff)의 명언 "축구는 머리로 하는 경기다. 다리는 그저 도울 뿐이다"가 이를 뒷받침한다. 그럼에도 작전 시간을 허용하는 다른 스포츠와 달리 코칭을 전면적으로 차단하는 테니스에서는 선수의 문제 해결 능력을 매우 중요한 요소로 설정하고 있음을 엿볼 수 있다.

테니스도 시대의 흐름에 따라 코칭을 허용하는 방향으로 바뀌고 있다. 테니스에서는 크게 두 가지의 코칭 형태가 있다. 관중석의 코치 박스에서 선수에게 시각(몸짓) 및 청각(목소리) 신호로 코칭하는 것을 오프코트 코칭(off-court coaching)이라고 하는데 오랫동안 금지되었다. 물론 대부분의 코치가 몸짓으로 조언하기 때문에 오프코트 코칭 금지는 유명무실하다는 비판이 지속적으로 제기되었다. 사례 1의 대회에서 치치파스가 화장실에서 휴대 전화를 이용해 코치로부터 조언을 받았다면, 이는 오프코트 코칭 금지라는 규정을 어긴 것이다. 이에 2022년부터 US 오픈에서는 몸짓을 이용한 오프코트 코칭은 전면적으로 허용하는 것으로 규정을 변경했다. 일부 대회에서는 세트당 1회에 한해 코치가 코트 위의 선수에게 다가가 조언하는 것을 허용하는데, 이를 온코트 코칭(on-court coaching)이라고 한다.

코칭의 주요 목적 중 하나는 적절한 조언 제공이다. 장기나 바둑에서 구경하는 사람이 판세를 더 잘 읽는 것처럼 객관적으로 경기를 관찰하는 코치는 상대 선수의 강점과 그에 걸맞은 전략을 효과적으로 세울 수 있다. 실제로 코치의 적절한 조언은 경기의 흐름을 바꾸는 데 매우 효과적이다.

코치의 조언과 선수가 게임을 풀어 나가는 것을 교육의 관점으로 본

다면, 각각 '가르침'과 '배움'에 해당한다. 코치는 선수가 제대로 파악하지 못하는 내용을 가르쳐 주는 것이고, 선수는 코치의 가르침을 바탕으로 게임을 새로운 방식으로 풀어 가면서 배우기 때문이다.

테니스 선수는 경기에서 여러 형태의 문제를 마주한다. 받기 어려울 정도로 빠른 서브, 자신의 약점을 집요하게 공략하는 상대의 스트로크, 평소보다 일찍 체력이 고갈된 몸 상태 등 모든 것이 실시간으로 마주하는 문제이다. 많은 스포츠에서 '경기를 풀어 나간다'라는 표현을 쓰는데, 이는 경기 중에 마주하는 여러 가지 문제(problem)를 푸는(solve) 과정을 의미한다. 결국 스포츠는 경기에서 마주하는 문제를 얼마나 더 잘 푸느냐에 따라 그 성패가 갈린다. 수학 문제를 풀면서 사고력이 향상되는 것과 같이 테니스 경기 중에 마주하는 다양한 문제를 푸는 과정은 의심할 필요 없는 배움이다.

결국 코칭의 궁극적인 목적은 선수의 배움을 지원하는 데 있다. 이는 어원에서도 확인된다. 코치(coach)는 1500년대 헝가리의 도시 코치(Kocs)에서 제작된 네 마리의 말이 이끄는 마차에서 유래되었다. 익히 아는 것처럼 마차의 목적은 승객을 안전하게 실어 나르는 데 있다. 마부, 승객, 운전을 스포츠 장면에 적용하면 각각 코치, 선수, 코칭이 된다. 결국 코칭은 코치가 선수의 목표를 달성할 수 있도록 돕는 일이다.

코치와 선수의 바람직한 관계를 이해하려면 다음 두 가지를 기억해야 한다. 첫째, 승객이 없으면 마차의 존재 가치가 사라지는 것처럼 선수 없는 코치는 존재할 수 없다. 가르치고 배우는 일인 교육 역시 마찬가지이다. 배움의 주체인 학생이 없으면 교사와 학교의 존재 이유가 없어진다.[8] 너무나도 당연한 것인데 학령 인구 급감이라는 현상이 주목을 받기 전에는 알고서도 모른 척했다고 해야 할까. 둘째, 목적지는 항상 마부가 아닌 승객이 정한다는 것이다. 스포츠를 포함하여 무엇인가를 배우는 일에는 다양한 목적과 이유가 관련된다. 학생, 선수, 자녀의 배움을 지원해야 하는 교사, 코치, 부모가 그들이 설정한 목표를 학습자에게 강요하면 가르치고 배우는 일 모두가 고통스러울 수밖에 없다.

이상의 두 가지를 고려하면 코칭과 교육[9]은 본질적으로 학습자 중심의 활동이다. 우리는 학습자가 선호하는 조건이 전제될 때 그 효과가 좋다는 것을 경험적으로 알고 있다. 전문가 매칭 서비스 플랫폼인 '숨고'에서 테니스를 배우는 가상의 상황을 예로 들어보자. 평소 테니스 백 발리가 잘 되지 않았던 나는 내가 원하는 기술(내용)을 잘 알려 줄

---

[8] 개인적으로 박사 학위 과정에서 가장 많이 성장했다고 생각한다. 이는 전적으로 지도 교수 덕분이다. Kathy는 어설픈 제자가 낯선 곳에서 잘 적응할 수 있도록 격려를 아끼지 않았다. 제자의 부족한 논문에 대한 꼼꼼한 첨삭과 냉철한 비판은 너무나도 값진 가르침이었다. 박사 학위 과정을 시작하고 3개월 정도가 지났을 때의 일이다. Kathy에게 배움의 기회를 줘서 고맙다고 진심을 담아 이야기했다. 온화한 웃음과 함께 Kathy는 "오히려 한 번도 만난 적 없는 내게 배우고자 이역만리 떨어진 한국에서 여기까지 온 너에게 내가 감사해야 한다. 시간과 노력을 투자해서 이곳까지 배우러 와줘서 정말 고맙다"라고 이야기했다. 끊임없이 배우는 모습을 보여 준 지도 교수는 값으로 매길 수 없는 귀중한 가르침을 주셨다. 'Kathy에게 배운 것의 반만 실천하더라도 좋은 교육자가 될 수 있을 텐데'라고 오늘도 반성한다.

[9] 보통 코칭과 교육은 목적, 내용, 방법 등과 같은 영역에서 명확하게 구분된다. 방법을 예로 들면, 교육은 교사가 정보를 제공하고 학생이 습득하는 활동인 반면, 코칭은 코치의 질문과 피드백으로 선수가 스스로 답을 찾도록 유도한다는 측면에서 구분되는 것이다. 나는 이런 구분 방식에 동의하지 않는다. 우리는 두 가지 방법 모두 (학교)교육이나 (스포츠) 코칭에서 사용되는 것을 알고 있다. 코칭과 교육 모두 학습자의 성장을 지원한다는 목적을 가졌다는 측면에서 두 가지 활동은 결코 다르지 않다.

수 있는 코치(가르치는 사람)를 검색한다. 이후 서비스 제공자와 조율하면서 내가 선호하는 시간, 장소, 방법, 코칭 스타일을 설정해 레슨을 진행했다. 당연히 레슨의 효과는 좋을 수밖에 없다. 사교육이 공교육보다 더 효과가 좋다면 여기에서 비롯될 가능성이 크다(17장 참고).

학습자 중심의 반대되는 개념은 교수자 중심이다. 가르치는('배우는'이라고 쓰지 않은 점에 주목하자) 일의 목적, 내용, 방법, 평가 방식 등이 이미 정해져 있을 가능성이 크다. "민족 중흥의 역사적 사명"이라는 표현으로 시작하는 과거 국민교육헌장(목적), 각 학년에서 학생이 습득해야 하는 지식(내용), 진도 빼기가 무엇보다 중요해지는 여건(방법), 상급 학교 진학을 위해 주로 사용되는 성적표(평가 방식) 등이 모두 교수자 중심에 해당하는 특성이다. 가르침의 실체가 이미 정해져 있으니 그것을 학습자에게 잘 '전달'하면 성공이 되는 교육이다. 가르침에 해당하는 한자어 교수(敎授)에 줄 수(授) 자가 포함된 점 역시 이와 무관하지 않다. 가르치는 사람 입장에서는 무엇인가를 주는 것이고 학습자 입장에서는 받는 것이다. 주어야만 받을 수 있는 점을 고려하면 이는 철저한 교수자 중심이다. 우리가 '교육받은'이라는 표현을 어색하게 생각하지 않는 것도 같은 맥락이다.

나는 '사람 고쳐 쓰는 게 아니다'라는 표현을 싫어한다. 이 표현은 태어나면서 얻은 특징과 어린 시절에 형성된 태도와 자세가 바뀌지 않기 때문에 교육의 효과를 기대하기 어렵다는 의미를 담고 있다. 나 역시 좀처럼 바뀌지 않는 사람을 보면서 안타까움을 느낀 적이 많다. 그럼에도 저 표현이 싫은 이유는 다음과 같다. 첫째, '고친다'는 표현은 무엇인가 잘못되었음을 전제한다. '다름'이 아니라 '비정상'인 것이다. 고친다는 표현을 보통 고장 난 또는 망가진 기계에 쓴다는 것을 생각하면 이해하기 쉽다. 둘째, '쓴다'(use)라는 표현은 '이 나무를 이용해 의자를 만들자'처럼 보통 그것을 수단으로 삼을 때 쓴다. 독립적인 인격체는 결코 누군가의 목적 달성을 위한 수단으로 이용되어서는 안 된다(자녀에게 "내가 너를 어떻게 키웠는데"라는 표현을 쓰는 것이 좀처럼 안 통하는 이유이다). 셋째, 배움이 아니라 가르침에 방점이 찍혀 있다. A라는 사람이 B라는 사람의 바람직하지 못한 습관을 고치는 것이다. 결국 B 입장에서는 내 의사와 무관하게 고쳐지는 것이다.

가르침과 배움의 관계에 대해서도 살펴보자. 우리가 가진 가장 큰 오해 중의 하나는 가르침과 배움이 함께 일어난다는 것이다. 극단적으로 바꾸면 가르침이 있어야만 배움이 일어날 수 있다. 통상적으로 수업 지도안(이 용어에서도 교수자 중심이 드러난다)에서 '교수-학습' 또는 '교수·학습'으로 표기하는 것도 교수(teaching)와 학습(learning)이 분리될 수 없음을 의미한다.

정말 가르침이 없으면 배움은 일어나지 않을까? 잠시 꽤 오래된 과거 상황으로 가보자. 아마 인류 최초의 가르침은 채집과 수렵이 아니었을까? 음성으로 의사소통하기 어려웠던 부모는 자녀에게 토끼를 잡는 방법과 절대 먹어서는 안 되는 과일 등을 몸짓으로 가르쳤을 것이다. 그렇다면 그 가르침은 어디에서 비롯된 것일까? 의심할 필요 없이 부모의 수렵 및 채집 경험이다. 누구도 그 부모에게 가르침을 제공하지 않았다. 경험을 통해 먼저 배웠고, 이를 바탕으로 자녀를 가르친 셈이다. 쉽게 말해 모든 영역에서 배움이 먼저 있었고, 그다음에 가르침이 생겨났다. 잘 가르치기 위해서 배움을 게을리해서는 안 되는 이유이다.

이와 같이 가르침이 없어도 배움은 일어날 수 있다. 두 아들이 두발자전거를 배울 때의 일이다. 내가 취한 조처는 두 가지다. 첫 번째는 아이가 두발자전거 위에서 균형을 잘 잡을 수 있도록 뒤에서 잡아 주는 것이었다. 두 번째는 양발을 공중에 띄운 채로 몸으로 자전거의 균형을 잡는 일종의 미션을 제공한 것이다(사진처럼 양발로 지면을 밀 수 있도록 안장의 높이를 조절해 주고 페달을 제거했다). 결과적으로 두 아들은 두발자전거를 탈 수 있게 되었다. 일종의 배움이 일어난 것이다.

그렇다면 내가 한 것은 무엇일까? 실제로 내가 가르친 것은 없다.

두 아들이 두발자전거를 잘 탈 수 있도록 그저 도와줬을 뿐이다. 다른 스포츠 기술 역시 마찬가지이다. 선수가 그 기술을 익히는 데 도움이 되는 훈련을 제공하고 좀 더 잘 이해하도록 도울 뿐이다. '직접' 무엇인가를 가르친다고 이해하는 관점에서는 '전달'(주는 행위)이 중요해진다. 반면 학습자의 배움이 나와는 다른 양상으로 진행될 수 있음을 인정하는 관점에서는 돕는다는 의미가 부각된다.

가르쳐도 배움이 일어나지 않을 수 있고 가르침이 없어도 배움이 일어날 수 있다는 점을 인정해야 한다. 그래야 비로소 배움이 더 중요하다는 점을 알게 된다. 좋은 가르침은 학습자의 배움을 통해 확인되는 것이다.

확장해서 두 가지만 더 기억하자. 첫째, 우리는 매 순간 배울 수 있다. 코치의 조언을 듣고 테니스 경기를 풀어 나가는 모든 과정이 배움이듯이 우리는 그 어떤 순간에서도 배울 수 있다. 지금 이 문장을 쓰는 순간에도 좀 더 적확한 표현을 고민하면서 나는 스스로 배운다. 둘째, 다른 사람의 배움을 도와준다는 마음을 가질 때 보다 좋은 가르침이 나올 수 있다. 가르치려고 할 때보다 배움을 도우려고 할 때 보다 좋은 사람이 될 가능성이 높다.

Chapter 06
아마추어 찬가

다루는 개념 **아마추어, 프로, 놀이**

사례 1

1897년 시작되어 가장 오래된 역사를 자랑하는 보스턴 마라톤 대회. 한국인 중에서는 서윤복과 이봉주가 각각 1947년과 2001년에 우승했다. 2019년 대회에서 이변이 일어났다. 내로라하는 일류 선수들을 제치고 일반인 마라토너 가와우치 유키(Yuki Kawauchi)가 2시간 15분 58초의 기록으로 결승선을 가장 먼저 통과한 것이다. 최정상급 선수들의 기록은 2시간 초반대. 이번 대회에서는 강풍에 세찬 비까지 내려 대다수의 선수가 컨디션 조절에 애먹었다. 그럼에도 동호회 활동으로 실력을 쌓은 일반인이 세계 최정상급 선수들을 이긴 일은 충격 그 자체였다.

사례 2

나는 초등학교 육상 선수였다. 초등학생 종목 중 가장 긴 거리인 800m가 전공이었다. 뛰는 거리가 긴 만큼 훈련도 힘들었다. 그래서일까. 당시에는 달리기가 즐겁지 않았다. 유일하게 좋았던 시간은 상을 받을 때였다. 다른 곳에서 전혀 두각을 나타내지 못하고 소심했던 내가 친구들로부터 '대회에서 상 받을 정도로 잘 달리는 아이'로 인식되면서 많은 도움을 받았다. 지금은 달리기를 좋아한다. 물론 누군가에게 잘 보이기 위해서 달리는 것은 아니다. 왜 달리냐고 물어보면 건강에 좋아서, 테니스 경기력을 향상하는 데 도움이 되어서, 체중을 유지하고 싶어서 등과 같은 대답이 이어질 수도 있다. 그런데 아마 가장 적확한 대답은 그냥 달리는 것이 좋아서이다.

    가와우치 유키의 직업은 공무원이다. 다른 엘리트 선수들과 달리 고등학교 사무직으로서 주 40시간을 근무하고 남는 시간에 훈련하는 동호인 마라토너이다. 일반인으로서 최정상급 수준의 마라톤 대회를 준비하는 일은 매우 어렵다. 무엇보다 제대로 된 훈련을 하는 것이 어렵다. 엘리트 선수들이 소속팀으로부터 체계적인 훈련을 제공받는 것과 모든 것을 스스로 계획하고 실천하는 것은 천지 차이다. 금전적 어려움도 적지 않다. 권위 있는 대회의 참가료, 이동, 숙식 등에 필요한 큰 금액을 후원 없이 자비로 충당해야 하기 때문이다.
    가와우치와 같이 마라톤을 직업이 아니라 취미로 즐기는 사람을 아마추어라고 하는데, 보통 스포츠와 예술 분야에서 많이 쓰이는 표현이다. 방과 후에 친구들과 길거리 농구를 하면서 스트레스를 푸는 고등학생, 다가오는 대학교 축제에서 멋진 공연을 보여 주려고 틈날 때마다 기타 연습을 하는 대학생, 주말엔 반드시 골프를 쳐야 직성이 풀리는 직장인 모두 해당 취미를 즐긴다는 점에서 아마추어이다.
    반면 엘리우드 킵초게(Eliud Kipchoge)와 같은 직업 마라톤 선수는 프로라고 하는데, 프로는 '직업의' 또는 '전문적인'이라는 뜻의

professional을 줄인 것이다. 아마추어와 프로의 가장 큰 차이는 스포츠를 '취미'로 보느냐, 아니면 '직업'으로 보느냐이다. 우리나라의 경우 축구, 야구, 농구, 배구, 골프, 씨름이라는 여섯 가지 프로 스포츠 종목이 있다. 이 여섯 가지 종목의 협회 또는 연맹의 소속 팀과 계약을 맺고 활약하는 직장인을 프로 스포츠 선수라고 한다.[10] 단순히 돈을 버는 행위만으로 프로와 아마추어를 구분하진 않는다. 아마추어 선수가 우승 상금 등과 같이 스포츠 대회에 참가해 돈을 받았다는 이유만으로 프로라고 하지는 않는다.

그렇다면 프로와 아마추어에 대한 우리의 전반적인 인식은 어떨까? 우리는 대표적으로 경기력 수준을 바탕으로 프로와 아마추어를 구분한다. 쉽게 말해 프로는 고수, 아마추어는 중수 또는 하수를 지칭하는 경우가 많다. 가끔은 낮은 수준 또는 미숙함을 비판하려고 아마추어라는 말을 이용할 때도 있다. 개그맨 황현희의 유행어 "왜 이래? 아마추어같이"가 대표적이다. 자세와 태도의 차이를 바탕으로 둘을 구분하기도 한다. "프로는 행동으로 보여 주고, 아마추어는 말로만 보여 준다"라거나 "프로는 기회가 오면 우선 잡고 보지만, 아마추어는 생각만 하다 기회를 놓친다"와 같은 문구를 예로 들 수 있다.

---

[10] 여기서 언급하는 프로는 가장 좁은 의미이다. 프로 스포츠 종목이 아니더라도 생계를 위해 스포츠 경기에 참여하고 있다면 프로로 보는 것이 적절하다. 우리나라 지방자치단체에서는 직장 운동 경기부(직장이라는 표현에 주목하자)를 운영하는데, 기관과 선수의 계약, 경기력 유지를 위한 최소한의 조건, 승리 수당 등과 같이 스포츠를 생계의 수단으로 이해하는 다양한 요소가 있는 점을 보면 사실상 프로로 보는 것이 적절하다.

이상의 두 가지 구분 방식을 고려하면 아마추어에 대한 인식을 긍정적으로만 평가하기 어렵다. 그런데 스포츠와 예술 영역에서 대부분의 사람은 아마추어이다. 프로의 높은 수준과 직업의식을 드높이는 것은 좋지만, 굳이 아마추어를 깎아 내릴 필요는 없다.

아마추어를 조금 더 구체적으로 들여다보자. 즐기기 위해 하는 활동이라는 의미의 '취미'는 아마추어를 설명하는 데 쓰이는 핵심 개념이다. 결국 '좋아함'이 아마추어의 핵심 속성이다. 이는 아마추어(amateur)의 어원이 라틴어 amare(사랑하다)와 amator(사랑하는 사람)에서 유래되었다는 데에서도 확인된다. 스포츠를 즐기는 아마추어의 모임으로 자주 사용되는 동호회(同好會)에도 '좋아함(好)'이라는 의미가 포함되어 있다.

아마추어를 '능숙하지 못함'이라는 약점이 아니라 '좋아함'이라는 강점에 집중하는 것은 완전히 다른 관점이다. 가와우치의 보스턴 마라톤 우승에도 결코 좋아함을 제외할 수 없다. 좋아하지 않는 마라톤에 매진할 리 없고, 매진하지 않는 마라톤에서 성공할 리 없기 때문이다. 마라톤을 좋아하지 않는다면 어려운 여건을 극복할 이유가 사라진다. "질문하는 자는 답을 피할 수 없다"라는 아프리카 속담을 적용하면, 좋아하는 사람은 경기력 향상을 피할 수 없다. 좋아하는 마음이야말로 아마추어의 가장 큰 무기이다.

자발성 역시 큰 장점이다. 프로에게는 '하고 싶지 않을 때도' 해야 하는 의무가 주어지는 반면, 아마추어는 언제든 '내가 하고 싶을 때' 즐길 수 있는 자유를 누릴 수 있다. 가와우치가 우승 인터뷰에서 기업의 후원을 받으면서 정해진 시간에 지시하는 훈련을 받았다면 우수한 성적을 낼 수 없었을 것이라고 말한 점에 주목할 필요가 있다(평소 열심히 하지 않던 공부를 하려고 책상에 앉았는데 공부의 중요성을 강조하는 부모님의 연설을 들으면 갑자기 하기 싫어지는 것이랄까). 아마추어로서 본인이 원할 때 달리기를 즐긴 것이 경기력 향상의 원동력이었던 셈이다.[11]

아마추어는 해당 스포츠를 일(직업)이 아닌 놀이로 즐길 수 있는 셈이다. 네덜란드의 요한 하위징아(Johan Huizinga, 1872~1945)는 '노는 사람'이라는 의미의 호모 루덴스(homo ludens)라는 개념을 제안했다. 호모 사피엔스(homo sapiens)와 호모 파베르(homo faber)가 각각 '지성적 존재'로서의 인간과 '도구를 만들어 사용하는 존재'로서의 인간을 의미한다면, 호모 루덴스는 '놀이를 통해 문화를 창조하는 존재'로서의 인간을 강조한다. 어린아이가 장난감 하나로도 종일 몰입하는 모습은 이러한 놀이 본능이 얼마나 자율적이고 근원적인지를 잘 보여 준다.

놀이는 지속성이라는 속성과도 밀접하게 관련된다. 품에 안고 잘 정도로 좋아하던 장난감도 싫증이 나면 쉽게 당근마켓에 매물로 올라간다. 몇 번의 도전에 걸쳐 미션을 완수한 비디오 게임에서도 갑자기 흥미를 잃을 수도 있다. 스포츠 역시 마찬가지이다. 별다른 노력을 들

---

[11] 흔히 잘하는 것, 좋아하는 것, 직업으로 삼고 있는 것 세 가지가 일치하면 더할 나위 없이 좋은 삶이라고 한다. 그럼에도 가와우치가 자발성을 굉장히 중요한 조건으로 삼은 점에 주목할 필요가 있다. 그리고 보면 본인이 좋아하고 잘하는 것을 지속적으로 할 수 있는 가장 효과적인 방법이 아마추어로 남는 것인지도 모르겠다.

이지 않아도 쉽게 얻을 수 있는 목표에서는 금방 재미를 잃기 쉽다. 반면 일정 수준 이상의 훈련 시간을 투자해야만 얻을 수 있는 스포츠 기술(테니스의 킥 서브)이나 목표(마라톤의 Sub3)는 지속적인 참여로 이어질 수 있다. 놀이를 통해 얻을 수 있는 즐거움의 정도는 그것을 얻기 위해 쏟은 시간과 노력에 비례할 가능성이 크기 때문이다. 물론 이 과정에서 프로 선수의 타고난 재능을 부러워할 수도 있다. 그렇지만 우리는 다시 태어나는 것이 불가능하다는 점을 익히 알고 있다. 내가 좋아하는 것을 잘하고자 시간과 노력을 쏟는 것 이외에는 선택지가 없다.

정리하면 좋아함, 자발성, 지속적 참여는 아마추어의 핵심적인 장점이라고 할 수 있다. 개인적인 경험으로 한 가지를 더하면 스포츠라는 놀이는 일의 생산성 증대에도 크게 기여한다. 아마추어로서 즐긴 농구, 테니스, 달리기는 연구와 교육이라는 나의 두 가지 일을 잘할 수 있는 상태로 만드는 데 크게 도움을 줬다. 이는 운동을 통한 스트레스 해소와 같은 단순한 차원이 아니다. 조금 거창하게 표현하면 놀이에 진심으로 참여하는 노력과 태도가 일에도 전이되는 것이다.

나는 최근의 러닝 열풍이 너무 반갑다. 자발적으로 그리고 꾸준히 달리는 러너는 이미 진정한 아마추어이다. 누가 짧은 러닝 경력이나 뛰어나지 못한 기록에 왈가왈부한다면 이렇게 맞받아쳐 주자.

"왜 이래? 프로같이!"

Chapter 07
Sportsmanship maketh man

다루는 개념　**스포츠맨십, 게임스맨십, 도핑**

사례 1

2016년 호주에서 열린 호프만 컵 테니스 대회에서 호주의 레이튼 휴잇 (Lleyton Hewitt)과 미국의 잭 삭(Jack Sock) 선수가 맞붙었다. 휴잇이 넣은 첫 번째 서브에 선심은 아웃을 선언했다. 이때 삭이 "아까 서브는 인(in)이었어요. 챌린지 요청하세요"라고 말한다. 두 번째 서브를 준비하던 휴잇이 당황스러운 표정을 보이자 삭은 웃으면서 재차 챌린지 요청을 권유한다. 어이없는 상황에 관중석에서는 웃음이 터져 나왔고, 결국 휴잇은 챌린지를 요청했다. 비디오 판독 결과는 인이었다. 이날 경기에서는 휴잇이 이겼지만, 자신이 불리해질 것을 알고도 상대에게 비디오 판독 요청을 권유한 삭의 품격이 돋보였다.

사례 2

2018 러시아 월드컵 조별 리그 H조 최종전은 일본과 폴란드의 대결이었다. 경기 종료를 10분 정도 남은 시점에서 일본은 0:1로 끌려 가고 있었다. 그

런데 지고 있는 일본은 공격 의지를 보이지 않고 자신의 진영에서 공만 돌렸다. 관중은 일제히 야유를 보냈다. 일본이 공격하지 않은 이유는 같은 시각에 진행된 또 다른 H조 최종전에서 세네갈을 상대하는 콜롬비아가 골을 기록했기 때문이다. 일본과 세네갈이 모두 0:1로 지게 되면 러시아 월드컵부터 적용되는 페어플레이 점수(Fair-play Conduct Point)로 인해 일본이 16강에 진출하는 상황이었다. 결국 경고와 퇴장 횟수로 벌점을 매기는 이 규정에 따라 조별 리그 3경기에서 경고 6장을 받은 세네갈은 경고 4장을 받은 일본과 승점-골득실-다득점까지 같았지만 16강 진출이 좌절되었다.

사례 3

브라운리(Brownlee) 형제는 2016 리우데자네이루 올림픽 트라이애슬론에서 금메달과 은메달을 합작한 영국의 스타 선수이다. 평소 형제애가 남다르기로 알려진 두 선수는 2016 시즌 그랜드 파이널에서도 멋진 모습을 연출했다. 선두를 달리던 동생이 결승선을 1km 남긴 지점에서 체력이 바닥났다. 몸조차 가누기 힘들 정도로 위험한 지경에 이르자 결국 경기를 포기하기로 결정했다. 이때 뒤따르던 형은 선두 경쟁을 포기하고 동생을 부축하며 뛰기 시작했다. 결승선에 도달한 형은 동생을 밀어 2위로 만들고 자신은 3위로 들어왔다. 형은 인터뷰에서 "우승한 남아프리카공화국 선수가 같은 상황에 놓였어도 도왔을 것입니다"라고 말했다.

스포츠맨십(sportsmanship)은 보통 스포츠 참여자가 지녀야 할 바람직한 정신 또는 태도 등으로 해석된다(성평등에 입각해 '스포츠 정신' 또는 '스포츠퍼슨십'으로 표현하는 경우도 있다. 이 글에서는 관용적으로 쓰이는 점을 고려하여 스포츠맨십으로 표기한다). 스포츠맨십은 승리를 추구하는 과정에서 품격 있게 경기에 임하는 것을 강조한다. 우리가 스포츠맨십이라는 용어를 접하면 꼼수를 부리지 않고 정정당당하게 경기에 임하는 자세, 경기 중 다친 상대를 부축하는 모습, 이긴 상대를 진심으로 축하해 주는 장면 등을 떠올리는 것을 보면 쉽게 이해할 수 있다. 반대로 트래시 토크(trash-talk, 경기중 상대의 집중력을 흐트리기 위한 욕설이나 조롱), 침대 축구(다치지 않거나 넘어질 정도의 부상이 아니지만 시간 지연을 목적으로 그라운드에 누워 있는 행위), 배드민턴에서 필요 이상으로 셔틀콕을 자주 교체해 상대 흐름을 끊는 행위 등과 같이 규정에는 어긋나지 않지만 비겁한 술수를 써서라도 이기려는 부적절한 자세나 태도를 게임스맨십(gamesmanship)이라고 한다.

사례 1은 흠잡을 데 없는 훌륭한 스포츠맨십이라고 할 수 있다. 심판의 오심으로 상대의 정당한 득점이 사라질 수 있는 일을 막았기 때문이다. 상대 득점 취소가 자신에게 유리하다는 것을 알고도 했다는 점에서 더욱 훌륭하다고 평가할 수 있다. 결과적으로 삭은 잘못된 이득보다 공정한 승부를 선택한 셈이다.

사례 2는 스포츠맨십이라고 평가할 수 없다. 일본은 직전 두 경기를 통해 높은 페어플레이 점수를 받았지만 정작 최종전에서는 '더티 플레이'를 펼쳤다고 비난받았다. 규정을 교묘하게 이용해 정정당당한 경기를 하지 않고 다음 라운드로 진출했다는 점에서 그렇다. 이기기 위해 최선을 다하는 것은 스포츠맨십의 기본이다. 월드컵을 주관하는 단체인 국제축구연맹(FIFA)에서도 첫 번째 행동 수칙을 '이기기 위해 경기한다(play to win)'라고 명시하고 있나. 이미 16강 진출이 좌절된 폴란드 역시 일본이 소유한 공을 적극적으로 뺏으려는 노력을 하지 않았다는 점에서 비판받았다. 결과적으로 일본과 폴란드는 해당 경기를 관람하기 위해 돈과 시간을 투자한 팬에게 적절하지 않은 경기를 제공했다.

사례 3은 우승 경쟁보다 형제애를 선택했다는 점에서 아름다운 장면으로 이해할 수 있다. 실제로 이 사례를 다룬 한 뉴스의 헤드라인에는 '진정한 스포츠 정신'이라는 문구가 포함되었다. 그런데 곰곰이 생각해 보면 형제의 우애를 반드시 경기 중에 발휘해야 할 필요는 없다. 개인의 순위를 다루는 트라이애슬론에서 누군가로부터의 도움을 받는 것은 금지되기 때문이다. 동생을 도움으로써 결과적으로 다른 경쟁자의 입상을 방해했다는 점에서도 형의 행위는 비판받을 수 있다.

세 가지 사례를 종합하면 스포츠맨십 관련 논의에서 세 가지 특징을 도출할 수 있다. 첫째, 스포츠맨십은 승패와 관계없이 빛날 수 있다. 경기 결과와 무관하게 스포츠맨십을 발휘한 사람은 칭송받으며 게임스맨십을 보여 준 사람은 비난받기 마련이다. 둘째, 스포츠맨십은 구체적인 행위로 발현된다. 당연한 말이지만 우리는 선수의 마음가짐을 눈으로 볼 수 없다. 선수의 순간적인 판단과 행위로 스포츠맨십과 게임스맨십을 구분한다. 셋째, 스포츠맨십은 맥락과 바라보는 사람의 관점에 따라 다르게 해석될 수 있다. 야구에서 고의사구를 '이기려는 전략과 상대 타자에 대한 존중이 결합한 행위'와 '정정당당하지 못한 승부 및 타격 기회 박탈'과 같이 다르게 해석하는 것을 예로 들 수 있다.

첫 번째와 두 번째 특징은 직관적으로 이해하는 데 어려움이 없다. 세 번째인 스포츠맨십의 맥락 의존성에 대해 좀 더 자세히 살펴보자. 물론 언제 어디서나 규칙을 준수하는 것(정직), 공동의 목표 달성을 위해 팀원과 서로 돕는 것(협력), 팀과 경기에서 나에게 주어진 역할과 임

무에 충실히 임하는 것(책임), 정정당당하게 경기에 임하는 것(공정)은 이견의 여지가 없을 만한 스포츠맨십이라고 할 수 있다.

그렇기 때문에 이와 같은 스포츠맨십을 준수하지 않는 선수는 비난받는다. 도핑(doping)이 대표적이다. 도핑은 경기력 향상을 목적으로 금지된 약물을 복용하거나 몸에 주입하는 행위이다. 비정상적인 방식으로 경기력을 향상한 선수와 그렇지 않은 선수의 경쟁은 일종의 기울어진 운동장일 수밖에 없다. 도핑은 상대 선수의 공정한 경쟁 기회를 뺏고 그들의 값진 노력을 물거품으로 만들 수 있다는 점, 선수 본인의 건강에 악영향을 끼칠 수 있다는 점, 팬을 비롯한 스포츠를 둘러싼 다양한 이해 당사자가 스포츠 자체에 대한 신뢰를 잃게 된다는 점, 스포츠를 통한 탁월성 추구를 왜곡한다는 점(누가 약물을 더 잘 쓰느냐로 변질될 수 있다)에서 매우 잘못된 행위이다.[12]

스포츠맨십으로서 존중에 대해서 살펴보자. 유럽축구연맹(UEFA)의 'RESPECT 캠페인'은 축구를 통한 상대방, 심판, 다양성, 팬에 대한 존중을 강조한다. 이에 상대를 쓰러뜨려야 할 적이 아닌 경기를 함께 만들어 가는 파트너로 인식하기, 경기의 질서를 지키는 첫걸음으로써 심판 존중하기, 인종 차별을 금지하고 관련 행동에는 무관용 원칙 적용

---

[12] 반대 관점도 있다. 대표적으로 인체에 해롭지 않으면서 경기력을 향상하는 약물도 있기 때문에 이를 모두에게 허용하면 공정한 경쟁이 가능하다는 입장도 있다. 가용할 수 있는 모든 약물과 장비를 동원해 인간의 탁월성을 추구하는 것을 목표로 하는 인핸스드 게임(enhanced game)이 개최될 예정이다.

하기 등을 지침으로 설정하고 있다. 유도의 자타공영(自他共榮) 역시 맞붙는 상대를 나의 성장에 기여하는 존재로 이해하는 표현이다(상대가 없으면 내가 단련한 기술을 쓸 기회가 없다). 이상의 내용은 존중으로서의 스포츠맨십을 이해하는 데 매우 효과적이다.

문제는 특정 상황에서는 존중이 다양한 모습으로 해석되거나 다른 스포츠맨십과 상충할 수 있다는 데 있다. 2009년 미국 여자 농구 경기에서 100대 0이라는 충격적인 결과가 나왔다. 집중력 부족이나 주의가 산만한 학생들을 주로 가르치는 댈러스 아카데미는 전교생 20명 중에서 8명을 뽑아 농구부를 꾸렸다. 몇 수 위의 기량을 가진 코베넌트 스쿨은 4쿼터에서도 풀 코트 프레스(full court press, 공을 적극적으로 빼앗으려고 상대 코트에서부터 압박하는 수비로 올 코트 프레스라고도 한다)를 펼치고 끊임없이 3점슛을 던졌다. 경기 후 코베넌트 스쿨 교장은 사과문을 발표하며 경기 기록 삭제를 요청했다. 그런데 코베넌트 스쿨 농구부를 지도한 코치는 생각이 달랐다. "최선을 다해 경기에 임했으며 100점 차이로 이긴 것은 상대를 존중했기 때문이다"라며 반대 입장을 밝혔다. 결국 코치는 해임되었다.

이 사례를 통해 '상대에 대한 존중'은 다른 방식으로 이해될 수 있다는 점을 알 수 있다. 누군가는 기량 차이가 월등히 나고 이미 승부가 결정된 상황에서는 경기력을 조절하는 것이 상대에 대한 존중이라고 생각할 수 있다. 실제로 댈러스 아카데미의 학부모는 "가장 부적절했던 것은 풀 코트 프레스와 3점슛이었다"라고 말했을 정도로 코베넌트 스쿨 농구부의 태도를 바람직하지 않다고 여겼다. 반면 코베넌트 스쿨 코치는 경기 상황과 관계없이 마지막까지 최선을 다하는 것을 진정한 스포츠맨십이라고 이해했다. 오히려 경기력 조절은 상대방에 대한 동정이기 때문에 선택할 수 있는 것이 아니었다.

문화에 따라 같은 행위가 다르게 해석되는 점 역시 스포츠맨십의 맥락 의존성을 뒷받침한다. 야구의 빠던(타자가 공을 타격한 후 방망이를 던지는 행위)이 우리나라에서는 통용되지만 미국에서는 바람직하지 못한 것으로 받아들여지는 점을 예로 들 수 있다(15장 참고). 경기 유형에 따라서도 동일한 행위는 다르게 받아들여질 수 있다. 친선 경기에서는 크게 지고 있는 상대에 대한 배려가 돋보일 수 있지만, 올림픽 결승전에서는 통용되지 않을 것이다. 시시각각 변하는 스포츠 경기의 본질적 특징을 고려하면 스포츠맨십의 맥락 의존성은 더욱 두드러진다.

이는 스포츠맨십이 특정한 행동 양식으로 고정하거나 제한하기 어렵다는 것을 의미한다. 이에 스포츠맨십은 정직, 공정, 협동, 책임, 존중 등과 같은 바람직한 가치를 주어진 상황 안에서 바람직한 방법으로 실천하려는 태도와 자세로 보는 것이 적절하다. 스포츠맨십은 주어진 규칙이나 관습을 얼마나 잘 준수하느냐를 따지는 것이 아니다. 올바른 덕목과 성품을 바탕으로 품격 있는 행동을 보이느냐가 핵심이다.

이와 같은 측면에서 스포츠맨십은 친절, 존중, 겸손과 같은 덕목이 품격 있는 행동으로 드러나는 '매너'와 유사하다. 여기서 주목할 점은 성품과 행동의 일치 여부이다. 매너가 단순한 관습을 준수하기 위한 차원에서만 진행된다면 진정한 스포츠맨십이라고 평가하기 어렵다. 경기 후의 악수를 단순한 의례로 받아들이지 않고 경기 결과와 무관하게 상대를 진심으로 존중하고 최선을 다한 것을 인정하는 의미로 악수할 때 비로소 스포츠맨십이 되는 것이다.

Manners maketh man. 영화 〈킹스맨〉의 명대사이다. 상대를 존중하는 성품과 품격을 동반한 행위라는 두 가지가 뒷받침될 때 비로소 멋진 사람이 될 수 있다는 말이다. 스포츠도 다르지 않다. 멋진 플레이를 펼친 상대방의 꼬투리를 잡는 행위만큼 볼썽사나운 일도 없다. 진심으로 칭찬하고 정정당당한 플레이로 상대를 이기고자 노력하는 자세가 우리를 좋은 사람으로 만든다. Sportsmanship maketh man.

Chapter 08
스포츠 팬덤과 아비튀스

다루는 개념 **아비튀스, 문화 자본, 계층**

미국 유일의 시민 구단 그린베이 패커스(Green Bay Packers)는 현존하는 NFL(National Football League) 소속 구단 중 세 번째로 설립 연도가 오래됐다. 우승 경력도 화려하다. 총 13회로 가장 많은 우승을 차지한 구단이며, 3년 연속 우승도 두 번(1929~1931, 1965~1967)이나 거머쥐었다. 그린베이 패커스에 단골처럼 따라붙는 내용은 바로 '시즌 티켓'이다. 해당 시즌의 모든 홈 경기를 관람할 수 있는 시즌 티켓을 구하는 것은 말 그대로 하늘의 별 따기이다. 시즌 티켓은 갱신하는 사람에게 우선권을 주는데, 무려 99%의 비율로 갱신되고 있다. 이에 많은 사람들이 1%씩 풀리는 시즌 티켓을 구하려고 대기자 명단에 이름을 올린다. 문제는 1960년대부터 존재한 이 대기자 명단이 약 15만 명에 달한다는 것이다. 시즌 티켓을 구하려면 30년에서 길게는 50년을 기다려야 한다. 실제로 그린베이에 거주하며 1970년대 초반에 대기 명단에 이름을 올린 코리 보겔(Cory Vogel)은 2022년에야 시즌 티켓을 구할 수 있었다. 이에 많은 팬은 아이가 태어나자마자 출생 신고와 동시에 시즌 티켓 대기자 명단에 이름을 올린다. 패커스 팬에게는 시즌 티켓 상속 역시 삶의 중요한 부분이다. 일부 팬은 유언장에 "나의 시즌 티켓은 ○○에게 상속된다"라는 조항을 넣기도 한다.

시즌 티켓을 보유한 그린베이 패커스 팬과 가족의 삶을 다음과 같이 상상해 보자. A는 대를 이어 온 패커스 팬이다. 미리 공지된 시즌 홈 경기 날에는 절대로 다른 약속을 만들지 않는다. 시즌 개막전에서 이상형 B를 만났다. 둘은 금세 사랑에 빠졌다. 평생을 함께하기로 한 둘은 결혼식도 경기가 없는 화요일로 잡았다. 새로 장만한 보금자리 역시 패커스 굿즈(goods)로 가득하다. 패커스 커플로서 행복한 삶을 이어 가고 있는 가운데 새로운 가족이 생긴다는 행복한 소식을 접한다. 출산과 동시에 아이 이름을 시즌 티켓 대기자 명단에 올린다.

태어난 아이 C는 자연스럽게 패커스에 노출된다. 가지고 노는 장난감, 벽에 붙어 있는 포스터, 옷에 큼지막하게 새겨진 로고 등 어딜 가거나 무슨 일을 하더라도 패커스 로고가 함께 한다. 말귀를 알아듣기 시작할 즈음에는 엄마와 아빠의 대화에서 패커스 소식을 접한다. 할아버지, 고모, 외할머니, 외삼촌 등을 만나도 대화의 양상이 크게 다르지 않다. 자연스럽게 패커스 팬으로 성장하여 초등학교에 입학한 C는 친구들 가족 상황 역시 크게 다르지 않다는 점을 알게 된다(인구 10만 명의 그린베이시는 미국 4대 프로 스포츠 구단이 존재하는 도시 중 상주 인구가 가장 적지만 홈 구장인 램보필드에는 81,441명이 입장할 수 있다). 이제 C에게는 패커스 경기를 직관(직접 관람)하는 것이 인생의 중요한 목표가 된다. 또 한 명의 진정한 패커스 팬이 생기는 순간이다.

C가 패커스 팬이 되는 과정에서 나타나는 특징은 다음과 같다. 첫째, 위 세대에서 아래 세대로 전해진다. A와 B가 부모의 영향으로 패커스를 사랑하게 된 것처럼 C가 패커스 팬이 되는 과정에서 부모의 절대적 영향을 간과할 수 없다. 시즌 티켓이 유산으로서 자녀에게 상속되는 것과 마찬가지로 패커스와 동고동락하는 태도 역시 위에서 아래로 전해진다. 둘째, 환경이 큰 영향을 미친다. 아이는 부모가 만들어 놓은 가정환경과 그린베이시라는 사회에서 형성된 유무형의 환경에 의해 자연스럽게 패커스를 접하게 된다. 셋째, 대부분의 과정은 자연스럽게 진행된다. 부모나 주변 사람이 "너는 반드시 치즈헤드(cheesehead, 그린베이 패커스 팬을 대표하는 별명, 치즈 모양의 모자를 쓰는 데서 유래되었다)가 되어야 해"와 같은 뚜렷한 의도를 드러내지 않더라도 아이는 물 흐르듯이 패커스의 정체성이나 행동 양식을 익힌다.

피에르 부르디외(Pierre Bourdieu, 1930~2002)에 따르면, 패커스를 삶의 중요한 부분으로 여기고 살아가는 양식은 아비튀스(habitus)이다. 아비튀스란 특정한 사회적 환경 속에서 반복적으로 경험하며 내면화된 인식, 태도, 행동 양식이라고 할 수 있다. 달리 말하면, 아비튀스는 의도된 '특별한 경험'이라기보다 '일상생활'에 의해 자연스럽게 전수되고 형성된다.

역대 최고 슈터로 평가받는 스테픈 커리(Stephen Curry)를 예로 들어 보자. 커리는 전직 농구 선수였던 아버지(역시 정확한 슛 능력으로 유명했다)로부터 농구에 대한 감각과 플레이 스타일을 전수받았다. 일반인과 달리 어려서부터 NBA 라커룸, 연습장, 경기장 등을 특별한 장소가 아니라 놀이터와 같은 일상의 공간으로 여기며 다양한 농구 문화를 경험했다. 슛의 정확도를 향상하려던 아버지의 노력이나 농구의 기본기에 대한 그의 생각을 일상적으로 접하면서 농구와 슛에 대한 아비튀스를 자연스럽게 형성한다.

이와 같이 아비튀스를 형성한다는 것은 무엇인가를 머리로만 알고 있는 상태와는 질적으로 다르다. 주어진 상황에서 특유의 판단이나 행동이 자연스럽게 나온다는 점을 고려하면 아비튀스는 몸에 새겨지는 것이라고 할 수 있다. 그렇기 때문에 하나의 아비튀스가 상속되고 형성되는 데는 오랜 시간이 걸린다. 동시에 한번 몸에 새겨진 아비튀스는 처한 환경이 바뀌어도 쉽게 사라지지 않는다. 마치 패커스 팬이 직장 때문에 거주지를 옮기더라도 결코 응원하는 팀을 바꾸지 않고 커리의 농구와 슛에 대한 가치관이 바뀌지 않는 것처럼.

아비튀스는 일상생활에서도 쉽게 접할 수 있다. 우리가 사용하는 억양, 어휘, 발음은 대표적인 아비튀스라고 할 수 있다. 영국의 포시 악센트(posh accent)나 옥스브리지식 발음은 어려서부터 자연스럽게 형성된다. 정찬에서 사용하는 포크와 나이프의 순서나 웃어른이나 초대한 사람이 식사하기 전에 기다리는 매너 등과 같은 식사 예절도 아비튀스에서 비롯된 것이다. 일명 '학군지'로 이사하고자 하는 부모의 선택과 노력도 같은 관점으로 이해할 수 있다. 부모는 단순히 좋은 수업을 받게 하려는 목적으로만 기꺼이 경제적 부담을 감수하지 않는다. 또래 학생의 진중한 학습 태도, 교육 중심적 분위기, 신속한 교육 정보 공유 문화 등과 같은 무형의 문화가 아이의 좋은 아비튀스 형성에 기여할 것이라는 기대에서 비롯된 것이다(좀 더 나은 아비튀스를 위한 학군지 이동의 시초는 맹모삼천지교라고 할 수 있다).

앞서 제시한 세 가지 아비튀스에서 쉽게 유추할 수 있는 특징은 무엇일까? 바로 계층과 밀접하게 관련된다는 것이다. 억양과 발음으로 그 사람의 계층을 간접적으로 파악하거나 생선용 나이프로 스테이크 써는 모습을 이해하지 못하거나 교양이 부족하다고 생각하는 행위는 (무의식적으로라도) 계층을 파악하려는 행위이다. 학군지 고등학교 또는 일류 대학을 졸업한 사람들끼리 인적 네트워크를 구성하고 상부상조하는 일종의 '끼리끼리' 문화 역시 큰 틀에서는 계층 구분이라고 할 수 있다. 결과적으로 아비튀스는 동일 계층 간의 의사소통과 교류를 원활하게 하는 반면, 다른 계층의 진입을 막는 장애물의 역할도 한다(자수성가한 사업가나 배우자가 상류층 모임에서 자연스럽게 어울리지 못한다면 아비튀스에서 비롯되었을 가능성이 크다).

아비튀스의 계층 구분 기능은 스포츠에서도 확인된다. 전통적으로 조정과 럭비는 영국 상류층이 즐기는 스포츠였다. 강한 팀워크, 절제, 지도력, 남자다움을 함양하는 데 효과적인 조정과 럭비는 이튼 스쿨과 같은 명문 사립학교에서 가르치는 스포츠이다. 학생들은 조정과 럭비에 참여하면서 상류층의 생활 양식과 스포츠에 대한 태도와 관련된 아비튀스를 형성한다. 반면 초창기 도시 노동자층의 대표적인 스포츠로 자리매김한 축구는 서민 아비튀스 형성의 핵심적인 역할을 맡았다. 거친 몸싸움, 상대적으로 간단한 규칙, 관중 문화 등이 더해져 축구장은 노동 계층의 정서와 공동체 감각을 공유하는 아비튀스 형성의 장소였다. 이와 같은 측면에서 특정 스포츠를 선호하는 것은 단지 취향만으로 결정되는 것이 아니다. 계층적 위치를 포함한 전반적인 삶을 통해 형성되는 것이다.

아비튀스의 또 다른 특징은 재생산된다는 점이다. 부르디외에 따르면, 상류층 가정일수록 자녀에게 양질의 아비튀스를 물려주고자 노력한다. 부모는 어려서부터 아이가 좋은 말투와 매너를 익힐 수 있게 교육하고 유사한 계층과 상호 작용할 기회를 폭넓게 제공함으로써 좋은 아비튀스 형성을 돕는다. 결과적으로 부모의 지원으로 좋은 대학을 졸업하고 전문직 커리어를 갖게 된 자녀는 비슷한 배우자와 혼인하면서 부모와 유사한 계층에 편입된다(최근 좋은 대학과 직장에 특정 지역 출신의 비율이 점점 많아지는 현상도 같은 맥락이다). 이와 같은 측면에서 아비튀스의 형성과 계층 재생산에서 교육이 큰 역할을 한다고 할 수 있다.

그렇다면 부르디외는 왜 '전수'나 '유지'가 아닌 재생산(reproduction)이라는 용어를 썼을까? 두 가지로 해석할 수 있다. 첫째, 사회 구조가 바뀌면서 계층 또는 계층의 구분 방식 역시 바뀌기 때문이다. 좋은 대학으로 진학할 수 있는 방법과 변호사와 같은 전문직이 될 방법이 달라지는 것과 같이 계층 형성에 영향을 미치는 요인은 수시로 변한다. 과거에 없었던 유튜버, 스트리머, 인플루언서 등 자산 형성의 새로운 방법이 만들어지는 현상 역시 기존 계층 구분이 단순하게 유지되지 않는다는 점을 말한다. 둘째, 그럼에도 계층 구분의 큰 틀은 보이지 않게 반복될 가능성이 높기 때문이다. 계층 형성에 영향을 미치는 기존 요인이 없어지고(예: 사법시험 폐지) 새로운 요인이 생겨나더라도(예: 디지

털 자본) 기존 계층 구조가 한 세대 만에 극적으로 바뀌기는 어렵다는 것을 의미한다.

부르디외는 아비튀스 이외에도 계층 형성에 영향을 미치는 세 가지 자본에 대해 설명했다. 소득이나 소유권 등과 같은 물질적 풍요로움을 의미하는 경제 자본(economic capital), 인맥이나 사회적 연결을 뜻하는 사회 자본(social capital), 문화적 취향이나 교육 등으로 대변되는 문화 자본(cultural capital)이 그것이다. 아비튀스가 어떤 자본과 밀접하게 관련될 것인지는 쉽게 유추할 수 있다. 아비튀스는 결국 문화 자본을 형성하고 소유하는 과정에 깊게 관련된다. 첼로를 연주할 수 있는 능력은 일종의 문화 자본이다. 반면 어려서부터 형성된 예술을 중요하게 여기는 태도, 음악과 연주회를 감상하는 올바른 방법, 다양한 음악을 접하며 몸에 새겨진 음감 등은 아비튀스라고 할 수 있다. 결국 특정 문화 자본의 습득과 아비튀스는 분리되어 생각될 수 없다.

같은 측면에서 스포츠를 긍정적으로 바라보고 참여하고자 하는 태도는 아비튀스이고, 평생 스포츠를 가지는 것은 일종의 문화 자본이다. 우리가 주목해야 할 부분은 문화 자본으로서의 스포츠가 계층을 재생산하는 과정이 아니다. 스포츠에 참여하여 얻을 수 있는 혜택을 좀 더 많은 사람들이 접할 수 있도록 기여하는 것이다. 가장 효과적인 방법은 내가 아끼는 사람들에게 스포츠 즐기는 모습을 보여 주고 참여를 권장하는 것이 아닐까. 오늘도 나는 가족의 스포츠 사랑 아비튀스 형성을 위해 달리고 또 권한다.

Chapter 09

점프 슛의 원조는 무엇일까?

다루는 개념   원조, 이데아, 형상, 질료

사례 1

코비 브라이언트(Kobe Bryant, 1978~2020)는 상상할 수 없는 훈련량과 끊임없이 배우는 자세로 유명한 선수이다. 하루는 경기 도중 마이클 조던(Michael Jordan)에게 "포스트 업(수비수와 골대를 등지고 공격하는 기술)에서 다리는 어떻게 하는 것이 좋은가?"라며 물었다. 경기 중에도 조언을 구하는 태도에 놀란 조던은 "다리로 등 뒤에 있는 수비수의 위치를 읽고 공격 방향을 결정하는 것이 좋다"라고 알려줬다. 잠시 후 브라이언트는 조던을 상대로 포스트 업을 성공시켰다. 은퇴한 조던이 전성기 컨디션으로 현재 NBA 정상급 선수들과 일대일을 하면 이길 수 있냐는 질문에 "다른 선수들은 모두 이길 수 있다. 그런데 코비만큼은 모르겠다. 내 모든 기술을 훔쳤기 때문이다"라고 답했다. 실제로 유튜브에서는 브라이언트가 조던의 드리블, 슛 폼, 기술, 심지어 경기 중에 취하는 제스처를 복사 수준으로 따라 하는 '똑같은 플레이(identical plays)'라는 제목의 영상을 쉽게 찾을 수 있다.

사례 2

장위안(중국) 1991년에 한 교수가 골프가 중국 놀이 '츠이완'에서 출발했다는 논문을 발표했어요. 실제로 원나라와 명나라 시대에 제작된 그림에 제시된 클럽의 모양과 홀에 깃발이 새겨진 모습을 보면 현재 골프와 츠이완이 꽤 흡사하다는 것을 확인할 수 있어요. 골프처럼 티 위에 공을 올려놓고 치는 점, 손으로 공을 만질 수 없는 점, 버디나 홀인원 등과 같은 타수를 설정한 점 등을 보면 확실히 골프의 원조라고 할 수 있겠죠.

프셰므스와브(폴란드) 말이 안 된다고 생각해요. 골프는 스코틀랜드에서 목동들의 놀이에서 비롯되었다는 설과 네덜란드 아이들이 즐기던 놀이 콜프(kolf)에서 시작되었다는 설이 가장 유력해요. 저는 골프의 기원은 유럽의 민속놀이라고 생각해요.

알베르토(이탈리아) 제가 학교에서 배우기로는 로마 시대 병사들이 즐기던 놀이에서 골프가 비롯되었어요. 라틴어로 파가니카(paganica)라고 하는데, 한쪽 끝이 구부러진 막대기로 공을 치며 목표까지 가장 적은 타수를 기록한 사람이 이기는 거예요. 로마의 영국 침략 때 이 놀이가 스코틀랜드로 전해졌다는 말이 있어요. 실제로 국제골프연맹에서 기원전 100년의 파가니카를 골프의 원조로 인정해요.

타일러(미국) 중국 놀이가 골프의 원조라는 주장이 타당하려면 해당 놀이가 어떻게 스코틀랜드로 갔다가 또 북미 대륙까지 확산된 것인지에 대한 역사적 과정을 설명할 수 있어야 한다고 생각해요. 만약 그 역사적 흐름이 끊어진 상태라면 다른 스포츠로 존재했다고 보는 것이 타당하겠죠.

두 사례에서 공통으로 뽑아낼 수 있는 키워드는 '원조'이다. 코비 브라이언트가 구사하는 기술의 원조는 마이클 조던이다. 역사상 최고의 농구 선수로 꼽히는 조던은 우아한 사세와 페이드 어웨이(fade away, 골대와 멀어지는 방향으로 점프하여 던지는 슛) 등과 같이 알고도 막기 어려운 기술을 보유한 것으로 유명하다. 실제로 브라이언트는 조던의 모든 기술을 모방했다고 인정했다. 사례 2는 제각각 다른 역사적 자료와 논리로 현대 골프의 원조를 따지는 장면이다.

원조(元祖, origin)는 사전적으로 어떤 일을 처음으로 시작한 사람 또는 최초 시작으로 인정되는 사물이나 현상으로 정의된다. 일상생활에서도 원조를 밝히는 일은 중요하다. 해당 음식을 처음으로 개발하고 판매했다는 점을 강조하기 위해 상호나 간판에 '원조'를 추가하는 것을 예로 들 수 있다. 같은 전략을 쓰는 식당이 많아지면 '진짜 원조' 또는 '진짜 원조 1호점'처럼 차별화된 용어를 쓰기도 한다. 특정 지역이 어떤 음식이나 제품의 시초라는 점을 강조하고 구분하는 방식(예: 춘천 닭갈비와 전주 비빔밥), 해당 용어가 처음으로 사용되었다는 점을 강조하는 맥락(예: 1세대 아이돌), 특정 진영이나 사상의 정통성을 강조하는 행위(예: ○○정신의 진정한 계승자) 등도 큰 틀에서는 원조를 중요하게 여기는 태도라고 할 수 있다.

이와 같이 원조는 일종의 정통성을 부여받기 때문에 높은 대접을 받는다. 대부분의 사람이 조던의 점프 슛에 좀 더 높은 점수를 주는 점도 이와 무관하지 않다. 그렇다면 조던 점프 슛의 원조는 무엇일까? 엄밀히 따지면 조던의 점프 슛 자세가 아무리 우아하더라도 이것이 무에서 유를 창조한 것이라고는 할 수 없다. 조던보다 앞서 비슷한 폼의 점프 슛을 선보인 선수가 있었으며, 조던 역시 계속 자세를 가다듬었기 때문이다. 실제로 조던이 두 번째 은퇴 직전에 던졌던 'the shot'과 프로 데뷔 초기의 점프 슛을 비교하면 확연하게 다르다. 이와 같은 측면에서 조던 점프 슛의 원조를 특정 사람에게서 찾는 것은 무리이다. 오히려 원조는 점프 슛이라는 기술 자체라고 할 수 있다.

축구의 드리블, 배드민턴의 헤어핀, 배구의 스파이크와 같이 모든 스포츠에는 고유의 기술이 있다. 기술을 처음으로 배우는 사람에게는 일종의 롤 모델이 중요한 역할을 한다. 테니스 코치가 포핸드 스트로크를 한 번도 본 적 없는 아이를 가르치는 장면을 예로 들어보자. 아이에게 손과 발이 어떻게 움직이는지를 말로 설명하기보다 몇 번의 시범을 보여 주는 것이 훨씬 더 효과적일 수 있다. 쉽게 참고하고 따라 할 수 있는 본보기를 제공할 수 있기 때문이다. 물론 아이가 코치의 폼을 따라 하는 것은 불가능에 가깝다. 신체 발달 수준이 다르기 때문이다. 키, 몸무게, 근력의 수준이 똑같다고 하더라도 정확히 같은 폼을 가질 수는 없다. 브라이언트가 아무리 조던의 점프 슛을 따라 하려고 해도 미묘한 차이가 있을 수밖에 없는 것처럼. 천 명의 테니스 선수가 있으면 천 가지의 포핸드 스트로크 폼이 있을 수밖에 없다.

반면 공통점도 있다. 아이의 어설픈 자세와 코치의 전문적인 자세에 큰 차이가 있더라도 우리는 둘 모두를 포핸드 스트로크로 이해한다. 전 세계 모든 테니스 동호인이 제각각 다른 폼을 가지고 있더라도 그들이 구사하는 기술은 포핸드 스트로크라는 공통 범주 안에 포함된다. 범위를 조금 더 확장해 보자. 맨체스터 유나이티드와 FC 바르셀로나 간의 챔피언스 리그 결승전은 수많은 축구 경기의 한 유형이다. 초등학교 체육 시간에 즐긴 축구, 군대에서 경험한 전투축구, UEFA 챔피언스 리그 결승전을 모두 축구 경기라고 할 수 있는 것은 모종의 공통점이 있기 때문이다.

고대 그리스 철학자 플라톤(Plato, 기원전 428~348로 추정)에 따르면 이는 이데아(idea)가 있기 때문에 가능한 것이다. 쉽게 이야기하면, 이데아는 개별 사물(개별자라고 한다)의 원본이다. 공을 예로 들어보자. 우리 주변에는 빨간색 축구공, A 회사에서 만든 농구공, 정식 경기용 배구공, 유아들이 쓸 수 있는 작고 푹신푹신한 공 등 여러 형태와 재질의 공이 있다. 우리가 이 모든 개별자를 공이라고 인식하는 이유는 '공'이라는 이데아가 있기 때문이다.

이데아는 사물뿐만 아니라 개념에도 적용된다. 주목해야 할 점은 개별자는 인식되는 반면, 이데아는 감각 세계 너머에 있기 때문에 직접 인식할 수 없다는 것이다. 우리는 마이클 조던의 점프 슛, 로저 페더러의 백핸드, FC 바르셀로나의 빠른 패스 플레이를 보면서 스포츠가 우아할 수 있다는 표현을 이해한다. 그렇지만 '우아함' 자체를 인식할 수는 없다. 마찬가지로 아름다운 꽃, 멋진 신사, 의리의 사나이 등을 이해할 수는 있어도 아름다움, 멋짐, 의리를 직접적으로 인식할 수는 없다. 반면 '우아함'이라는 이데아가 없다면 로저 페더러의 우아한 백핸드는 성립될 수 없다.

이데아와 개별자의 관계는 어떻게 설정될까? 이데아는 보편적이고 완전한 반면, 개별자는 이데아의 사본(copy)이며 항상 불완전하다. 직선을 예로 들어보자. 이데아로서의 직선은 무한히 얇고 선분처럼 길이가 정해져 있지 않고 무한히 뻗어 나가는 선이다. 현상계의 직선은 그렇지 못하다. 일단 아무리 얇게 그려도 두께와 면적이 생기기 때문에 기하학적 직선의 이상성과는 거리가 있다. 더군다나 우리가 감각적으

로 인식하는 직선이 같은 높이에 있는 점들의 무한 집합이라는 점을 증명할 수 없다.[13]

플라톤이 이데아와 개별자 중에서 무엇을 강조했을지는 쉽게 유추할 수 있다. 플라톤은 현실 세계는 개별자로 가득 찬 불완전한 곳인 반면, 이데아는 완전한 세계로 설정했다. 그렇다면 감각으로 인식이 불가능한 이데아는 어떻게 접할 수 있을까? 플라톤은 순수 이성의 힘으로 이데아를 인식할 수 있으며, 철학자가 이와 같은 경지에 이를 수 있다고 했다.

플라톤은 영혼을 살찌우며 신체를 단련하는 데 도움이 된다는 이유로 체육을 중요하게 여겼다. 반면 예술을 저급한 것으로 간주했다. 왜일까? 마찬가지로 이데아와 개별자의 관계를 생각해 보면 쉽게 유추할 수 있다. 불완전한 현실 세계는 완전한 이데아의 조잡한 사본에 불과하다. 그렇다면 그 사본을 다시 모방한 연극을 비롯한 다양한 예술은 이데아에 한참 미치지 못하는 저급한 것이기 때문이다.

반면 플라톤의 제자 아리스토텔레스(Aristotle, 기원전 384~322)는 스승의 이데아론을 수용하지 않았다. 플라톤의 사상이 이데아와 현실 세계를 구분하고 지적 통찰을 통해 이데아를 깨닫는 것을 강조하는 인식

---

[13] 우리는 자의 모서리를 직선으로 알고 있다. 그렇다면 그 틀을 만드는 기계도 직선이어야 한다. 아마도 그 틀은 최초 자연 세계의 어떤 곧은 물질을 바탕으로 만들어졌을 것이다. 하지만 우리는 무엇을 근거로 최초의 그 틀을 직선이라고 확신할 수 있었을까? 현실 세계 직선의 원조, 즉 최초의 직선은 무엇이었을까?

론에 가깝다면, 아리스토텔레스는 이성과 함께 감각을 중요하게 여겼다. 아리스토텔레스에 따르면 이데아라는 것은 존재하지 않으며, 우리는 현실 세계로부터 얻는 다양한 경험을 통해 세상을 인식한다.

아리스토텔레스가 내세운 주요 개념은 형상과 질료다. 형상(form)은 사물의 본질과 형태를 뜻하고, 질료(matter)는 사물을 구성하는 물질적 요소이다. 이에 따르면 조던의 점프 슛 자세는 형상이고, 그의 근육, 체력, 골격은 질료가 된다. 그런데 가만히 생각해 보면, 우리가 조던의 점프 슛을 농구 기술로서의 점프 슛으로 받아들이는 점은 플라톤이 이야기한 점프 슛의 이데아가 있기 때문이 아닐까? 결국 형상과 이데아는 같은 것일까?

아리스토텔레스의 생각은 달랐다. 형상은 질료와 합쳐질 때 비로소 존재하게 된다. 달리 말하면, 형상은 결코 독립적으로 존재할 수 없다. 골격, 근육, 체력 등이 없으면 점프 슛이 나올 수 없으며, 점프 슛으로 구체화되지 않은 신체는 다른 상태로 존재하는 것이다. 이와 같은 측면에서 형상과 질료는 서로 분리될 수 없다. 현실 세계의 모든 사물은 형상과 질료의 결합체이다. 형상과 이데아는 인식 방법에서도 차이가 있다. 형상은 현실의 많은 사물에서 관찰할 수 있는 반면, 이데아는 감각적으로 인식할 수 없다.

이와 같이 사제지간이지만 플라톤과 아리스토텔레스는 보편적인 것과 개별적인 것의 관계를 다르게 이해했다. 이를 대표적으로 보여 주는 그림이 바로 라파엘로의 〈아테네 학당(Scuola di Atene)〉이다. 그림의 가운데 위치한 플라톤과 아리스토텔레스가 대화하고 있다. 그런데

〈아테네 학당〉의 일부 (이미지 출처: Wikimedia Commons)

유심히 보면, 스승인 플라톤은 손가락으로 하늘을 가리키는 반면, 제자인 아리스토텔레스의 손바닥은 지면을 향하고 있다. 이는 순수 이성을 통한 이데아 추구와 현실 세계 감각을 함께 중시한 두 사상의 차이점을 의미한다.

우리가 기억해야 할 점은 원조를 찾는 일의 목적은 현재와 미래에 놓여 있어야 한다는 것이다. 브라이언트가 조던의 기술을 원조로 삼은 이유는 현재와 미래의 경기력을 향상하는 데 그 목적이 있다. 아이가 코치의 자세를 본보기로 삼는 일 역시 지금 그리고 앞으로 즐길 테니스를 배우는 데 있다. 원조를 찾거나 원형을 따르는 일은 단지 과거를 복원하는 작업이 아니다. 현재를 해석하고 미래를 설계하는 일이다. 스포츠를 대하는 우리의 태도 역시 누군가에게 원조로 작용할 수 있다는 점을 잊지 말아야 한다.

Chapter 10
스포츠와 행복

다루는 개념 **행복, 행운**

사례 1

영하 15도에 달하는 추운 날이다. 그래도 운동을 빠질 수 없다. 오늘은 연습 게임이 있는 날이다. 포인트 가드로서 그동안 연습했던 패턴을 지시한다. 몇 번의 패스가 오가고 득점에 성공한다. 모두가 환호한다. 수비로 전환되었다. 모두가 큰 소리로 공과 상대 선수의 방향을 공유하며 발을 쉴 새 없이 움직인다. 인터셉트로 이어진다. 아드레날린이 치솟는다.

사례 2

가만히 있어도 땀이 흐를 정도로 덥다. 밤새 원고 작업을 하느라 몸이 천근만근이다. 다음 주부터 장마가 시작되기 때문에 더워도 테니스를 거를 수 없다. 오늘따라 백핸드가 잘 맞는다. 빨랫줄 같은 궤적으로 날아가는 공에 청량감을 느낀다. 운동 후 회원들과 마시는 아이스 아메리카노에 주중에 쌓인 스트레스가 녹아 사라진다.

사례 3

청명한 가을 하늘을 보며 달리기를 시작한다. 15킬로미터 지점에서 찾아오는 러너스 하이(Runner's High, 엔도르핀 분비로 통증이 완화되고 쾌감을 느끼는 상태)는 말로 표현할 수 없는 즐거움이다. 달리기가 마무리될 무렵의 노을을 보면서 오늘도 제대로 살았다는 마음에 뭉클함을 느낀다.

나는 대부분의 스포츠 종목을 좋아한다. 관람하는 것보다 참여하는 것을 훨씬 선호하는데, 그 이유는 직접 뛰면서 경험하는 즐거움이 가장 크기 때문이다(모든 경험은 본질적으로 다르다. 4장 참고). 대표적으로 좋아하는 스포츠 세 가지를 꼽으라면 농구, 달리기, 테니스이다. 주머니 사정, 관절, 체력이 허락된다면, 오전에는 테니스, 오후에는 농구, 저녁에는 달리면서 사는 삶은 어떨까 하고 생각해 본다. 식욕과 수면욕이 대표적인 인간의 기본적 욕구라고 하는데, 배고프고 졸린 상태에서도 어김없이 운동화 끈을 매고 있는 스스로를 보면 내게는 일종의 운동욕(運動慾)이 있는지도 모르겠다.

우리는 왜 스포츠에 참여할까? 무언가 좋은 것을 얻기 때문이다. 여기서 언급한 좋은 것은 매우 다양하다. 이겼을 때의 기쁨, 동료와 함께 땀 흘리는 과정에서 느끼는 유대감, 좀 더 건강해지는 몸의 상태를 경험하는 즐거움, 기록을 경신했을 때의 쾌감, 쳇바퀴처럼 돌아가는 일상에서 탈출한다는 느낌, 자녀와의 캐치 볼에서 겪을 수 있는 색다른 감정 등은 스포츠가 우리에게 주는 선물이다.

세 사례에서 언급한 '좋은 것'을 '행복'으로 바꿔도 큰 문제는 없을 듯하다. 조금 거창하게 표현하면 우리는 스포츠를 통해 행복할 수 있다.

행복이 사전적으로 '생활에서 충분한 만족과 기쁨을 느끼어 흐뭇한 상태'로 정의되는 점을 고려하면 스포츠 참여는 우리에게 다양한 형태의 행복을 가져다준다.

행복은 삶의 목적으로 이해될 때도 있다. 아리스토텔레스는 삶의 궁극적 목적을 행복(eudaimonia)이라고 했다. 수단에 대비되는 목적은 다음 단계가 없다. 삶의 목적이 행복이라는 말은 행복해지는 것 다음의 목적이 없다는 뜻이다. 고등학생에게 왜 공부하냐고 물어보자. 아마 명문대 입학을 위해서라는 대답이 나올 수 있다. 공부는 명문대 입학이라는 목적을 위한 수단이다. 명문대 입학의 이유를 물어보면 안정적인 직장을 얻기 위한 수단이라는 점을 재차 확인할 수 있을 것이다. 이와 같은 흐름이 계속 이어진다면 마지막엔 "행복하기 위해서"라는 답변이 나올 가능성이 크다. 이와 같은 측면에서 아리스토텔레스의 행복론은 타당하게 보인다.

그렇지만 행복을 삶에서 궁극적으로 추구해야 할 목적으로 설정한다면 그것이 무엇인지 제대로 알아야 한다. 그렇지 않으면 뚜렷한 목적 없이 하루하루를 인내하는 형태가 될 수 있다. 그토록 원하던 명문대에 입학하더라도 합격의 기쁨이 오랫동안 지속되지 않고 취업과 같이 또 다른 관문을 통과하기 위한 과정이 험난하게만 느껴진다면 일상에서 행복을 느끼기 어렵다.

그래서일까. 우리나라의 행복 지수는 낮은 편이다. 2024년 판 〈세계 행복 보고서(World Happiness Report)〉에 따르면 우리나라의 행복 지수는 조사 대상 143개국 중 57위다. 주요 선진국 중에서는 하위권이다.

이 조사에서는 '가족/친구', '웰빙', '경제/정치', '삶의 질'이라는 네 가지를 행복에 영향을 미치는 영역으로 설정했다.

〈세계 행복 보고서〉가 발간되는 점과 보고서에서 네 가지 영역을 설정한 점은 대부분의 사람이 중요하게 생각하는 행복은 개인 상황이라는 작은 차원의 문제와 함께 정치, 사회, 경제, 문화 등 큰 차원의 문제와 맞물려 작용하는 복잡한 개념이라는 것을 의미한다. 결국 행복은 관점과 상황에 따라 굉장히 달라질 수 있다. 아는 만큼 보인다는 말처럼 행복과 관련된 다양한 관점을 살펴보는 것은 입체적 이해에 도움이 된다.

먼저 어원을 통해 행복의 의미를 다시 살펴보자. 행복을 뜻하는 영단어 happiness의 어원은 '어떤 일이 일어나다'라는 뜻의 happen이다. happen은 치밀한 계획에 따른 예상된 결과라기보다 예기치 않은 우연한 일이 일어났다는 것에 가까운 의미이다(happen의 어근인 hap은 '우연' 또는 '운'을 의미한다). 예상치 못하거나 안 좋은 일이 일어난 것에 대한 수용 또는 체념을 의미하는 표현 'It happens' 역시 같은 맥락이다. 한자 역시 다르지 않다. 행(幸)은 뜻밖에 일이 잘 되어 운이 좋음을 나타내며, 복(福)은 "새해 복 많이 받으세요"라는 표현에서 쓰이는 것처럼 좋은 운수를 의미한다. 사주팔자가 태어난 날과 시간에 따라 인생의 많은 부분이 결정된다고 설정하는 체계더라도 해당 일시에 태어난 것은 어디까지나 우연이다. 결과적으로 행복에 쓰이는 두 한자 모두 행운(luck)과 관련이 있음을 뜻한다.

이와 같이 동양과 서양 모두 행복에는 '우연히 일이 잘 풀리는 것'이라는 의미가 포함되어 있다. 우연으로 얻는 행복이라는 관점에는 개인이 통제할 수 있는 것이 별로 없다. 스스로 통제할 수 없다는 것은 쟁취 또는 획득과 거리가 멀다는 것이다. "태어나 보니 메시 아들"이라는 표현처럼 금수저로 태어나는 행복은 우연히 찾아오는 것이다. 당연한 말이지만 우리는 부모나 태어날 국가를 결정할 수 없다. 메시 아들로 태어난다는 것은 경제적으로 넉넉한 가정에서 성장할 수 있는 기회와 더불어 우수한 축구 유전자를 물려받았을 가능성이 높은 행복을 의미한다. 우연히 지능 지수가 높은 유전자를 가지고 태어나는 것 역시 큰 행복일 수 있다. 천재는 1%의 영감과 99%의 노력으로 이루어진다는 표현은 역설적으로 우연으로 얻는 그 1%가 가장 중요할 수 있다는 것을 뜻하기도 한다.

생존 자체가 삶에서 가장 중요한 문제였던 과거의 상황을 고려하면 이와 같은 행복의 어원을 이해할 수 있다. 사냥을 나갔다가 맹수에게 당할 수도 있었던 수렵 채집 사회, 가뭄이나 홍수로 인해 농사를 망쳐서 당장 먹을 것을 고민해야 했던 농경 사회, 상위 계급에 의해 거의 모든 것을 수탈당하던 봉건 사회, 전염병으로 인해 원인도 모르고 많은 사람이 죽어 나가고 인접 지역과 영토 전쟁을 벌이느라 억울하게 자녀를 전쟁터로 보내야 했던 근대 사회에서는 불행이 닥치지 않는 것이 행복이었다. 언제 어디서 모든 것을 잃을지 모르는 상황이 하루하루 이어진다면 현재 나에게 주어진 것을 감사하게 여기고 받아들이는 태도가 자연스러웠을 수도 있다.

굶어 죽는 것보다 비만으로 인한 사망을 더 걱정하는 현대 사회에서는 어떨까? 안분지족이 행복을 이끌어 주는 한 방법이라는 것은 여전히 통용되는 듯하다. 노벨경제학상을 수상한 폴 새뮤얼슨(Paul Samuelson)은 '행복=소유(성취, 소비)/욕망(욕심, 기대)'이라는 간단한 방정식으로 행복을 정의했다. 이에 따르면, 많은 것을 가지더라도 더 많은 것을 원하면 행복도는 낮아진다. 우리는 욕망이 무엇인가 부족하다고 느낄 때 작동한다는 것을 잘 알고 있다. 2억 연봉을 받아도 부족하기 때문에 더 많이 벌어야 한다고 느끼는 사람은 행복의 수준이 낮을 수 있다.

그렇다면 일정 수준의 욕망을 유지하면서 더 많은 것을 얻는 방식은 어떨까? 대한민국 중산층의 기준이라고 여겨지는 욕망 수준을 유지하면서 더 많은 것을 가지면 행복 수준이 정비례하여 올라가지 않을까? 아쉽지만 그렇지 않다. 한계 효용 체감의 법칙에 따르면, 우리가 어떤 재화를 소비함으로써 느낄 수 있는 행복의 증가분(효용)은 점점 줄어든다. 땀 흘려 운동한 직후에 마시는 시원한 이온 음료에서 큰 만족감을 얻을 수 있지만, 같은 음료수를 두 번째 마시면 같은 수준의 만족감을 느끼기 어렵다. 가진 것이 많아지면 감동이 줄어든다는 것 역시 이와 무관하지 않다. 대패삼겹살에서 행복을 느꼈던 대학생이 취업 이후 주머니 사정이 좋아지면서 점점 맛있는 것에 익숙해지면 값비싼 오마카세에 가도 큰 감흥이 없어지는 것이다.

앞의 두 가지 이론에 따르면, 분모의 값을 줄이고 분자의 값을 늘리면 행복 수준을 올리는 데 도움이 된다. 그렇다면 분자의 값이 줄어드는 상황은 어떨까? 분잣값을 늘린 이후에 동일한 값이 줄어들면 행복 수준은 제자리로 돌아갈까?

　프로스펙트 이론(Prospect Theory)의 손실 회피(loss aversion)에 따르면, 우리는 같은 크기의 이익보다 손실에서 더 큰 불행을 느낀다. 쉽게 이야기하면, 10,000원을 얻었을 때의 만족보다 10,000원을 잃었을 때의 상실감이 훨씬 크다. 우리는 같은 가치라면 이득을 얻는 것보다 손실을 피하려는 것을 선호한다. 테니스 경기에서 과감한 공격 대신 실수를 최소화하려고 안정적으로 랠리를 이어 가는 선수의 플레이도 여기에 해당한다. 공격 성공으로 한 점을 얻는 것보다 실수로 인해 한 점을 잃을 때 훨씬 고통이 크다고 생각하기 때문이다. 응원하는 팀이 승리했을 때의 기쁨보다 패배했을 때 훨씬 더 큰 슬픔을 느끼는 점도 마찬가지이다. 승리의 기쁨은 잠시지만 패배의 아픔은 굉장히 오래간다.

　앞에서는 행복의 고전적 의미를 현대 사회의 행복 관련 이론에 빗대어 살펴봤다. 이 세 가지 이론에 따르면 우리는 일정 수준 이상의 소유

와 적절한 수준으로 욕망을 조절함으로써 행복을 추구할 수 있다. 그런데 행복을 고전적 관점으로만 살펴보면 두 가지 문제점이 뒤따를 수 있다. 첫째, 개인의 행복을 소극적인 차원으로 제한한다. 내가 통제할 수 없는 외부의 환경이 행복을 결정하는 핵심적인 조건이라고 한다면 개인이 결정할 수 있는 것은 지나치게 제한된다. 둘째, 다수가 행복을 추구하는 과정이 생략되어 있다. 당연한 말이지만 재화는 유한하고 개인이 가지고자 하는 재화의 종류와 만족하는 수준도 다르다. 2명 이상의 개인으로 구성되는 사회에서 각각의 행복 추구는 그 내용과 방법에서 충돌이 일어날 수 있다. 모든 사람이 행복을 추구하는 과정에서 나타날 수 있는 문제점을 슬기롭게 해결하는 것이 현대 사회의 중요한 문제이다.

이와 같은 측면에서 개인의 행복은 공동체의 작동 방식과 무관하지 않다. 현대 사회에서는 개개인의 행복 추구를 최대한으로 보장해야 한다는 믿음을 전제로 한다. 우리나라는 어떻게 해결하고 있을까? 대한민국 헌법 제10조에 따르면, "모든 국민은 인간으로서의 존엄과 가치를 가지며, 행복을 추구할 권리를 지닌다. 국가는 개인이 가지는 불가침의 기본적 인권을 확인하고 이를 보장할 의무를 지닌다"라고 되어 있다. 법조문을 해석하는 일은 해당 법령의 제정 배경, 문장의 구조, 관련 개념 및 용어와의 관련성 등을 종합적으로 이해해야 하는 매우 복잡한 일이지만, 헌법 제10조의 내용에서는 두 가지를 확인할 수 있다. 첫째는 국민은 행복을 추구할 수 있는 '권리'를 가진다는 것이고, 둘째는 국가는 국민의 행복을 보장할 '의무'를 지닌다는 것이다.

상반되는 두 가지 개념이 포함된 만큼 이 조문을 해석하는 방식 역시 크게 두 가지로 나뉠 수 있다. A는 헌법의 행복 추구권을 '행복해지려는 나를 국가가 방해해서는 안 된다'로 인식한다. 헌법에서 거주, 이전, 종교 선택의 자유를 보장하는 것과 같이 개인이 행복을 추구하는 데 방해가 되는 조항이나 규제를 최소화하는 것을 선호한다. 이는 개인에게 좀 더 많은 자유를 제공해달라는 것으로 연결된다. 정부의 개입을 최소화하고 국가 간 무역에서 규제를 최소화하는 것을 추구하는 신자유주의와 일맥상통한다. 반면 B는 '국가는 내가 행복할 수 있도록 도와줄 의무가 있다'로 생각한다. 이는 개인은 행복을 추구할 수 있는 권리가 있으며, 국가는 나의 주권을 위임받은 공동체이기 때문에 권리를 보장할 의무가 있다는 인식이 전제된 것이다. 한정된 재화가 특정 집단에 지나치게 쏠리면 이를 적절하게 조절할 의무 역시 있다고 생각한다. A는 가진 것이 적더라도 규제가 많을 때 스트레스를 받을 수 있는 반면, B는 평균 수준의 재화를 가졌음에도 불균형에 의해 불행할 수 있다.

앞에서 살펴본 바에 따르면, 행복은 그것을 이해하는 방식이나 받아들이는 태도에 따라 달라질 수 있다. 반면 행복을 '인식'이 아니라 '경험'에 기반을 둔 것으로 이해하는 관점도 있다. 《행복의 기원》의 저자 서은국에 따르면, 행복은 이해하기 어려운 추상적인 관념이 아니라 구체적이고 긍정적인 정서를 경험하는 것이다. 맛있는 음식 먹기, 만화책 읽기, 친구와 수다 떨기, 이성과 데이트하기 등에서 얻을 수 있는 다양한 쾌감은 생각이 아니라 경험이다. 이에 따르면 스포츠에서 얻을 수 있는 독특한 즐거움 역시 행복이다.

  나는 행복이 우연히 얻은 외부 환경, 내가 가진 수준, 더 얻고자 하는 욕망, 행복을 이해하는 방식에 따라 달라질 수 있다는 기존의 여러 가지 관점에 동의한다. 동시에 스포츠를 통한 즉각적이고 구체적인 경험으로서의 행복을 매우 중요하게 여긴다. 감각적으로 바로 알아차릴 수 있고 잦은 빈도로 찾아오기 때문이다. 행복에 대한 여러 가지 개념을 이해하고 종합하는 과정에서 스트레스를 받은 나는 즉각적인 경험으로서의 행복을 찾기 위해 또다시 운동화 끈을 조여 맨다.

PART II

스포츠로 사회 읽기

Chapter
11
나를 아는 스포츠

다루는 개념   **관계, 관심, 관계주의**

파비앙 피터 씨는 어느 팀 좋아하시죠?
피 터 저는 북런던에서 컸으니까 거기를 연고로 하는 아스널 응원해요. 손흥민과 아스널은 가장 큰 라이벌이에요. 손흥민이 토트넘에서 뛰고 있으니까 너무 힘들어요. 아스널 팬이면 토트넘 완전 싫어하거든요. 싫어하는 것보다 더 센 감정이요. 밉고 없어졌으면 좋겠다는 그런 생각 하죠. 재정 위기로 그냥 없어져 버리면 좋겠다는 생각도 하죠.
파비앙 과거에 솔 캠벨(Sol Campbell) 선수가 토트넘에서 아스널로 넘어갔잖아요. 거의 죽을 짓을 했죠.
피 터 그때는 진짜 위험했죠. 토트넘 팬들이 심했죠. 그런데 원래 그래요. 토트넘 팬들이 좀 뒤끝 있죠.
파비앙 (웃음) 조심해야 돼요. 한국에 토트넘 팬이 굉장히 많아요.
피 터 아니에요. 착각하지 말아요, 여러분. 여러분은 손흥민 팬이에요. 토트넘 팬이 아니에요. 다음 달에 만약 손흥민이 레알 마드리드 간다면 여러분은 레알 마드리드 팬 되는 거예요.

축구에 관심이 많은 외국인들이 나눈 대화의 일부분이다. 피터에 따르면 많은 대한민국 사람은 토트넘이라는 클럽을 응원하는 것이 아니라 손흥민에게 관심을 가지는 셈이다. 나 역시 토트넘의 승리나 장기적인 발전보다는 당장 손흥민의 골과 어시스트 개수 또는 이적 사항에 더 많은 관심을 가진다. 세계에서 가장 큰 규모를 자랑하는 잉글랜드 프리미어 리그(EPL)의 팬 문화에 따르면 피터는 진정한 아스널 팬이고, 우리는 토트넘의 가짜 팬이다.

영어로 진짜 팬에게는 real fan 또는 true fan이라는 멋진 표현이 제공되지만, 가짜 팬에게는 plastic 또는 fake라는 경멸에 가까운 수식어가 따라붙는다. 통상적으로 진짜 팬은 어떤 경우에도 클럽과 함께하는 사람을 의미한다. 우승할 정도로 경기력이 뛰어난 클럽이 강등당하더라도 한결같이 응원하는 모습을 예로 들 수 있다. 플라스틱 팬의 대표적인 행위로는 좋아하는 선수가 팀을 옮길 때마다 그를 쫓아가는 것, 성적이 좋은 클럽만 응원하는 것, 배우자 등 주위 사람으로 인해 클럽을 바꾸는 것 등이 있다. 리얼 팬과 클럽의 관계를 이어 주는 단 하나의 끈은 매우 튼튼하지만, 플라스틱 팬과 응원하는 클럽의 끈은 약하고 그 개수도 두 개 이상일 수 있다.

플라스틱 팬이든 리얼 팬이든 나와 응원하는 클럽 사이에 모종의 관계가 성립된다는 점은 같다. 관계는 두 가지 이상의 실체가 전제될 때 성립되는 개념이다. 클럽에 대한 관심은 두 실체의 관계를 바탕으로 생겨난다. 관심을 뜻하는 영단어인 interest는 '사이(inter)'와 '존재(est)'가 결합한 것이다. 쉽게 말해 둘 사이에 있는 것이다. 관계가 가깝고 튼튼할수록 그 관심의 수준은 높지만, 관계가 멀어지고 약해질수록 관심의 정도는 약하다. 그렇다고 한 번 형성된 좋은 관계가 영원히 지속되는 것은 아니다. 지속적인 관심이 보장될 때 튼튼한 관계가 유지될 수 있다. '마음이 멀어진다'라는 표현 역시 이와 무관하지 않다.

'사이좋다'는 우리말 표현 역시 관계와 관심의 중요성을 보여 준다. '그 집 형제는 사이가 좋다'라는 표현은 둘을 이어 주는 끈의 상태가 좋다는 말이다. 형 또는 동생의 특성이나 상태를 뜻하는 표현이 아니다. 형과 동생이 모두 좋은 사람이어야 그 사이가 좋아지는 것이 아니다. 반대로 모두 부족한 사람이라고 해서 사이가 나빠지는 것도 아니다. 우리는 사회적으로 인정받거나 평균 이상의 능력을 갖춘 사람들만 만나지 않는다. 내가 추구하는 것과 다른 삶을 사는 사람과도 친해질 수가 있다. 얼마든지 그 관계(사이)를 좋게 만들 수 있기 때문이다. 반대로 관계의 단절은 큰 수준의 상실로 이어진다. "우린 여기까지인 것 같아"와 "너랑 안 놀 거야"라는 표현은 다 큰 어른에게든 유치원생에게든 엄청난 아픔이다.

이와 같은 측면에서 관계는 언제 어디서나 중요하다. 인간(人間)이라는 단어가 사람과 사람의 사이를 뜻하는 점 역시 이를 뒷받침한다. 무인도에서 홀로 살아가지 않는 이상 우리는 관계에서 벗어날 수 없다. 그런데 문화마다 관계를 이해하는 방식이 다를 수도 있을까? 사회심리학자 허태균에 따르면, 우리나라는 나의 이익이나 가치관을 가장 중요하게 생각하는 서구의 개인주의나 속한 조직의 이익을 우선시하는 일본의 집단주의와 다른 '관계주의'가 뚜렷하게 확인되는 사회이다.

관계주의는 쉽게 말하면 나와 연결된 다양한 관계의 최적화를 우선시하는 태도이다. 관계주의에서는 이미 형성된 관계가 부정적으로 바뀌는 것에 대한 걱정으로 관계된 사람들의 공통된 취향이나 선택을 보다 중요하게 고려할 가능성이 있다. 식당에서 본인이 먹을 음식을 결정하기 전에(또는 결정했더라도) 상대방의 메뉴 선택에 대해 물어보고 자신의 결정을 바꾸는 것, 자발적인 회식 자리에서도 일찍 자리를 뜨는 것에 대한 부담감을 가지는 것, 관계 유지를 목적으로 분위기를 잘 맞추는 사람의 눈치와 센스를 높이 평가하는 점, '친구 따라 강남 간다'라는 속담 또는 '가족 건드리는 것은 못 참지' 등과 같이 우리의 많은 사고방식과 행동은 관계주의에서 비롯된다. 한 번도 만난 적이 없지만 고향이 같거나 출신 학교가 같다는 이유로 호감을 가지는 연고주의도 관계주의의 한 유형이라고 할 수 있다.

관계주의는 우리나라 스포츠 문화에서도 확인할 수 있다. 개인기 향상보다 조직력 향상을 우선시하는 유·청소년 선수 육성 시스템, 경기 중에도 팀 동료와의 관계를 바탕으로 한 존칭 사용(예를 들면, "흥민이 형 여기 패스요"라고 이야기하는 것이다. 2002 한일 월드컵을 준비하는 과정에서 히딩크 감독이 이것을 문제로 지적하기 전에는 그 누구도 고쳐야 하는 것으로 인식하지 못했다), 아시안 게임과 같은 국가 대항전에서 팀원의 병역 문제 해결이 중요한 쟁점으로 다루어지는 문화 등을 예로 들 수 있다.

관계주의의 장점은 뚜렷하다. 첫째, 공동체의 목표 달성에 효과적일 수 있다. 관계주의에서는 나와 관계된 사람 또는 집단과의 상호 발전을 목적으로 강력한 결속력이 발휘될 수 있다. 2002 한일 월드컵 또는

2006 월드베이스볼클래식 대회에서 특출나게 뛰어난 선수가 없어도 끈끈한 팀워크를 발휘하여 좋은 성적을 거둔 것이 대표적이다. 이와 같은 특징은 집단의 이익을 우선시하는 집단주의와도 일맥상통한다고 할 수 있다.

둘째, 다른 사람을 배려하고 다양한 상황을 적절하게 조율하는 데도 유리하다. 관계주의를 유지하려면 나와 맺어진 사람의 감정과 입장을 배려해야 한다. 이에 특정 선수에게만 이목이 쏠리는 것보다는 소외되는 느낌을 받는 사람이 없도록 유지하는 것이 선호될 수 있다. 자신이 득점할 수 있는 상황에서도 빈 공간에 있는 동료에게 패스하여 본인의 패스와 동료의 득점 모두를 드높이는 모습을 예로 들 수 있다. 같은 팀의 병역 미필 선수들을 위한 배려나 헌신 등도 여기에 해당한다.

단점 역시 명확하다. 첫째, 좀 더 끈끈하게 관계된 사람 또는 소속 집단의 목적을 최우선으로 생각하는 것이다. 기존에 형성된 관계와 인맥만을 중요하게 생각하는 일종의 폐쇄성에서 비롯된 파벌이 대표적이다. 스포츠계에서 자주 비판받는 인맥 중심의 지도자 선발 역시 여기에 해당한다. 이론상으로 만나는 사람의 숫자만큼 관계는 많아진다. 문제는 특정 관계가 지나치게 부각될 때이다. 모두에게 동일한 잣대가 적용되지 않는다는 측면에서 일관성 부재가 뒤따를 수 있다.

둘째, 의사결정이 비효율적으로 진행될 수 있다. 갈등을 최소화하는 데 집중하는 합의와 조율은 불필요한 관계 관리와 눈치 보기로 이어져 최선의 선택을 놓칠 수도 있다. 경기력이 좋은 후배보다 팀의 조화를 위해 실력이 부족한 선배를 선발로 기용하는 것을 예로 들 수 있다. 좋지 않은 결과가 일어났을 때 '전체의 책임'을 강조하면서 개별 책임이 흐려지는 것 역시 이와 무관하지 않다.

셋째, 개인의 권리가 침해될 가능성이 있다. 관계주의에서는 공동체에 대한 순응 또는 적절한 관계 유지를 위해 개인의 튀는 행동은 꺼려진다. 특정 선수의 개인 기량에 의한 득점보다 패턴 플레이를 선호하는 점이 여기에 해당한다(엄밀히 따지면 개인 기량이 우수한 선수에게 득점 찬스를 몰아주는 것도 하나의 전술이다). 문제는 관계주의에서는 팀 분위기 유지를 위해 한 선수의 개성을 지나치게 억누르는 결과가 뒤따를 수 있다는 것이다. 실제로 우리나라 선수의 개인기 부족이 지속적으로 제기되는 이유를 여기에서 꼽는 전문가도 있다.

주의(主義)는 '굳게 지키고자 하는 주장 또는 방침'으로 이해된다. 예컨대 중상주의(重商主義)는 무역으로 다양한 재화를 축적함으로써 국가가 가진 부의 증대를 무엇보다 우선시하는 사상이다. 어떤 것을 우선하면 다른 것은 우선순위에서 밀린다. 그렇다면 관계주의에서는 어떨까? 관계와 상황은 중요해지는 반면, 원칙과 규칙은 소홀해질 수 있다.

내가 생각하는 관계주의의 가장 큰 약점은 자신의 주변화이다. 쉽게 말해 관계의 전제에 해당하는 나는 주변이 되고, 오히려 두 실체가 존재해야 비로소 맺어지는 관계가 중심이 되는 것이다. 너무나도 당연한 말인데 관계는 언제든 없어지고 생겨날 수 있지만, 생명이 다하지 않는 한 나라는 존재는 결코 사라지지 않는다. 사이를 좀 더 좋은 상태로 만들고자 다른 사람을 알고자 노력하지만, 정작 본인을 잘 알려는 노력은 동일한 수준으로 기울이지 않는 것은 바람직하지 않다.

본인을 잘 알고 좋은 상태로 만드는 노력은 관계를 개선하는 데도 도움을 준다.

다른 사람과 비교함으로써 나를 알고자 하는 노력 역시 관계주의적 방식이다. 다니는 대학의 명성을 바탕으로 내 명석함을 상대적으로 이해하는 것, 사는 지역 및 집값을 바탕으로 내 경제 여건을 파악하는 것, 평균 혼인 연령을 바탕으로 내 상황을 돌아보는 것 등은 결국 다른 사람과 비교함으로써 나를 간접적으로 이해하려는 행위라고 할 수 있다.

나는 본인을 잘 알고 좋은 상태로 만드는 일에 다음 세 가지가 필요하다고 생각한다. 첫째, 말이다. 말투, 단어, 상황에 적확한 표현은 끊임없이 나를 드러내고 형성하는 요소이다. 둘째, 생김새이다. 외모를 잘 가꾸려는 노력은 단순한 치장이 아니라 자신에 대한 태도이며, 건강한 신체는 자기 관리의 출발점이다. 셋째, 몸짓이다. 행동과 습관은 의식적으로든 무의식적으로든 나만의 스타일을 형성하는 데 중요한 역할을 한다.

스포츠에서는 이 세 가지가 가장 선명하게 드러난다. "운동하면 결국 스타일이 다 드러난다"라는 표현이 있다. 말, 생김새, 몸짓이 여지 없이 다 노출되기 때문이다. 동시에 스포츠는 이 세 가지를 효과적으로 개선하는 데도 기여한다. 상대의 품격 있는 매너, 조각상처럼 잘 단련된 육체, 우아하게 구사하는 수준 높은 기술에서 끊임없이 나를 돌아볼 수 있다.

사회적 동물인 우리에게 관계를 맺고 유지하는 것은 늘 중요하다.

동시에 모든 관계의 중심에 서 있는 나를 잘 알고 바로 세우는 것 역시 매우 중요하다. 스포츠 참여가 탁월성을 겨루는 경쟁의 장으로만 이해되어서는 안 된다. 스포츠가 나를 들여다보고 나아가 더 나은 상태로 변화시키는 거울이자 도구인 점을 기억해야 한다.

Chapter 12
나는 운동한다, 고로 존재한다

다루는 개념 **인식, 존재, 코기토**

"이상한 이야기이긴 하지만, 마지막 단계에는 육체적인 고통뿐 아니라, 내가 누구인지, 지금 무엇을 하고 있는지, 그런 것조차 머릿속에서 대부분 사라져 버렸다. 그것은 참으로 이상한 기분이었지만, 나는 그 이상함을 이상함으로 느낄 수조차 없는 상태였다. 그 상태에서는 달린다는 행위가 거의 형이상학적인 영역에까지 이르고 있었다. 행위가 먼저 거기에 있고, 그 행위에 딸린 것 같은 존재로서 내가 있다. 나는 달린다, 고로 나는 존재한다."

이 글은 작가 무라카미 하루키(Haruki Murakami)가 그의 저서 《달리기를 말할 때 내가 하고 싶은 이야기》에서 묘사한 경험 중 일부이다. 그는 100km를 달리는 울트라마라톤 도중 이와 같은 감각을 경험했다고 한다. 이는 달리기, 수영, 사이클 등과 같은 중·고강도의 유산소 운동을 장시간 지속하다 보면 일시적으로 찾아오는 몰입감과 쾌감의 상태를 의미하는 러너스 하이(Runner's High)다. 경험한 사람들에 따르면, '하늘을 나는 느낌' 또는 '몸이 날아갈 것 같이 가벼워 하늘을 나는 기분'이라고 한다. 러너스 하이는 짧게는 몇 분에서 길면 30분 정도까지 지속된다고 한다. 그런데 이 행복감을 느끼려면 일정 수준 이상의 신체적 스트레스가 수반되어야 한다고 한다. 반복적인 신체적 스트레스가 누적되어야 쾌감을 느낄 수 있다고 하니 역설적이라고도 할 수 있겠다. 달리기를 즐기는 나도 가끔 '지금 상태면 몇 시간이라도 더 뛸 수 있겠어' 하는 느낌이 들 때가 있는데, 그 짧은 시간이 야속하기만 하다.

하루키의 글에서 특히 주목해야 할 표현은 "나는 달린다. 고로 나는 존재한다."이다. 이 표현에 따르면, 달리기가 나의 존재를 증명한다. 바꿔 말하면 달리기를 하지 않고서는 나는 존재할 수 없다는 말이다. 물론 달리기라는 구체적인 행위를 하지 않는다고 해서 내가 이 세상에서 숨 쉬고 움직이지 않는다는 것을 의미하진 않는다.

사실 하루키의 이 표현은 일종의 패러디이다(패러디는 널리 알려진 원문을 바탕으로 한 변형으로서 만든 사람과 독자들이 모두 아는 반면, 표절은 작가가 원작을 감춘 채 모방하는 것이다). 유사 패러디로는 가수의 "나는 노래한다. 고로 존재한다."와 주정뱅이의 "나는 마신다. 고로 존재한다." 등이 있다. 이 표현의 저작권은 약 380년 전 프랑스에서 이성의 중요성을 강조한 철학사 르네 데카르트(René Descartes, 1596~1650)에게 있다. 데카르트는 "나는 생각한다. 고로 나는 존재한다(Cogito, ergo sum)"라는 최초의 '고로' 표현을 만들었다. 오늘날에는 줄여서 '코기토'

라고 표현한다.

데카르트의 코기토는 누구나 한 번 정도씩은 들어봤을 만큼 유명한 구절이다. 실제로 코기토는 근대 인식론의 출발을 활짝 여는 역할을 했다. 세계사 시대 구분 방식에 따르면, 근대는 중세와 현대를 이어 주는 시대이다(신대륙 발견인 1492년부터 1789년 프랑스 대혁명까지를 따로 '근세'로 구분하는 방식도 있다). 근대에 대륙의 합리론이나 영국의 경험론과 같은 커다란 철학 사조가 생겨난 것은 우연이 아니다. 유럽의 중세는 신이 중심인 시대였다. 자연스럽게 신앙이 하나의 생활 양식으로서 사람들의 삶에 가장 큰 영향을 미쳤으며 신학은 모든 학문 중에서 으뜸이었다. 중세의 철학자가 관심 있게 여겼던 내용 역시 신의 존재를 논증하는 방법, 신학과 철학의 바람직한 관계 정립, 올바른 미사의 내용과 방법 등이었다. 다소 거칠게 표현하면, 유럽의 중세는 인간에 대한 깊은 이해보다 신의 은총에 감사하고 회개하는 법을 알고 실천하는 것이 더 중요한 시대였다.

코기토가 근대 인식론의 출발이라는 점은 인간의 존재 근거를 이성에서 찾기 때문이다. 코기토에서 볼 수 있듯 데카르트는 생각하는 행위가 존재의 가장 확실한 근거라는 점을 강조했다. 이와 같은 발상은 당시로써는 굉장히 획기적이었다. 기존에는 인간의 존재 이유를 신의 말씀을 충실히 따르는 데 있다고 생각했기 때문이다. 인간 중심의 정신을 되살리고자 한 르네상스 운동 역시 데카르트의 코기토 탄생에 간접적으로 기여했다고 할 수 있다.

그렇다면 데카르트는 새로운 철학을 정립하는 시도에서 왜 이성을 중요한 소재로 삼았을까? 신이 아닌 인간에게서 존재의 근거를 찾고자 했다는 것은 앞의 내용으로 이해할 수 있다. 그런데 왜 굳이 이성을 택했을까? 잠시 데카르트의 마음속으로 들어가 보자.

데카르트는 신이 아니면서도 절대적으로 자명한 진리를 본인 철학의 출발점으로 삼고자 했다. 그 누구도 반박할 수 없는 확실한 토대를 먼저 세운 뒤 이를 바탕으로 철학적 사고를 확장하는 것을 본인의 사명으로 여겼다. 뿌리가 튼튼해야 제대로 된 나무로 성장할 수 있는 법이니까. 그렇다면 확실한 토대라고 할 수 있는 '철학의 제1원리'를 어떻게 만들 수 있을까? 가장 좋은 방법은 모든 것을 의심하고 확실하지 않은 것을 지워 나가는 것이다.

첫 번째로 제외된 것은 감각이다. 주관에 의해 달라질 수 있기 때문이다. 어제 맛있게 먹었던 김치볶음밥이 같은 레시피로 만들었음에도 오늘은 어딘가 부족하게 느껴질 수 있다. 같은 김치볶음밥이지만 먹는 사람에 따라서도 맛이 다르게 평가된다. 이와 같이 감각은 그때마다 다르고 사람마다 다르게 느끼기 때문에 제외될 수밖에 없다. 두 번째로 제외한 것은 기존에 진리라고 여겨졌던 것들이다. '해는 동쪽에서 뜬다'와 같이 누구도 의심하지 않았던 자명한 진리도 의심해 보는 것이다. 데카르트는 "해가 동쪽에서 뜬다는 것은 우리가 지금까지 관찰한 바에 의해서만 그렇지, 내일부터는 다른 방향에서 뜨거나 안 뜰 수도 있는 것 아닌가?"와 같이 의심에 의심을 거듭했다.

이와 같은 방식으로 모든 것에 의심하던 데카르트는 불현듯 다음과 같이 "모든 것을 의심하더라도 의심하는 나는 분명히 있지 않은가. 내 모든 감각이 잘못되었고 기존의 진리를 잘못 이해했다고 하더라도 이것을 의심하고 있는 내 존재만큼은 부정할 수 없다"라는 결론에 이르게 된다. 의심의 행위인 사유하는 능력이야말로 존재의 증거인 셈이다. 그래서 그는 "나는 생각한다. 고로 나는 존재한다"라는 명제를 '철학의 제1원리'로 선언했다.

이렇게 데카르트는 생각하는 나를 설정함으로써 인식의 출발점을 만들었다. 인식이란 쉽게 말해 주체가 외부 세계를 받아들이고 이해하는 것이다. 철수(주체)는 눈이라는 감각 기관을 통해 창문 밖에 있는 나무(외부 세계)의 모양을 알아차린다. 내가 보고 있는 소나무의 형상은 땅에 박혀 있는 커다란 줄기와 녹색의 뾰족한 잎으로 되어 있다. 이것은 너무나 자명해 추가적인 설명이 필요하지 않아 보인다.

데카르트에게 남은 임무는 인식이 일어나는 과정을 설명해야 하는 것이다. 논리적으로 인식 주체와 인식 대상은 서로 무관하다. 그렇기 때문에 우리가 인식하는 것과 실체가 같다는 것을 증명해야 한다. 그런데 이 문제는 생각보다 간단하지 않다. 우리가 소나무의 잎을 녹색으로 알아차리는 것은 그 잎이 녹색이기 때문이 아니다. 다른 색상은 흡수하고 녹색을 반사하기 때문이다. 같은 소나무를 보더라도 색상이 달리 인식될 수 있다. 적록색맹이 있는 사람은 우리가 생각하는 녹색과 다른 색상으로 인식할 것이다. 결과적으로 우리의 마음속에 새겨지는 소나무는 실제 소나무에서 반사되어 나온 수많은 광자 중의 일부가 망막을 자극하고 이를 뇌에서 해석한 것이다. 이와 같은 측면에서 우리가 늘상 접하는 실체와 우리의 마음속에서 해석된 세계가 일치한다고 할 수 있는 근거가 없다.

그렇다면 인식 주체의 감각 기관을 통해 마음속에 새겨진 것과 실체가 같다는 것을 어떻게 증명할 수 있을까? 데카르트가 취한 방법은 신을 끌어들이는 것이었다. 바로 인식 주체와 인식 대상의 올바른 연결은 애초부터 가능하도록 신이 우리의 몸에 프로그래밍했다는 것이다. 데카르트는 이것을 인간이 태어날 때부터 가지고 있는 능력인 '본유관념(innate idea)'이라고 했다. 태어날 때부터 가지고 있다는 것은 결국 신이 부여했다는 것을 의미한다. 이와 같은 관점에서 데카르트는 중세의 종교 중심 패러다임에서 완전히 벗어나지 못했다고 할 수 있다.

다시 하루키의 표현으로 돌아가 보자. 데카르트는 생각으로부터 존재를 증명하고 하루키는 달리기를 통해 존재를 생생하게 실감한다. 각각 의심하는 행위와 러너스 하이에서 존재를 알아차리는 것이다. 이와 같은 측면에서 존재는 정적인 개념이 아니라 어떤 행위와 함께 구성되는 것이라고 할 수 있다.

우리는 언제 가장 존재를 잘 느낄까? 이는 우리가 일상에서 자주 놓치는 감각인 '살아 있음'의 실재를 묻는 질문이다. 나는 상대방과 격렬하게 몸이 부딪히는 농구, 날아오는 공의 회전을 끝까지 주시하는 테니스, 러너스 하이를 경험하는 달리기를 하는 순간순간마다 살아 있음을 좀 더 생생하게 느낀다.

또 하나의 패러디를 만들어 보자.

"나는 운동한다. 고로 존재한다."

Chapter 13

감각으로 이해하는 세계

다루는 개념 감각, 감성, 오성, 경험, 코페르니쿠스적 전환

사례 1

트래핑은 발, 허벅지, 가슴 등 신체 부위를 이용해 자신에게 오는 공을 건드려 멈춰 세우거나 원하는 곳에 공을 위치시키는 축구 기술이다. 상대로부터 공을 보호하고 내가 원하는 곳으로 공을 재빨리 패스하는 것이 승부에 큰 영향을 미치기 때문에 매우 중요한 기술이다. 정상급의 선수는 아무리 세게 오는 공도 미세한 감각으로 멈춰 세운다. 정식 용어는 아니지만 이러한 난이도의 기술을 순두부 트래핑이라고도 한다. 순두부도 깨지지 않을 정도로 공에 작은 충격량이 전해졌다는 뜻이다.

사례 2

"훈련 시작할 때 강조한 것은 '기본의 중요성'이다. 아주 오랜 시간 기본기 훈련에 집중했다. 축구에서 모든 건 기본기에서 나온다. 경기에서 축구공을 자유자재로 다루려면 패스, 드리블, 헤딩, 슛을 정확하게 할 수 있어야 한다. 체계적인 훈련을 통해서 어릴 때 익힌 동작이 반사적으로 나오지 않으면 이미 늦었다고 봐야 한다. 찰나의 간결한 볼 터치도 하루아침에 이루어지지 않는다. 축구를 배운다는 것은 기본기를 배우는 오랜 여정의 시작일 뿐이다. 흥민이도 기본기를 배우는 데 7년이 걸렸다."

첫 번째는 순두부 트래핑이라는 높은 수준의 트래핑에 대한 설명이고, 두 번째는 손흥민이 기본기를 익히는 데 오랜 시간이 걸린 점을 강조하는 부친 손웅정의 인터뷰 내용이다. 축구와 같은 구기 스포츠에서는 공을 자유자재로 다루는 능력이 매우 중요하다. 이에 해당 스포츠에 입문하면 공과 친해지는 연습을 먼저 접한다. 그래서 축구의 경우 처음 배우는 어린이에게 리프팅(발, 무릎, 머리 등 신체 부위를 이용하여 공을 공중에서 연속으로 튀기는 기술)을 알려준다. 리프팅의 목적은 공에 대한 감각을 익히는 데 있다. 반복적인 연습으로 우리의 몸은 이동하는 공의 방향, 속도, 회전량 등에 효과적으로 대응할 수 있게 된다. 이와 같은 과정을 거쳐 빠른 템포로 진행되는 실제 축구 경기에서 공을 자유자재로 다루게 된다.

중요한 점은 트래핑 등과 같은 기본기는 손흥민 부친의 인터뷰 내용처럼 '반사적'으로 나와야 한다. 실제로 손흥민은 빠른 속도로 날아오는 공을 보면서 "저 공은 현재 시속 40km 정도로 날아오고 있군. 내가 직진 방향으로 시속 30km 정도로 뛰고 있으니 무릎이 아닌 발로 받는 것이 유리하겠다. 순두부 트래핑을 하려면 오른발을 1초에 30cm 정도 속도로 움직여 공을 멈춰 세워야겠다"라는 구체적인 생각을 바탕으로 트래핑을 하지 않는다. 그저 감각적으로 공을 받을 뿐이다. 손흥민의 트래핑을 본 팬들이 "우와 감각 보소"와 같이 감탄하는 것도 같은 맥락이다. 이와 같이 감각은 생각이나 말보다 빠르게 작동하면서 세계를 마주하는 방식이다.

감각(sense)은 쉽게 말해 감각 기관으로 바깥의 자극을 알아차리는 것이다. 우리는 매 순간 다섯 가지 감각을 활용하며 스포츠에 참여한다. 날아오는 농구공 보기(시각), 수영장의 소독약 냄새 맡기(후각), 심판의 호각소리 듣기(청각), 작전 타임 때 이온 음료 마시기(미각), 테니스 라켓 그립의 축축함을 느끼기(촉각) 등과 같이 감각은 스포츠에서 매우 중요한 요소이다.

감각은 경기력과도 밀접하게 관련된다. 특히 촉각은 시각만큼이나 중요한 감각으로 작용한다. 유도, 씨름, 레슬링과 같은 접촉 스포츠에서는 눈으로 보지 않고도 상대의 움직임을 손과 몸으로 감지한다. 유도 선수가 상대의 중심 이동과 힘의 방향을 손으로 느끼는 것을 예로 들 수 있다. 실제로 선수들은 시각보다 먼저 반응하는 촉각을 활용해 공격 타이밍을 잡고 균형을 무너뜨리는 전략을 구사한다. 이와 같은 능력은 반복된 훈련으로 만들어지는 '감각의 언어'라고 할 수 있다. 같은 접촉을 경험해도 초보자는 아무것도 알아차리지 못하지만, 숙련된 선수는 순간적으로 정보를 읽고 판단한다. 이와 같은 측면에서 감각은 단순히 자극을 수용하는 도구에 그치지 않는다. 몸을 통해 배우고 세계를 해석하는 또 하나의 언어인 셈이다.

문제는 감각이 주관적이라는 것이다. 농구를 처음 접하는 어린아이는 농구공을 딱딱하게 느낄 수 있지만, 농구공에 익숙한 성인은 오히려 부드럽다고 생각할 수 있다. 데카르트가 확고한 철학의 제1원리를 설정하는 과정에서 감각을 제외한 이유 역시 객관성을 담보하지 못하는 것에 있지 않았던가. 그렇다면 결론은 감각으로부터 얻은 앎과 지식이 올바르다는 것을 보장할 수 없는 것으로 귀결된다. 그렇다고 감각의 가치를 외면할 순 없다. 감각이 사물 또는 자극에 대한 가장 직접적인 정보를 제공한다는 엄연한 사실은 부정할 수 없다.

영국의 철학자 조지 버클리(George Berkeley, 1685~1753)는 감각이 외부 세계를 인식하는 유일한 방법이라고 주장한다. 여기서 주목할 점은 감각이 생성되는 곳이다. 상식적으로 농구공이 딱딱하다는 것은 농구공의 표면과 공의 압력에 의해 생겨난다. 버클리는 다르게 본다. 같은 농구공이 사람에 따라 다르게 느껴지는 것처럼 감각은 사물 자체에서 만들어지는 것이 아니라 인간의 마음에서 생성되는 것이다. 결과적으로 농구공'이' 단단한 것이 아니라 내가 농구공'을' 단단하게 느끼는 것이다. 이와 같은 논리를 연장하면 외부 세계는 나의 감각으로 구성된다. 버클리는 이것을 극한까지 밀어붙여 "존재하는 것은 지각되는 것(to be is to be perceived)"이라는 관념론을 완성했다.

물론 감각으로 구성할 수 없다고 해서 존재하지 않는다고 주장하는 것은 상식에 어긋난다. 그럼에도 버클리의 주장은 우리가 느끼는 감각과 실제 사물의 특성이 일치한다는 보장을 할 수 없다는 점에서 설득력이 있다. 이를 확장하면 외부 자극을 통해 얻은 감각은 우리의 마음속에서 제각각 달리 생성되기 때문에 객관적 진리를 구성할 수 없다. 우리는 늘 감각을 통해 세계를 접하지만, 그 감각이 실체를 '그대로' 전달한다고 말할 수 없다.

서양의 근대 철학은 크게 대륙의 합리론과 영국의 경험론으로 구분된다. 데카르트가 문을 연 대륙의 합리론은 인식 주체 안에 인식 대상을 올바르게 개념화할 수 있는 장치가 내재되어 있다고 한다. 태어날 때부터 '공'이라는 개념이 주어져 있기 때문에 개별 농구공과 축구공을 이해할 수 있다. 반대로 버클리와 같은 영국의 경험론자는 외부 세계에 대한 경험과 감각을 통해 지식을 습득한다고 주장했다. 경험론에 따르면 우리는 농구공, 축구공, 야구공을 반복적으로 경험하면서 점차 '공'이라는 개념을 형성한다.

그렇다면 두 가지 상반되는 입장 중에서 무엇이 좀 더 논리적일까? 어떻게 하면 두 입장을 종합함으로써 보다 그럴듯한 인식 과정을 설명할 수 있을까? 이 두 입장을 종합한 사람은 독일의 철학자 임마누엘 칸트(Immanuel Kant, 1724~1804)이다. 칸트는 합리론과 경험론에서 논리적인 부분을 각각 차용함으로써 인식 과정을 좀 더 분명하게 제시한다. 칸트는 감각이 사물 자체가 아닌 우리의 마음속에서 생성된다는 경험론의 주장을 받아들인다. 다만 그는 외부 세계를 인식하는 과정을 두 단계로 쪼갠다. 바로 감각과 경험으로 구분하는 것이다.

칸트에 따르면 감성(sensibility)은 감각 기관을 통해 정보를 받아들이는 능력이고, 이를 분류하고 개념화하는 능력은 오성(understanding)이다. 감성은 우리가 외부 세계로부터 감각 정보를 수동적으로 받아들이는 첫 번째 단계에서 활성화된다. 그런데 감성을 통해 받아들인 정보 자체로는 유의미한 경험이 될 수 없다. 오성은 감성을 통해 받아들인 정보를 '의미 있는 경험'으로 만드는 두 번째 단계에서 발휘되는 능동적 사고 기능이다. 결국 감각이 없다면 오성에서 다룰 재료가 없으므로 아무것도 이해할 수 없는 반면, 오성이 없다면 감성이 모은 자료는 여전히 무질서한 상태로 남을 수밖에 없다. 감성과 오성이 모두 제대로 작용할 때 비로소 경험이 성립된다.

칸트는 이와 같은 사고의 전환을 스스로 '코페르니쿠스적 전환(Kopernikanische Wende)'이라 불렀다. 익히 알고 있듯이 코페르니쿠스는 고정된 태양을 중심으로 지구가 회전한다고 주장한 인물이다. 기존의 인식론은 외부 세계가 독립적으로 존재하며 우리는 그것을 수동적으로 받아들인다고 여겼다. 결국 인식의 근원은 외부에 있는 셈이다. 그러나 칸트가 정리한 오성의 기능에 따르면, 오히려 세계가 우리의 능동적 인식에 의해 구성되어 경험된다. 우리의 정신은 감각 기관에서 얻은 무질서한 자료를 분류하고 통합함으로써 그것을 경험으로 만든다.

칸트의 인식 단계를 축구의 리프팅 습득에 적용해 보자. 리프팅을 배우는 아이는 처음으로 공이 발등에 닿았을 때 느껴지는 공의 무게, 질감, 반발력 등을 느낀다(감성이 일하는 단계). 그렇지만 이러한 정보는 서로 의미 있게 연결되지 않아 무질서한 상태로 남아 있다. 아이는 점차 발등에 닿은 공의 위치, 움직이는 궤적, 속도, 발등에 남아 있는 통증의 정도를 종합함으로써 '이렇게 하면 공이 제대로 올라간다'와 관련된 규칙 또는 패턴을 이해한다(오성이 일하는 단계). 이상의 경험이 반복되면서 아이는 발과 공의 이상적인 접촉 부위와 최적의 타이밍을 발견함으로써 리프팅 기술을 습득하게 된다.

결국 기술은 감각이 축적되고 구조화된 결과이다. 감각은 그 모든 경험의 원재료이다. 감각은 부딪혀 봐야만 알 수 있다. 공이 발에 닿는 그 순간의 느낌, 미세한 떨림, 타이밍의 오차 속에서 우리는 비로소 배운다. 감각은 기술의 시작이자 끝이다.

Chapter 14

박지성과 공간 이해력

다루는 개념 공간, 시간, 변화, 역설

2009-10 시즌 UEFA 챔피언스 리그 16강전 2차전. 맨체스터 유나이티드는 AC밀란을 홈으로 불러들였다. 알렉스 퍼거슨(Alex Ferguson) 감독은 이 경기에 특별한 전술을 준비했다. 중앙 미드필더에 박지성을 위치시키고 AC밀란의 야전 사령관인 안드레아 피를로(Andrea Pirlo)를 봉쇄하는 것이었다. 박지성은 특유의 왕성한 활동력으로 경기 내내 피를로를 압박했다. 결국 이 게임에서 피를로는 장기인 패스를 제대로 발휘하지 못했다. 피를로는 훗날 자서전에서 "박지성이 그림자처럼 따라다녔다"라고 회고했다. 박지성은 공격적으로도 만점 활약을 펼쳤다. 최전방 공격수들과 매끄러운 연계 플레이로 AC밀란의 수비진을 괴롭히고 팀이 2:0으로 앞서던 후반 14분에 팀의 세 번째 골을 터트리며 AC밀란의 숨통을 끊어 놨다. 완벽에 가까운 피를로 봉쇄와 팀의 승리에 기여한 골 덕분에 박지성은 이 게임의 최우수 선수(MOM, man of the match)로 선정되었다.

알렉스 퍼거슨 감독은 인터뷰에서 "박지성 수준의 공간 이해력을 갖춘 선수를 찾는 것은 결코 쉽지 않다"라고 말했다. 그가 말한 공간 이해력의 대표적인 움직임은 패스를 안전하게 받으려고 상대 선수가 없는 비어 있는 공간을 점유하는 것이다. 박지성은 공을 가지고 있지 않은 상황에서 쉴 새 없이 빈 공간을 차지하고 패스를 받는다. 받은 공을 돌려주면 다시 빈 공간을 위해 끊임없이 달린다. 이와 같은 박지성의 경기 스타일을 두고 영국 언론은 '세 개의 폐를 가진 사나이(Three Lungs Park)'라는 별명을 붙이기도 했다.

농구에서도 공간 활용은 매우 중요하다. 기브 앤드 고(give and go)는 농구의 핵심 전술 중의 하나이다. 동료에게 공을 주고(give) 수비가 없는 곳으로 이동해서(go) 패스받을 준비를 하는 것이다. 내가 없어짐으로써 우리 팀은 그 공간을 활용할 수 있고, 동시에 또 다른 비어 있는 공간을 점유함으로써 새로운 공격 기회를 창출할 수 있다. 스테픈 커리(Stephen Curry)와 같은 최정상 슈터의 오프 더 볼(off the ball, 공을 소유하지 않거나 공과 밀접하게 관여하지 않은 상황) 움직임 역시 상대 수비를 몰고 다니거나 같은 편 동료의 공격을 수월하게 만들어 준다는 점에서 공간을 적절하게 활용하는 것이다.

공간(空間)은 아무것도 없는 빈 곳이다. 철학에서 물질은 연장(extension)이라는 특징을 가지는 것으로 설정한다. 이때의 연장은 공간을 점유한다는 뜻이다. 박지성이 특정 공간을 점하는 것과 같이 신체를 가진 우리는 언제나 '어디에 있음'으로 존재한다. 존재한다는 것에서 시간은 제외될 수 없다. 시간 없이 공간은 의미를 가질 수 없고, 공간 없는 시간 역시 마찬가지이다. 우리는 늘 공간과 시간에 붙박여 있다.

 이와 같은 관점으로 보면 박지성의 공간 이해도는 단순한 체력과 전략 차원을 넘어선다. 비어 있는 공간을 사전에 파악하고 적확한 때에 해당 지점을 점유하는 그의 움직임은 시간과 공간을 이해한 행위이다.

 우리는 특정 장소와 시간에 붙박여 있기도 하지만 늘 변화하기도 한다. 시간은 늘 흐르고 있다. 차지하고 있는 공간 역시 늘 다르다. 차렷 자세를 취하더라도 심장이 뛰고 있는 한 우리 몸의 특정 부위는 아주 미세하게라도 움직이기 때문에 차지하는 공간이 실시간으로 달라진다. 변화가 없어 보이는 신체도 아주 미세한 측면에서 보면 시간이 흐를수록 세포가 파괴되고 재생산되면서 그 상태가 달라진다.

 이와 같이 모든 것이 변화한다는 점에 주목한 고대 그리스 철학자 헤라클레이토스(Heraclitus, 기원전 535~475)는 "같은 강물에 발을 두 번 담글 수는 없다"라는 명언을 남겼다. 엄밀히 따지고 보면 모든 것은 변한다. 달처럼 그 형태의 변화를 감각적으로 알아차릴 수 없다고 해서

해가 변하지 않는 것은 아니다. '내일은 내일의 해가 뜬다'라는 말이 있듯이 오늘 본 태양과 내일 뜨는 태양은 결코 그 상태가 같지 않다. 너무나 빠르고 급격한 변화로 인해 적응에 어려움을 겪는 것이 문제가 되는 현대 사회를 고려하면 헤라이클레이토스의 "변하지 않는 유일한 것은 변한다는 사실뿐이다"라는 주장은 여전히 유효한 것으로 보인다.

반면 정반대로 생각한 철학자도 있었다. 파르메니데스(Parmenides, 기원전 515~445로 추정)는 무엇이 변화한다는 것은 불가능하며, 설사 그렇게 보인다고 하더라도 그것은 허상이라고 말했다. 파르메니데스에 따르면, 박지성이 종횡무진 그라운드 누비는 모습은 우리의 착각일 뿐이다.

파르메니데스의 존재론을 한 문장으로 줄이면 "있는 것은 있고 없는 것은 없다"이다. 너무 당연한 말인 것 같은데, 이것이 어떻게 변화를 거부하게 만드는 원리가 될까? 파르메니데스의 사상을 이해하려면 존재와 비존재의 개념을 먼저 살펴봐야 한다. 파르메니데스에게 존재는 '있는 것'으로서 결코 변하지 않고 영원한 것인 반면, 비존재(없음, nothing, 無)는 결코 있을 수 없는 것이다. '없다'라는 것이 존재할 수 없으므로 어떤 것이 생겨나거나 사라지는 것도 불가능하다. 파르메니데스에 의하면 'There is nothing'이라는 표현 역시 '없는 것이 있다'로 번역될 수 있기 때문에 잘못된 것이다.

파르메니데스의 관점에 따라 박지성의 움직임을 해석해 보자. 박지성이 A 지점으로 이동하려면 해당 공간이 비어 있어야 하는데, 파르메니데스는 모든 것은 꽉 차 있기 때문에(없는 것이 없으니까) A 지점에는 빈 공간이나 틈이 있을 수 없다. 빈 공간이나 틈이 없으면 해당 공간은 결코 다른 연장을 가진 신체로부터 점유될 수 없기 때문에 박지성의 이동은 원천적으로 불가능하다.

물론 이것은 상식과 동떨어진 주장이다. 우리가 눈으로 똑똑히 본 박지성의 움직임은 결코 부정할 수 없는 사실처럼 느껴지기 때문이다. 그러나 파르메니데스는 감각으로 얻은 정보는 참되지 않기 때문에 실상을 제대로 바라보려면 이성을 신뢰해야 한다고 주장했다. 파르메니데스가 플라톤과 아리스토텔레스 중 누구의 사상에 더 많은 영향을 받았을지는 쉽게 유추할 수 있다.

파르메니데스의 사상은 그의 제자에게까지 영향을 미쳤다. 그중 대표적인 것은 엘레아의 제논(Zeno of Elea, 기원전 495~430으로 추정)이 운동의 불가능성을 주장하려고 만든 '아킬레우스와 거북의 역설'이다. 트로이 전쟁의 영웅 아킬레우스와 거북이 경주를 한다. 아킬레우스는 거북보다 열 배 빠르기에 거북은 아킬레우스보다 100m 앞 위치에서 출발한다. 경주가 시작된다. 아킬레우스가 거북이 최초에 위치했던 전방 100m 지점까지 이동하는 동안 거북은 10m를 달린다. 아킬레우스는 다시 10m 앞에 있는 거북을 따라잡으려고 달린다. 거북은 그 시간 동안 또 1m를 전진한다. 아킬레우스는 여전히 앞에 있는 거북을 따라잡고자 열심히 달린다. 그 사이 거북은 변함없이 앞으로 나간다. 이와 같은 과정을 무한히 반복하면 아킬레우스가 거북을 따라잡으려고 뛰는 동안 거북도 반드시 앞으로 나아가기 때문에 결코 위치가 역전되지 않는다. 이 역설은 실제로 시간과 거리의 무한 분할 개념을 직관적으로 설명하면서 당시 철학자들에게 큰 충격을 안겼다.

제논은 이와 같은 사고 실험을 통해 출발 지점으로부터 특정 목적지까지 이동하는 운동이 불가능함을 주장한다. 무릇 위치의 변화를 전제하는 운동은 출발지와 목적지가 있어야 한다. 그런데 목적지가 있을 수 없으니 운동은 성립될 수 없다는 논리를 펼친 셈이다. 이 역설(paradox, 그럴듯하지만 분명하게 모순되어 잘못된 결론을 이끄는 논증이나 사고 실험) 역시 상식에 반한다. 오늘날 우리는 무한급수의 수렴 개념을 통해 이 문제를 수학적으로 해결할 수 있다. 쉽게 말해, 아킬레우스가 거북을 따라잡는 데 걸리는 시간은 유한하다는 것이 밝혀졌다.

제논의 역설은 운동과 변화라는 개념에 대해 깊은 성찰을 할 수 있는 기회를 제공했다는 점에서 매우 중요한 사고 실험이라고 할 수 있다. 이는 우리가 당연하게 여겼던 움직임, 변화, 공간의 점유라는 현상이 얼마나 복잡한 인식과 해석의 결과인지를 보여 준다. 같은 의미로 스포츠에서 선수가 특정 위치로 달려 가는 단순한 장면은 공간, 존재, 시간, 비존재, 감각, 이성 같은 개념이 맞물려 돌아가는 거대한 퍼즐로 바라볼 수 있다. 박지성의 공간 이해력과 스테픈 커리의 오프 더 볼 움직임은 단지 전술이 아니라 우리가 세계를 어떻게 인식하고 마주하는지를 보여 준다. 철학에서 던진 질문은 스포츠에서 나타나는 살아 있는 움직임과 결코 무관하지 않다. 경기장 위의 모든 움직임은 고대 철학자가 던졌던 질문에 대한 몸의 응답이다.

Chapter 15
질문으로 이해하고 실천하는 참된 불문율

다루는 개념 **불문율**

사례 1

8회 말 팀이 크게 앞서고 있는 상황에서 마운드에 올라간 A 투수는 첫 번째로 상대한 타자를 헛스윙 삼진으로 잡아낸 뒤 오른발을 높게 들며 스스로 만족감을 드러낸다. 다음 타자에게도 헛스윙 삼진을 뽑아낸 A 투수는 글러브와 손을 마주치며 포효했다. 삼진당한 선수의 표정이 좋지 않다. 경기 후 결국 벤치 클리어링(Bench-clearing brawl, 벤치에 있던 팀원까지 모두 그라운드로 나가 싸우는 행동)이 일어났다. 다음날 A 투수는 상대 팀에 자신의 행동에 대해 사과했다.

사례 2

10대 3으로 크게 앞선 8회이 1사 만루 상황. 디석에 오른 B 신수가 스리 몰 노 스트라이크 상황에서 때린 네 번째 공이 담장을 넘어간다. 데뷔 첫 만루 홈런을 기록한 B 선수는 기쁨을 감추지 않았다. 그런데 상대편 분위기가 심상치 않다. 감독은 B 선수를 한참을 노려봤고, 투수는 다음 타자에게 빈

볼(고의로 상대 타자 몸을 향해 던지는 공)로 불쾌감을 드러냈다.

사례 3

퍼펙트 게임(단 한 명의 타자도 출루시키지 않고 완벽하게 승리하는 게임. 안타, 볼넷, 몸에 맞는 공, 실책 등 어떤 이유로도 주자를 내보내지 않아야 한다)까지 아웃 카운트 다섯 개를 남겨 놓은 상황. 0대 3으로 지고 있는 팀의 C 선수는 상대 투수의 초구를 기습 번트 안타로 연결했다. 승부를 뒤집으려는 최선의 플레이였지만, 1루에 안착한 C 선수의 표정이 마냥 밝지만은 않았다. 경기 후 퍼펙트 게임이 무산된 팀의 감독은 C 선수의 기습 번트 안타를 "철없는 행동"이라며 공개적으로 비난했다.

세 사례는 선수, 지도자, 팬과 같이 스포츠에 참여하는 구성원이 암묵적으로 지키는 불문율과 관련된 내용이다. 야구에는 많은 불문율이 있다. 투수 마운드를 밟거나 가로지르지 말 것, 파울볼을 잡은 어른은 어린이에게 공을 양보할 것, 공에 맞아도 아픈 부위를 만지지 말 것 등을 예로 들 수 있다. 다른 스포츠에도 대부분이 지키는 불문율이 존재한다. 축구에서는 쓰러진 선수가 생기면 공을 밖으로 차 경기를 멈추고, 농구에서는 경기 종료가 얼마 남지 않은 시점에 크게 앞서고 있다면 작전 타임을 요청하지 않는 것이 관행이다.

일상생활에서도 쉽게 불문율을 접할 수 있다. 장례식장에 검은 옷을 입고 가거나 여럿이 탕수육을 먹을 때 소스를 뿌려도 되는지 물어보는 것 등을 예로 들 수 있다. "로마에 가면 로마법을 따르라"라는 말이 있듯이 해당 문화권의 불문율을 이해하는 것 역시 중요하다. 예컨대 일본에서는 명함을 두 손으로 받아야 예의에 맞다고 여긴다. 이를 지키지 않으면 비즈니스 관계에서 무례하다는 인식을 줄 수 있다. 프랑스에서는 인사하면서 상대의 눈을 바라보지 않으면 예의 없는 사람으로 여겨질 수 있다.

앞의 내용을 바탕으로 불문율의 특징을 도출하면 다음과 같다. 첫째, 불문율은 감정과 연결된다. 불문율을 지키지 않으면 누군가의 기분을 상하게 할 수 있다. 둘째, 문화에 따라 다르게 형성된다. 홈런을 직감한 타자가 기쁨을 표현하려고 방망이를 던지는 빠던은 우리나라에서는 허용되지만, 미국에서는 보복 투구로 이어질 가능성이 매우 크다. 셋째, 시대 흐름에 따라 불문율을 이해하는 방식이 달라진다. 실제로 빠던이나 삼진을 잡은 후 포효하는 행위는 점차 용인되는 분위기로 바뀌고 있다. 넷째, 규칙이나 스포츠맨십과 충돌할 수 있다. 선수와 팀은 언제 어디서나 승리하고자 최선을 다해야 한다. 이와 같은 측면에서 상대 팀의 퍼펙트 게임을 저지하지 않으려는 태도는 명예의 전당에 헌액된 전설의 명포수 요기 베라(Yogi Berra, 1925~2015)가 강조한 "끝날 때까지 끝난 게 아니다(It ain't over till it's over)"라는 스포츠 정신과 정면으로 충돌한다.

프로 스포츠에서는 팬 서비스라는 또 다른 관점도 고려되어야 한다. 프로 스포츠 경기는 일종의 '콘텐츠'이다. 그렇기에 프로 스포츠 선수는 시간과 비용을 들여 경기를 관람하는 소비자에게 최상의 경기력을 제공해야 한다. 이와 같은 관점에서는 승부가 결정된 상황이라고 하더라도 성실한 플레이를 보여 주지 않는 태도는 비판의 대상이 될 수 있다. 팬은 경기의 역동성과 최선을 다하는 선수의 모습을 보며 감동을 얻는다. 불문율이라는 무언의 질서가 스포츠의 흥미를 제약하는 요인이 될 수 있다는 점을 잊지 말아야 한다.

앞에서 확인한 불문율에 대한 다른 이해 방식 및 스포츠맨십과의 상충 가능성을 고려하면 불문율은 반드시 준수해야 규정과 다르다는 것을 이해할 수 있다. 그렇다고 해서 대부분의 사람이 지키는 불문율을 무시하고 홀로 다르게 행동하는 것이 항상 바람직하다고 평가하기란 어렵다.

불문율이라는 개념을 좀 더 구체적으로 살펴보자. 불문율(不文律)의 사전적 정의는 '문서의 형식을 갖추지 않은 규율'이다. 글로 적혀 있지는 않지만, 엄연히 규율(律)이라는 속성이 용어에 포함되어 있다. 이는 영어로 표현하는 unwritten rule 또는 tacit norm(암묵적 규범)에서도 확인된다. 이와 같은 어원을 고려하면 불문율은 해당 문화의 속성이 오랜 기간 누적되어 형성되어 법(法, law)과 비슷한 수준의 구속력을 갖는 것으로 해석될 수 있다.

그렇다면 불문율이 지켜지면 어떤 측면에서 좋을까? 첫째, 불문율은 공동체 안에서 서로 간의 존중과 예의를 강화한다. 법과 규칙에서는 함께 살아가는 사람들에 대한 구체적인 행동 양식을 제시하지 않는다. 반면 우리는 구체적인 불문율을 통해 존중과 배려를 발휘할 수 있다. '법 없이도 살 사람'이라는 표현이 이를 잘 보여 준다. 둘째, 갈등을 예방하는 데 효과적이다. 대다수가 공유하는 불문율을 통해 '극단적인 경우가 아니라면 해서는 안 되는 일'을 미리 인식하고 결과적으로 충돌을 줄일 수 있다.

마찬가지로 단점도 있다. 첫째, 무비판적인 불문율 수용으로 인한 소통의 어려움이다. 불문율은 통상적으로 오랜 기간에 걸쳐 형성된다. 그러나 장기간에 걸친 형성이 반드시 해당 시점에서 적절할 수 있다는 점을 보장하지는 않는다. 야구의 불문율을 금과옥조처럼 여기는 문화를 '꼰대스럽다'라고 비판하며 거부하는 최근의 움직임 역시 이와 무관하지 않다. 둘째, 외부인이나 다른 문화권의 사람들에게는 폐쇄적으로 이해될 수 있다. 우리는 술자리에서 서로 따라주고 윗사람 앞에서는 고개를 돌려 마시는 것을 바람직한 예의로 받아들이지만, 이것이 외국인이나 젊은 세대에게 적절한 설명 없이 강요되면 불편함이나 오해가 생길 수 있다.

이와 같은 측면에서 불문율은 다음과 같이 이해되고 실천되어야 한다. 첫째, 불문율을 맥락 속에서 판단하고자 노력해야 한다. 앞에서 살펴본 바와 같이 불문율은 문화에 따라 다르게 이해되고 시대에 따라 변한다. 많은 권한과 책임을 지는 지도자에게 복종하는 것이 미덕일 수 있는 것과 마찬가지로 선수의 자율성과 개성을 최대한으로 보장하는 것이 바람직한 방법으로 여겨질 수 있다. 9회 말 끝내기 역전 홈런을 친 타자의 빠던은 열렬히 응원해 준 팬을 위한 서비스일 수 있다. 동시에 심각한 부상을 입은 투수를 상대로 얻은 홈런에서는 빠던을 하지 않을 수도 있다. 경기 흐름, 경쟁의 성격, 상대에 대한 예의와 존중 등을 바탕으로 불문율은 다르게 해석되고 실천될 수 있다.

둘째, 불문율을 이유로 새로운 해석과 시도를 억압하면 안 된다. 불문율을 '묻지 않을(不問) 정도로 당연해 설명조차 필요 없는 것'으로만 여기는 태도는 바람직하지 않다. 가르치는 사람과 배우는 사람의 활발한 의사소통이 스포츠의 핵심적인 특징 중의 하나인 점을 고려하면 불문율의 의미를 설명하고 그 적절성을 지속적으로 비판하는 과정은 언제 어디서나 장려되어야 한다.

결국 불문율은 사람과 상황을 제대로 읽으려는 노력과 연결되어야 한다. 규칙은 언제나 정답을 말해 주지만, 불문율을 제대로 이해하고 실천하려면 늘 질문이 요청된다. 지금 그리고 여기에서 내게 주어지는 불문율과 행동이 '다른 사람을 진정으로 존중하는 것인가?', '우리 공동체를 함께 배려하는 것인가?', '경기의 품격을 높이는가?'와 같은 질문을 끊임없이 던져야 한다. 이와 같은 질문에 귀 기울일 때 비로소 우리는 경기를 멋지게 만들고 불문율의 참된 의미와 함께 살아가는 방식을 배우게 된다.

Chapter 16
손으로 쥐는 배움

다루는 개념 **실수, 언포스드 에러, 시행착오**

박강타의 플레이는 시원시원하다. 특히 포핸드가 일품이다. 제대로 맞으면 낮고 빠른 궤적으로 베이스 라인 근처에 떨어지기 때문에 프로 선수도 제대로 받아내기 어려울 정도이다. 강하게 친 공이 네트에 걸리거나 아웃되더라도 기죽는 법이 없다. 경기 중에 가장 자주 쓰는 표현은 "못 먹어도 고"이다. '박스매시'라는 그의 별명은 스매시를 칠 때마다 "박"이라고 외치는 점과 그의 플레이 스타일에서 비롯되었다.

김안정은 따박따박 공을 넘기는 스타일이다. 상대방의 빠른 스트로크에는 슬라이스로 대응하고 강하지 않더라도 첫 번째 서브를 꼭 넣으려고 한다. 안정감을 중요시하는 그의 스타일은 "결국 테니스는 상대 코트에 내가 한 번 더 공을 넣으면 이기는 거야"라는 표현에서도 확인된다. 클럽 회원들은 랠리가 길게 이어지는 그의 스타일에 착안하여 '김롱런'이라는 별명을 붙여 줬다.

공격적인 성향의 박강타와 신중하게 경기를 풀어 나가는 김안정은 플레이 스타일 측면에서 대비된다. 플레이 스타일은 여러 가지 요소가 복합적으로 작용하여 형성된다. 신체 조건이 대표적인 예이다. 키가 크고 힘이 센 사람은 강한 서브를 선호하는 반면, 민첩성이 뛰어나면 과감한 네트 플레이를 즐긴다. 이 외에도 테니스를 처음으로 가르쳐 준 코치의 스타일, 본인의 기술 완성도, 문화적 배경 등이 플레이 스타일 형성에 영향을 미친다.

실수를 이해하는 방식 역시 플레이 스타일 형성에 중요하게 작용한다. 박강타는 실수를 두려워하지 않고 스스로 경기 흐름을 주도하려는 성향을 가진 반면, 김안정은 본인의 실수로 인해 포인트를 잃게 되는 것을 매우 안타까워한다. 박강타와 김안정이 파트너가 된 경우를 가정해 보자. 박강타는 끝낼 수 있는 찬스에서 안정적으로 공을 넘기는 김안정의 플레이가 마음에 들지 않고, 김안정은 박강타의 스트로크가 네트에 걸릴 때마다 못마땅하다. 어떤 플레이 스타일이 더 좋은 것일까? 당연히 정답은 없다. 두 플레이 스타일 모두 장단점이 있기 때문이다.

질문을 바꿔 보자. 5년 뒤 누구의 경기력이 더 좋을까? 역시 쉽사리 예측하기 어렵다. 훈련의 질, 체력, 누적된 경기 경험 등 다양한 변수가 있기 때문이다. 다만 한 가지는 분명하다. 5년 동안 경험할 수많은 실수를 대하는 두 사람의 태도는 그들의 성장과 경기력 향상에 깊이 관여할 것이다.

실수(失手)는 한자 그대로 '손에서 놓침'이다. 나도 모르게 엉겁결에 잡고 있던 물건을 떨어뜨린 경험을 한 번씩은 가지고 있을 것이다. 놓친 결과는 다양하게 나타난다. 귀중한 물건에 흠집이 나거나 다시 줍기 어려운 곳에 빠트려서 한동안 생이별을 겪기도 한다. 놓치는 것이 아니라 잘못 잡는 것도 실수가 될 수 있다. 영단어 mistake는 '잘못(mis) 잡는 것(take)'이다. 치지 말아야 할 공을 치거나 잘못된 전략을 택하는 것도 실수이다.

실수를 '손에서 놓침'과 '잘못 쥠'으로 이해하는 관점은 그립의 종류가 많은 테니스에서 두드러진다. 상대를 압박하는 어프로치 샷(네트 쪽으로 전진하며 치는 스트로크로써 공을 친 후에 네트 근처에서 발리나 스매시로 득점을 노리는 기술) 이후에는 재빨리 그립을 바꿔야 한다. 그립을 바꾸는 동작은 잡고 있던 라켓을 손에서 놓고 다시 쥐는 과정으로 진행된다. 잘못된 그립으로 한 발리는 실수로 이어진다. 결국 테니스에서 끊임없이 라켓을 손에서 놓고 다시 쥐는 동작은 실수를 피하려는 행위이다.

보통 실수는 '좋지 않은 것' 또는 '다시 겪지 않아야 하는 것'으로 이해되는 경향이 있다. 실수한 뒤 고개를 떨구고 좌절하는 선수의 모습이나 결정적 실수를 저지른 선수에게 불같이 화를 내는 코치의 모습은 실수에 대한 전반적인 우리의 인식을 보여 주는 장면이라고 할 수 있다. 실수하는 것이 두려워 긴장된 상태로 경기에 임하는 모습 역시 쉽게 확인할 수 있다.

테니스에서 실수는 경기력과 경기 결과에 깊이 관여한다. 테니스에서 순전히 자신의 판단과 행동으로 인해 일어나는 실수인 언포스드 에러(unforced error)와 상대의 효과적인 공격으로 인해 허둥지둥한 상태에서 저지른 실수인 포스드 에러(forced error)는 선수의 경기력을 판단하는 데 매우 중요한 지표이다. 특히 언포스드 에러는 득점만큼이나 실점을 안 하는 것이 중요한 테니스 경기에서 선수의 안정감과 멘탈을 평가하는 데 중요한 지표로 활용된다.

실수와 관련해 우리가 주목해야 할 점은 두 가지이다. 첫째, 스포츠에서 실수는 피할 수 없다. 세계 최정상급의 선수도 5세트 경기에서 수십 개의 언포스드 에러를 범한다. 실제로 2019년 윔블던 남자 단식 결승전에서 노박 조코비치(Novak Djokovic)와 로저 페더러(Roger Federer)는 각각 52개와 62개의 언포스드 에러를 기록했다(공교롭게 언포스드 에러를 적게 기록한 조코비치가 이겼다). 세트당 평균 10개 이상을 기록한 셈이다. 아마추어의 언포스드 에러 비율은 훨씬 높이 올라갈 것이다. 둘째, 실수를 피해서도 안 된다. 실수는 무엇인가를 열심히 하는 과정에서 나올 가능성이 크다. 전설적인 농구 감독 존 우든(John Wooden, 1910~2010)의 "실수하지 않는다면 아무것도 하고 있지 않다는 말이다. 실천하는 사람은 실수하기 마련이다(If you're not making mistakes, then you're not doing anything. I'm positive that a doer makes mistakes)"라는 명언에 주목할 필요가 있다. 좋아하지 않으면 실망도 없다. 애쓰지 않으면 실수할 일도 없다. 실수는 노력의 증거이다.

그렇다면 피할 수도 없고 피해서도 안 되는 실수를 배움과 연결할 수 없을까? 농구 황제 마이클 조던을 지도했던 딘 스미스(Dean Smith, 1931~2015) 감독은 "실수로 할 수 있는 것들: 알아차리기, 인정하기, 실수로부터 배우기, 잊어버리기(What to do with a mistake: recognize it, admit it, learn from it, forget it)"라는 명언을 남겼다. 실수를 통해 네 가지의 행위가 뒤따를 수 있고, 이것이 모두 배움으로 연결될 수 있다는 말이다.

테니스에 적용해 보자. '알아차리기'는 본인의 플레이가 실수인지 아닌지를 아는 것이 중요함을 의미한다. 경기력이 올라갈수록 실수의 스펙트럼은 넓어진다. 복식 경기에서 상대 전위의 위치를 제대로 파악하지 못하고 넘기는 데 급급하면 실점으로 이어질 가능성이 크다. 그렇지만 어떤 선수는 네트에 걸리지 않았기 때문에 실수라고 생각하지 않는다. 실수를 알아차릴 수 있어야 반성으로 이어질 수 있다.

'인정하기'는 갖가지 핑계를 대지 않는 것이다. 실점 상황 때마다 공 탓(평소 쓰던 공과 달라), 코트 탓(바닥이 미끄러워), 날씨 탓(바람이 너무 세), 장비 탓(라켓 줄이 오늘따라 느슨하네), 신체 탓(어제 잠을 잘 자지 못했어), 상대방 탓(저 사람 리듬이 좀 이상해) 등으로 핑계를 대곤 한다. 그중 가장 안 좋은 것은 파트너 탓이다. 완벽하지 못한 우리에게 변명은 매우 인간적인 반응이다. 다만 반복된 핑계와 외부 환경 탓은 배움을 가로막는다.

'배우기'는 구체적으로 실수를 경기력 향상에 필요한 자료로 삼는 태도를 뜻한다. 처음으로 상대하는 선수와의 경기에서 포핸드 스트로크가 연속해 세 번 아웃된 경우를 가정해 보자. '오늘따라 컨디션이 좋지 않네'라며 넘어가는 태도는 배움으로 이어지지 않는다. 두 발의 스탠스, 타점, 스윙 궤적 등을 스스로 점검한 후 '상대의 스트로크가 빠르니까 조금 더 뒤에서 기다리고 오픈 스탠스를 잡고 톱 스핀을 더 넣어

보자'라고 인식하고 실천하는 것이 바로 실수로부터 배우기이다.

'잊어버리기'는 이미 엎질러진 실수는 잊고 다음 플레이에 집중하는 것이다. 멘탈 스포츠인 테니스에서는 평온한 마음 상태를 유지하는 것이 매우 중요하다. 저지른 실수를 계속 마음속에 담아두면 다음 플레이에 집중하지 못하고, 이는 또 다른 실수로 이어질 수 있다. 실수에 대한 죄책감을 최대한 빨리 떨쳐내고 다가올 다음 포인트에 집중해야 한다(next point mentality). 실수는 반성을 위해 돌아볼 수 있는 것이지만, 바로 떨쳐 낼 수도 있는 것임을 잊지 말아야 한다.

시행착오(trial and error)가 문제 해결의 유형으로 구분되는 것도 실수와 배움이 긴밀하게 연결된다는 점을 뒷받침한다. 우리는 목표를 달성하고자 여러 번 시도하고 실수하면서 배울 수 있다. 결국 실수가 우리에게 반성하고 분석할 수 있는 기회를 제공하는 셈이다. 스포츠는 본질적으로 '오류 수정의 반복'이다. 테니스의 서브, 농구의 점프 슛, 배구의 스파이크와 같은 기술을 처음부터 능숙하게 구사할 수 있는 사람은 극소수이다. 신체 부위의 원활한 협응을 몸으로 알아차리는 데 수많은 실수가 반드시 필요하다.

실수는 다음과 같은 특징 때문에 좀 더 효과적인 학습에 기여할 수 있다. 첫째, 실수는 강력한 피드백으로 작용한다. 스포츠는 본질적으로 실수를 비교적 명확하게 이해할 수 있는 환경이다. 축구의 패스 차단 등과 같이 실수는 직관적이고 강력한 피드백을 제공한다. 패스를 차단당한 선수는 상대의 압박 여부 사전 확인, 적절한 패스 속도와 타이밍, 공격 전개 방향 선택 등을 반성하고 배울 수 있다. 둘째, 실수는 좀 더 오래 기억된다. 실수는 종종 안타까움, 분노, 실망 등과 같은 강한 감정과 연결된다. 그렇기 때문에 우리 뇌에 좀 더 강한 인상과 기억을 남겨준다. 이와 같은 측면에서 실수는 본인이 고쳐야 하는 부분이나 보다 정교화해야 하는 기술 등에 대해 깊은 수준으로 반성할 수 있는 기회를 제공한다. 셋째, 실수를 만회하려는 노력은 새로운 배움을 유도한다. 단체 스포츠에서는 선수 개개인의 능력과 함께 팀워크가 매우 중요하다. 동료의 실수를 보고 팀원들이 십시일반의 마음으로 한발씩 더 뛰자고 다짐하고 서로 격려하는 과정에서 긍정적인 방식의 팀워크 형성을 이해하고 배울 수 있다.

박강타와 김안정 모두 언포스드 에러를 범할 것이고, 이를 받아들이는 방식은 그들의 배움에 크게 관여할 것이다. 위에서 살펴본 바와 같이 실수는 자신의 플레이를 반성하고 분석할 수 있는 기회를 제공한다는 측면에서 긍정적인 것이다. 삶에서도 예외가 아니다. 놓쳤다고 화만 내거나 잘못 잡았다고 좌절만 해서는 안 된다. 놓친 것은 다시 잡을 수 있고, 잘못 잡은 것은 고쳐 잡을 수 있다. '한 수 배운다'라는 표현에서도 손(手)이 들어가는 점에 주목하자. 우리는 또 하나의 실수를 통해 한 수 배운다. 실수는 배움을 손에 쥐는 방식이다.

Chapter 17

스포츠 레슨과 사교육

다루는 개념   **사교육, 공교육, 교육 목적**

2023년 어느 주말이었다. 두 아들의 수영 강습을 마치고 가족 외식을 위해 식당으로 걸어가던 길이었다.

첫째 (뜬금 없이) 아빠 학원 안 보내 줘서 너무 고마워요.
둘째 맞아 맞아, 정말 고마워요.
아빠 응? 갑자기 왜 그런 생각을 하게 됐어?
첫째 요즘 친구들이 학교 끝나고 바로 집으로 오는 저한테 학원 안 가서 부럽다는 말을 많이 해요. 애들은 학원 가는 거 너무 싫대요.
아빠 그래? 앞으로 너네 말썽 피면 학원 보내야겠네? (웃음)
첫째, 둘째 (손사래 치며) 아니에요, 말 잘 들을게요.
아빠 그런데 너네 학원 많이 다니는데? 태권도 가고, 스포츠 센터에서 수영이랑 검도도 배우고, 아이스 링크에서 스케이트도 배우고, 아파트에서 축구도 배우고, 구몬 학습지도 하고. 이런 것도 다 학원이야.
첫째, 둘째 어?! 정말 그렇네요.

짧은 대화이지만 두 가지를 파악할 수 있다. 첫째, 대부분의 아이들은 학원을 좋아하지 않는다. 만약 두 아들이 학원을 좋아한다면 "학원을 보내지 않겠다"가 효과적인 협박 수단이었을 것이다. 둘째, 우리 집 아이들은 학원을 좁게 인식한다. 영어, 수학, 과학, 논술 등과 같이 주로 인지 능력 발달을 목적으로 학교 밖 기관에서 진행되는 형태의 교육을 학원으로 생각한다.

아이들은 왜 학원을 싫어할까? 여러 가지 이유가 있을 수 있지만, 재미가 없기 때문이다. 반대로 친구들과 함께 즐기는 온라인 게임은 재미있기 때문에 시간 가는 줄 모르고 즐긴다. 부모가 금지해도 기어코 할 수 있는 방법을 찾아낸다. 두 아들이 태권도나 축구를 학원이라고 인식하지 못하는 것 역시 재미와 무관하지 않다. 재미없는 구몬 학습지를 풀 때는 1초가 1시간처럼 천천히 흐르지만, 태권도장에 가려고 자전거에 채워진 자물쇠를 푸는 움직임은 빛의 속도에 가깝다.

학부모는 왜 자녀를 학원에 보낼까? 여기에도 여러 가지 이유가 있을 수 있지만, 가장 폭 넓은 답을 가져오면 자녀의 장래에 도움이 될 것이라고 생각하기 때문이다. 내신 성적 관리 → 대학수학능력시험 고득점 → 명문대 입학 → 안정적인 직장 취업으로 이어지는 인생 흐름에서 학원이 도움을 줄 것이라고 기대하는 것이다. 이에 따르면 학원은 누군가의 배움 및 진로 설계에 기여할 수 있는 효과적인 수단으로 이해되고 있는 듯하다. 수준 높은 학원을 보내기 위한 '7세 고시'가 유행인 점을 보면, 학원에 대한 믿음은 꽤나 확고한 것으로 보인다. 추가적인 배움의 기회를 제공한다는 측면에서 학원은 충분히 권장할 만한 형태의 교육이다. "배움에는 끝이 없다"라는 말도 있지 않은가.

우리나라에서 학원과 과외는 대표적인 형태의 사교육이다. 그렇다면 전반적인 사교육에 대한 우리의 인식은 어떨까? 긍정적으로 평가하기 어렵다. 언론이나 정치권에서 '사교육과의 전쟁'이라는 표현을 잦은 빈도로 사용한다는 점을 고려하면 부정적으로 바라보는 수준은 매우 높다고 할 수 있다. 정부 부처 정책에 '전쟁'이라는 용어가 사용되는 것은 그 잘못의 정도가 매우 심각하여 뿌리 뽑는 수준의 해결이 필요함을 의미한다. '범죄와의 전쟁', '마약과의 전쟁', '코로나와의 전쟁' 등과 같은 슬로건을 사용했던 점을 떠올려 보면, 사교육은 일종의 척결해야 하는 대상이다. 이외에도 사교육 공화국, 사교육 카르텔, 사교육비 폭탄, 학원 뺑뺑이, 스펙 쌓기 경쟁, 교실 붕괴 등 사교육의 부정적인 영향을 의미하는 표현을 쉽게 접할 수 있다.

자연스럽게 다음과 같은 질문이 뒤따를 수 있다. 사교육은 전쟁을 해서라도 뿌리 뽑아야 할 나쁜 것인가? 대다수의 학부모가 소탕되어야 할 사교육의 힘을 빌리는 지금의 현상은 정부 정책에 반하는 것일까? 사교육은 옳지 못하다는 생각을 가지고 있으면서도 자녀를 학원에 보내는 (또는 보내야 하는) 일은 비정상적일까? 두 아들에게 태권도, 수영, 검도, 스케이트와 같은 사교육을 시키는 우리 집도 스펙 쌓기 경쟁에 빠진 것인가? 이와 같은 질문에 대한 자신만의 관점을 가지려면 사교육의 범위, 목적, 내용, 방법 등을 두루 이해할 필요가 있다.

우선 사교육의 범위부터 살펴보자. 사전적으로 사교육(private education)은 '공교육을 보충하기 위하여 제도권 밖에서 하는 교육'으로 정의된다. 반대로 공교육(public education)은 '국가가 제도적으로 시행하는 제도권 내 교육'을 의미한다. 공교육이라는 단어를 접할 때 국가 예산으로 세우고 관리함이라는 뜻의 '국립'과 지방자치단체 예산으로 세우고 관리함을 의미하는 '공립'이라는 표현을 우선적으로 떠올리는 점도 이와 무관하지 않다. 우리나라의 사립 중등 학교는 부지 및 건물은 학교 법인의 소유이지만, 교직원 인건비를 포함한 학교 운영비에 국가 예산이 투입되는 점을 고려하면 공공의 성격을 지닌다.

이와 같이 '사교육=공교육이 아닌 것'으로 이해하면, 결국 교육부와 지방자치단체에서 관할하는 교육 기관이 아닌 곳에서 실천되는 교육은 모두 사교육이 된다. 학원, 과외, 인터넷 강의(EBS는 정부가 제공하지만, 제도권 정규 수업 외의 선택적 교육 콘텐츠라는 점에서 넓은 의미의 사교육으로 분류될 수도 있다) 등을 대표적인 사교육으로 꼽는 점도 여기에서 비롯되었다. 결국 사교육의 범위는 굉장히 넓다. 농구 레이업 슛을 알려달라는 첫째를 돕는 장면(체육 교육), 장난감을 이용해 둘째에게 나눗셈의 원리를 알려주는 모습(수학 교육), 두 아들에게 식탁에서 지켜야 할 매너를 강조하는 모습(가정교육이자 예절 교육)은 엄밀히 따지면 모두 사교육이다. 결국 범위 측면에서 보자면 사교육이 공교육보다 훨씬 넓은 영역을 차지한다고 할 수 있다. 기간으로 봐도 그렇다. 근대의 산물인 공교육이 나타나기 전까지의 인류의 모든 교육은 사교육이었다.

목적은 어떨까? 보통 교육의 목적은 추상적으로 제시된다. 우리나라 교육법 제1조에서 교육의 목적을 서술하기 위해 홍익인간, 인격 완성, 공민, 민주 국가 발전, 인류 공영과 같은 높은 수준의 가치를 제시한 점도 이를 뒷받침한다. 우리는 이상적인 가치를 추구하면서도(보통은 그렇지 않지만) 통상적으로 교육을 통해 당장 얻고자 하는 목적도 설정한다. 이와 같은 측면에서 교육의 목적은 작게는 학습자에게 일어날 것으로 기대하는 변화로 볼 수 있다(보통 목적과 목표는 각각 궁극적으로 이루고자 하는 방향과 그 목적을 달성하기 위해 설정하는 구체적인 단계를 의미한다. 여기에서 두 개념을 굳이 구분하지 않은 이유는 학습자 개인 차원에서 봤을 때 모든 교육은 그 사람의 성장과 진로에 연결되기 때문이다).

주말마다 부족한 수학 능력을 보완하려고 자발적으로 학원을 가는 고등학교 3학년 학생 A를 예로 들어보자. 이는 대학수학능력시험(수능)에서 높은 점수를 얻기 위한 목적에서 비롯되었다. A의 고등학교 수학 교사는 수업 시간에 올해 수능에서 나올 것으로 예상되는 문제 유형을 알려준다. 학원이라는 사교육에서 학생이 배우고자 하는 목적과 고등학교라는 공교육에서 교사가 가르치는 목적이 같은 셈이다. 수능에서의 고득점을 원하는 교사와 학생의 목적 자체가 잘못되지 않았다면 사교육을 비판할 수 없다.[14] 비판하고자 한다면 공교육도 함께 비판받아야 한다. 결국 공교육이든 사교육이든 중요한 것은 어디를 지향하고 있는가에 있다.

---

[14] 물론 이 주장이 우리나라 교육 제도 및 문화가 이상적이라는 것을 의미하진 않는다. 대학수학능력시험은 여전히 학생의 적성은 무시한 줄 세우기 일변도라고 비판받고 있으며, 대표적인 대안으로 제시된 입학사정관제는 부익부 빈익빈을 조장하고 깜깜이 전형이라고 비판받고 있다.

사교육의 영역이 훨씬 큰 것과 같이 가르치고 배울 수 있는 내용 역시 다양하다. 공교육의 특징 중의 하나는 가르치는 내용을 체계적으로 분류한 교육과정(curriculum)을 바탕으로 교육이 진행된다는 것이다. 교육과정에 기반한 교육은 체계적인 학습에 유리하다. 초등학교에서 기본 연산을 배우고 이를 바탕으로 중등학교에서 방정식을 배우는 것을 예로 들 수 있다. 학생들이 사회를 살아가는 데 필수적으로 요청되는 내용을 포함한다는 점에서도 효과적이다. 2025년부터 코딩 교육이 필수 과목으로 지정된 점이 대표적이다.

이론적으로는 학교에서 교육과정에 없는 내용을 배울 수 없다. 방과후학교와 같은 독특한 형태의 학습이 있지만, 수익자 부담 원칙 때문에 사교육적 성격이 가미되었다고 볼 수 있다. 교육과정에 제시되어 있더라도 환경적 요인에 의해 배우기 어려운 내용도 있다. 체육을 예로 들어 보자. 운동장 표면, 체육관 보유 여부, 학급 규모 등을 고려하면 테니스와 같은 스포츠는 학교에서 가르치기 어렵다. 달리 말하면 현재를 살아가는 대다수의 학생은 사교육을 통하지 않고서는 테니스나 피클볼과 같은 스포츠를 접할 기회를 얻기가 매우 어렵다.

가르치는 방법도 마찬가지이다. 공교육은 태생적으로 보편성을 추구한다. 특정 세력이나 계층이 독점적으로 받는 교육이 아니다. 이는 상대적으로 많은 학생을 대상으로 교육이 진행된다는 것을 의미한다. 결과적으로 공교육은 그 특성상 개별 학습자의 능력과 흥미를 모두 반영하기 어렵다. 반면 사교육은 학습자의 현재 수준과 선호도를 반영한 최적의 방법을 찾아내는 데 유리하다. 가르치는 사람과 배우는 사람이 일대일로 만나는 골프 레슨과 같은 형태의 사교육에서는 이와 같은 특징이 더욱 두드러질 수 있다.

결국 공교육과 사교육의 범위, 목적, 내용, 방법을 종합적으로 고려하면, '공교육은 추구해야 하고 사교육은 척결되어야 한다'라는 이분법적인 사고가 얼마나 위험한지를 이해할 수 있다. 특히 범위, 내용, 방법 측면에서 사교육이 훨씬 더 유리할 수 있다는 점을 인정해야 한다. 그렇다면 정말로 중요한 것은 무엇일까? 바로 목적이다.

나는 최근의 스포츠 레슨 열풍이 반갑다. 골프와 같은 일부 스포츠는 레슨을 받고자 대기하는 기간이 필요할 정도로 스포츠 사교육 시장이 지속적으로 커지고 있다. 그렇다면 스포츠 레슨의 목적은 어떤 방식으로 이해되어야 할까? 학교 일진이 되기 위해 땀 흘리며 복싱을 배우는 학생의 모습이나 명문대 입학을 위해 자녀를 억지로 펜싱 학원에 보내는 학부모의 모습은 권장할 만한 것은 아니다. 반면 골프 실력을 늘리려고 부지런히 레슨을 받거나 자녀가 효율적으로 평생 스포츠를 탐색할 수 있도록 여러 가지 스포츠에 참여할 기회를 제공하는 것은 충분히 장려할 만하다. 내가 꾸준하게 달리고 테니스 레슨 받는 모습을 보여 주고, 두 아들이 여러 가지 스포츠에 참여할 수 있도록 끊임없이 권장하는 것이 그 이유이다.

Chapter 18
셔틀콕과 흰 코끼리

다루는 개념 **환경, 생태, 지속 가능성**

사례 1

배드민턴 동호인 사이에서 '금틀콕'이라는 표현이 유행이다. 셔틀콕의 가격이 크게 올랐기 때문이다. 그 배경에는 중국의 돼지고기와 소고기 수요 증가가 있다. 2020년 이후 중국 내 고기 소비가 급증하면서 일부 농장에서는 오리나 거위 사육을 줄이고 좀 더 수익성이 높은 가축에 집중하게 되었다. 셔틀콕은 보통 거위의 왼쪽 날개 깃털로 만들어지는데, 거위 한 마리에서 최상급 깃털은 4개 정도 얻을 수 있다. 셔틀콕 하나를 만들려면 16개의 깃털이 필요한 점을 고려하면 배드민턴 경기를 위해서는 셀 수 없이 많은 거위가 필요한 셈이다. 결국 공급이 줄어든 거위 깃털의 희소성이 셔틀콕 가격 인상으로 이어진 것이다.

사례 2

대한수영연맹은 2024 파리 올림픽에 참가한 국가대표 선수들의 컨디션 유지를 위해 경기장에서 도보로 5분 떨어진 곳의 호텔에 숙소를 마련하기로 결정했다. 이유는 단순하다. 선수들이 지내는 선수촌에서 경기장까지 이동하는 것이 너무 힘들다는 판단에서다. 이번 올림픽에서는 에어컨이 작동되지 않는 데다가 안전을 이유로 창문도 열지 못해 마치 사우나를 방불케 하는 '찜통버스'에 대한 각국 선수와 취재진의 원성이 자자하다. 친환경 올림픽을 표방하며 선수촌에 에어컨을 설치하지 않은 것도 문제였다. 폭염이 겹치자 결국 올림픽 조직위는 에어컨 설치를 참가국 자율에 맡기는 방향으로 정책을 바꿨다.

두 사례에서 공통으로 뽑아낼 수 있는 키워드는 환경(보호), 생태계, 자연 등이다. 배드민턴 경기를 위해 도축되는 거위가 매년 수백만 마리라고 하는데, 이는 생태계에 영향을 미칠 수 있는 엄청난 수치라고 할 수 있다. 올림픽과 같은 대규모의 스포츠 국가 대항전을 위해 새로 짓는 경기장과 대회 진행을 위해 사용되는 엄청난 양의 에너지는 필연적으로 자연환경에 영향을 미칠 수밖에 없다.

우선 관련 개념을 어원과 정의 방식으로 해체해 보자. 환경(環境, environment)에서는 두 가지 특징을 확인할 수 있다. 첫째, '둘러싸다'라는 의미가 포함되어 있다. 한자로는 고리(環)와 가장자리(境)가 결합한 상태라는 점과 영어로는 안(en)과 원(viron)을 뜻하는 단어가 합쳐진 형태인 점이 이를 뒷받침한다. 둘째, 자연뿐만 아니라 다양한 영역을 포함한다. 이는 환경의 사전적 정의가 '생물에게 직접·간접으로 영향을 주는 자연적 조건이나 사회적 상황'으로 설정된 점에서 확인할 수 있다. 실제로 교육 환경, 정책 환경, 생활 환경 등과 같이 다양한 영역에서 환경이라는 용어를 포함한다. 사전적 정의에 포함된 '사회적 상황'이 모든 동물에게 적용되기 어려운 점을 고려하면, 결국 환경은 사람을 둘러싸고 상호 영향을 주고받는 조건 또는 상황이라고 이해할 수 있다. 이와 같은 측면에서 환경은 인간 중심 개념이라고 할 수 있다.

생태(生態, ecology)는 생물이 살아가는 모습을 뜻한다. 익히 알고 있는 것처럼 생물은 인간을 포함한 동물이나 식물과 같이 살아있는 모든 생명체를 의미한다. 반면 생태계(生態系, ecosystem)는 생물과 서로 영향을 주고받는 공기, 물, 온도, 빛 등과 같은 비생태적인 요소까지 포함한다. 생태학으로도 번역되는 ecology는 생태계를 연구하는 학문이다. 주목할 점은 eco가 '집'을 뜻하는 그리스어 oikos에서 비롯되었다는 것이다. 달리 말해 생태(계)는 생명체 및 영향을 주고받는 자연 현상(비, 바람, 공기 등)을 포함한 모든 범위를 집으로 생각하는 태도와 깊게 관련된다.[15]

스포츠는 환경과 생태에 어떤 영향을 미칠까? 크게 세 가지 방식으로 부정적인 영향을 미친다. 첫 번째는 생태계를 못살게 구는 것이다. 많은 사람들이 패딩의 충전재를 얻기 위해 '살아 있는' 거위의 깃털을 뽑는 과정에서 생살이 뜯어지고 바로 생살을 꿰매는 장면에 큰 충격을 받는다. 도살 직전까지 거위는 이 과정을 주기적으로 겪는다. 배드민

---

[15] 경제를 의미하는 economy 역시 집(eco)에 있는 물건을 잘 다룬다(nomy)는 뜻에서 확장된 점을 고려하면, 결국 대부분의 영역이 집이라는 작은 범위에서 비롯되는 것이라고 할 수 있다. 자연을 우리의 터전으로 생각하면 공존하는 생명체 모두가 가족 구성원이 되는 셈이다. 이와 같은 생각이 계속 이어졌다면 지금 정도로 자연환경을 오남용하지는 않았을 텐데 하는 아쉬움이 든다.

턴 셔틀콕을 얻는 과정 역시 큰 틀에서는 이와 다르지 않다. 동물 스포츠(Animals in sport)에서 과도하게 훈련되거나 동물 복지에 영향을 주는 약물이 투여되는 점도 같은 맥락이다. 이 외에도 골프장 개발로 파괴되는 야생동물의 서식지(골프장 유지를 위한 살충제 사용으로 먹이사슬이 오염되기도 한다)와 스키장 건설로 인한 야생동물의 이동 경로 차단 역시 가만히 있는 생태계를 괴롭히는 것이라고 할 수 있다.

두 번째는 스포츠를 즐기려고 제한된 자원을 과도하게 소비하는 것이다. 야간 경기를 위한 전기 사용, 수영 경기를 위해 사용되는 물, 동계 스포츠를 위해 제작되는 인공 눈, 축구 경기를 위해 관리되는 잔디 등 스포츠 시설과 장비를 생산하고 유지하려면 필연적으로 다양한 자원이 투입되어야 한다. 그중에서도 악질은 올림픽 등과 같은 메가이벤트를 치르려 개발되었던 시설이 처치 곤란한 건물로 전락하는 것이다. 2004 아테네 올림픽을 위해 지은 경기장이 대부분 폐허로 변한 것은 대표적인 흰 코끼리(white elephant)로 꼽힌다. 신성한 동물인 흰 코끼리는 보유하는 데 큰 비용을 감당해야 하는 반면, 일을 시키거나 어딘가에 팔 수도 없는 일종의 애물단지이다. 현대에서 흰 코끼리는 유지하는 데 돈은 많이 들지만 실질적인 가치는 없는 건축물 또는 사업을 지칭할 때 쓰인다.

셋째, 탄소 배출이 증가한다. 국제 스포츠 경기의 진행 및 관람에는 필수적으로 많은 인파의 장거리 이동이 뒤따른다. 2022 카타르 월드컵에서 배출된 총 탄소 배출량은 약 360만 톤으로 추정되는데, 항공 및 차량 이동이 절반가량 차지한다. 경기 기간에 사용되는 일회용품과 음식 포장 등에서도 상당량의 탄소가 배출된다. 2024 파리 올림픽에서 일회용 플라스틱병 사용을 70% 이상 줄인 노력 역시 이와 무관하지 않다.

한 가지 다행인 점은 생태 친화적(eco-friendly) 스포츠 참여로 전환하고자 하는 움직임이 다음과 같이 세 가지 형태로 시도되고 있다는 것이다. 첫째, 친환경적인 기구 또는 시설로 바꾸는 것이다. 거위 깃털 대신 합성 소재나 재활용이 가능한 플라스틱 셔틀콕을 지속적으로 개발하는 것, 100% 재활용이 가능한 원단으로 유니폼을 제작하는 것, 천연 비료로 유지할 수 있는 축구 경기장을 도입하는 것 등이 대표적이다. 둘째, 스포츠를 통한 생태 교육이다. 달리기를 하며 쓰레기를 줍는 플로깅(plogging, 스웨덴어로 줍기를 뜻하는 Plocka Upp와 영어 Jogging의 합성어) 대회나 환경 보호 및 생태적 가치 실현을 목적으로 하는 '생태 마라톤' 대회 등이 여기에 해당한다. 셋째, 스포츠 관련 기구에서 지속 가능성을 핵심 과제로 설정하는 것이다. 국제올림픽위원회(IOC)가 대회 주최국의 환경적 책임을 강조하는 '지속 가능성 전략(Sustainability Strategy)'을 채택한 점과 FIFA가 탄소 배출 절감 방안을 경기 운영 가이드라인에 포함한 점도 지속 가능성을 더 이상 선택이 아닌 책임으로 받아들이는 점을 의미한다.

그럼에도 이상의 노력은 다음의 두 가지 측면에서 좀 더 깊은 논의가 요청된다. 첫째, 실천의 진정성이다. 가장 최근에 개최된 2024 파리 올림픽은 겉보기만 친환경적인 행태일 뿐 실속은 없다는 뜻의 '그린 워싱(greenwashing, '하얗게 칠하다' 또는 '눈가림하다'라는 의미의

whitewash에 친환경을 의미하는 green을 합친 용어)' 비판을 받기도 했다. 에어컨 없는 친환경 선수촌이라는 상징적 선언만 내세우고 정작 실제 책임은 각국에 전가한 행위가 대표적이다. 둘째, 실질적 변화를 이끌어 낼 수 있는 방법에 대한 고민이다. 앞에서 설명한 바와 같이 메가스포츠는 어쩔 수 없이 엄청난 양의 탄소를 배출과 연결된다. 현재와 같은 대회 운영 방식을 근본적으로 바꿀 수 있는 방향과 구체적인 방법에 대해 끊임없이 질문해야 한다.

스포츠와 환경 및 생태는 공존할 수 있을까? 문화 활동인 스포츠가 자연에 대비된다는 점은 부정할 수 없는 사실이다(3장 참고). 플로깅을 하면서 쓰레기를 줍더라도 신발을 만드는 과정에서 자연이 일정 부분 훼손되는 것을 고려하면, 우리의 스포츠 참여가 환경과 생태에 부정적인 영향을 미친다는 점을 인정할 수밖에 없다. 결국 환경과 생태(계)에 덜 빚지는 방법을 취할 수밖에 없다. 생태라는 용어의 뿌리가 '집'에서 왔음을 잊지 말아야 한다. 변화는 모든 차원에서 시작될 수 있다. 앞으로는 거위와 지구에 덜 미안하도록 100% 재활용되는 플라스틱 셔틀콕을 사용하는 것은 어떨까.

Chapter 19
차별 없는 스포츠 생태계

다루는 개념   섹스, 젠더, 인종

사례 1

2024 파리 올림픽 여자 복싱 16강전에서 "돌아가신 아버지를 위해 싸우겠다"라며 전의를 다진 이탈리아 선수는 상대의 강펀치를 버티지 못하고 결국 경기 시작 46초 만에 기권했다. 감정에 북받친 선수는 경기 후 링 위에 무릎 꿇고 통곡했다. 한 번도 기권한 적이 없었던 이 선수는 경기 후 인터뷰에서 "나는 이런 펀치를 느껴 본 적이 없다. 건강을 위해 그만두는 게 낫겠다고 생각했다."라고 말했다. 그녀를 압도한 상대인 이마네 칼리프(Imane Khelif)는 결승전에서도 압도적인 경기력을 보이며 우승했다. 그런데 그녀는 올림픽 기간 내내 논란의 중심에 있었다. XY 염색체를 가지고 있는 것으로 일부 매체가 보도했기 때문이다. 올림픽 폐막 후 칼리프가 생물학적으로 남성이라는 의료 보고서가 유출되면서 논란은 증폭되있다. 보고서에 따르면 칼리프에게 내부 고환과 남성에게만 발견되는 5-α 환원 효소 결핍 장애가 있는 것으로 드러났다.

사례 2

여자테니스협회(WTA, Women's Tennis Association) 세계 랭킹 1위인 폴란드의 이가 시비옹테크(Iga Świątek)가 대회 상금 조정의 필요성에 대해 말했다. 이는 자신이 WTA 500등급 경기에서 우승하며 약 1억 5천만 원의 상금을 받은 반면, 같은 기간에 열린 남자 프로테니스협회(ATP, Association of Tennis Professionals) 500등급 대회에서 우승한 스페인의 카를로스 알카라스(Carlos Alcaraz)가 우승 상금으로 약 7억 원을 받았기 때문이다. 현재 4대 그랜드슬램을 제외한 일부 ATP와 WTA 대회는 같은 등급 대회일지라도 상금 규모가 다르게 책정된다. 시비옹테크는 "신체적으로 더 강한 남자 테니스가 재미있다는 주장은 옛날이야기이다. 지속적으로 발전한 여자 테니스에서 더 많은 매력을 느낄 수 있다"라고 말했다.

사례 3

2020년 여름부터 NBA 선수들은 경기 시작 전 국가 연주 때 "흑인의 생명도 소중하다(Black Lives Matter)"라는 슬로건이 적힌 옷을 입고 한쪽 무릎을 꿇는 '무릎 꿇기(kneeling)'를 이어 갔다. 이는 인종 차별에 저항하는 행위이다. 2020년 5월 25일 아프리카계 미국인 조지 플로이드(George Floyd)가 경찰에게 체포되던 중 질식사당하는 사건이 있었다. 플로이드가 경찰을 마주한 순간부터 제압당할 때까지 어떤 물리적 저항도 없었다. 경찰의 무릎에 목이 눌린 플로이드는 "숨을 쉴 수가 없다. 살려달라"라고 반복적으로 말했다. 플로이드가 의식을 잃은 후에도 경찰의 무릎 짓누르기가 계속되는 영상이 빠르게 확산되었다.

사례 4

2011년 이란 여자 축구 대표팀이 요르단과의 대결에서 0:3 몰수패를 당했다. 이유는 선수들이 무슬림계 여성이 외출할 때 목과 머리를 가리고자 두르는 천인 히잡을 착용했기 때문이다. 이 조처는 그라운드 내에서 정치, 종교, 개인적인 신념이 드러나는 복장이나 액세서리 착용을 허용하지 않는다는 국제축구연맹(FIFA)의 규정에 근거한 것이다. 반면 이슬람권에서는 인간의 기본권에 해당하는 종교적 신념을 문제 삼는 FIFA의 태도를 비판한다. 이에 이란축구협회는 FIFA에 공식적으로 이의를 제기했다. 2014년부터 FIFA는 히잡 또는 터번과 같은 두건 착용을 공식적으로 허용하고 있다.

첫 번째와 두 번째 사례에서 공통으로 추출할 수 있는 개념은 '성별'이다. 스포츠에서 성별은 남녀 분리 종목(예: 축구, 농구), 혼성 종목(예: 혼성 양궁, 혼성 계주), 성별 구분 없는 종목(예: 승마, 요트)을 구분하는 데 활용된다. 남자 경기와 여자 경기를 따로 운영하는 이유 중의 하나는 공정한 경쟁을 보장하기 위해서이다. 육상, 축구, 배구 등과 같은 종목에서 남성과 여성의 경쟁을 공정한 것으로 이해하는 사람은 별로 없을 것이다. 신체적 능력에서 현격한 차이가 있기 때문이다. 성인 여자 월드컵에서 우승한 미국 축구 국가대표팀이 15세 이하의 중학생으로 구성된 FC 댈러스 유소년팀에게 2:5로 완패한 사례는 근력, 순발력, 민첩성 등과 같은 체력의 핵심 요소에서 남성이 여성보다 유리하다는 점을 뒷받침한다.

남성과 여성을 구분하는 방식을 입체적으로 이해하려면 생물학적 성(섹스, sex)과 사회적 성(젠더, gender)을 살펴봐야 한다. 섹스는 염색체, 호르몬, 내/외부 생식기 등 유전적 및 해부학적으로 결정되는 성(性)을 의미하며, 대부분 태어날 때의 특징을 바탕으로 남성과 여성으로 구분된다. 출생 시 또는 성장 과정에서 남성 또는 여성으로 명확히 구분되지 않는 생물학적 성 특성을 간성(intersex)이라고 하는데, 전체

인구의 1.7%가 가지고 있다. 클라인펠터 증후군(XXY 염색체)이나 터너 증후군(XO 염색체)과 같은 성염색체 이상, 여성에게 과도하게 많은 테스토스테론이 분비되는 경우, 외부 생식기가 남녀 중 어느 쪽에도 속하지 않거나 양쪽 특징을 동시에 가지는 경우 등이 여기에 해당한다.

반면 젠더는 한 사회가 기대하는 태도 또는 행동과 밀접하게 관련되는 것으로서 사회 문화적 맥락에서 구성되는 성 정체성 및 역할에 가깝다. 쉽게 말해 '여성적' 또는 '남성적'이라는 표현을 사용하는 경우와 밀접하게 관련된다. 스포츠에서는 축구나 럭비와 같이 격렬한 스포츠를 남성적 스포츠로 이해하고, 리듬 체조나 피겨 스케이팅을 여성에게 좀 더 적합하다고 인식하는 것을 예로 들 수 있다. 이와 같은 측면에서 젠더는 섹스에 비해 상대적으로 유동적인 특성을 지닌다. '남성'으로 태어났으나 '여자'로서의 정체성을 가지고 살아갈 수 있기 때문이다.[16]

스포츠 경기에서의 출전 제한은 대개 젠더가 아닌 섹스를 기준으로 결정된다. 문제는 간성 선수의 출전 여부 결정이 매우 복잡해진다는 것이다. 첫 번째 사례의 칼리프와 같이 XY 염색체와 내부 고환을 가진 선수를 여성 경기에서 뛰도록 하는 것이 타당한가에 대한 논의는 현재진행형이다. 대회를 주관하는 단체의 해석에 따라 출전 여부가 달라지기도 한다. 실제로 칼리프는 2023년에 열린 세계복싱선수권대회

---

[16] 완전히 고정된 것은 아니지만 남성(male)과 여성(female)이라는 용어는 생물학적 성에 가까운 개념이며, 남자(man)와 여자(woman)는 사회적 성 역할과 밀접하게 관련되는 용어이다. "남성의 평균 근육량이 여성보다 많다.", "그 아이는 겉보기와 다르게 굉장히 여자답다"라는 표현 등이 여기에 해당한다.

에서는 남성 호르몬 테스토스테론 수치가 기준치를 초과했다는 이유로 실격됐다. 비슷한 사례도 있다. 남아프리카공화국의 중거리 육상 선수 캐스터 세메냐(Caster Semenya)는 여성으로 자라났고 여성으로 등록되어 경기에 출전했지만, 높은 수준의 테스토스테론 수치로 인해 국제육상경기연맹은 여성부 출전을 제한했다. 문제는 여기서 그치지 않는다. 경기력 향상에 도움이 되는 테스토스테론 수치가 높다는 것은 다리 길이가 긴 것과 마찬가지로 일종의 신체적 유리함으로 해석될 수도 있다. 따라서 여자부 경기에 출전할 수 있는 테스토스테론의 범위를 어떻게 규정할 것인지가 첨예한 문제가 될 수 있다.

젠더 역시 건전한 스포츠 생태계 형성과 밀접하게 관련되는 요소이다. 두 번째 사례에서 시비웅테크가 지적한 상금 격차는 단순히 성별에 따른 경기력 차이로만 환원되지 않는다. 대회 상금은 통상적으로 섹스나 젠더 외에도 관중 동원력, 시장 규모, 협회의 경제적 여건 등 다양한 요소와 맞물려 결정된다. 결국 남성 경기가 표준으로 여겨지고 여성 경기를 부가적인 것으로 인식하는 일부 스포츠 종목에서는 상금 규모, 선수 후원 기업의 개수와 수준, 미디어 노출 방식 등과 같은 측면에서 차이가 이어질 수밖에 없다. 아름다움을 추구하는 피겨 스케이팅과 같은 종목에서는 반대 현상이 나타나기도 한다.

세 번째 사례에서 등장한 '무릎 꿇기(kneeling)'는 인종과 연결된다. 인종(race, 人種)은 유전적으로 계승되는 많은 특징을 공유하는 사람들의 범주로 정의된다. 인종을 구분하는 가장 두드러진 특징 중의 하나는 피부색이다. 이와 같은 측면에서 인종은 섹스와 마찬가지로 생물학적 개념에 가깝다고 생각할 수도 있다. 그런데 엄밀히 따지면 호모 사피엔스인 우리 인류는 하나의 종(種, species)이다. 생물학에서 종은 일반적으로 서로 교배가 가능하고 생식 가능한 자손을 낳을 수 있는 개체군으로 정의된다. 피부색이 다르고 사는 곳이 달라도 우리는 누구와도 자녀를 포함하는 가정을 꾸릴 수 있다는 측면에서 하나의 종인 셈이다.

이와 같은 측면에서 인종은 생물학적 실체라기보다는 사회적으로 구성된 편견과 권력의 산물에 가깝다. 피부색, 머리카락, 얼굴 형태 등에서의 다름은 오랜 시간 환경에 적응한 진화의 결과로 보는 것이 적절하다. 문제는 '다름'이 '차별'로 이어질 때이다. 스포츠에서 인종 차별은 특정 종목에 따라 다르게 드러난다. 유럽 축구 경기장에서는 흑인 선수에게 바나나를 던지거나 원숭이 소리를 내는 일이 여전히 반복되고 있다. 미국 프로 야구와 프로 농구에서 최초로 흑인 선수가 데뷔한 해는 각각 1947년도와 1950년이다. 바꿔 말하면 그전까지는 아무리 뛰어난 능력을 갖추고 있어도 출전 자체가 불가능했다. 특정 인종이 어떤 종목에 더 적합하다는 식의 편견이나 고정관념 역시 인종 차별이 될 수 있다. 흑인 선수의 뛰어난 신체 능력에 대한 부러움과 친근함을 표시하고자 사용하는 '흑형'이라는 표현 역시 받아들이기에 따라 심각한 인종 차별에 해당할 수 있다.

네 번째 사례는 종교가 스포츠에서 작동하는 방식을 보여 준다. 히잡 착용 문제는 단순한 복장 문제가 아니다. 이는 신앙과 선수로서의 정체성 사이에서 갈등이 발생하는 대표적 사례다. 라마단 기간 동안 금식을 지키는 무슬림 선수가 경기력 유지와 신앙 실천 사이에서 고민하는 점 역시 같은 맥락이다. 이 외에도 유대교, 기독교, 힌두교 등에서 금기시되는 음식 섭취, 복장 규정, 특정 요일의 경기 출전 제한 등은 결과적으로 스포츠 참여와 깊이 관련된다.

주목할 점은 스포츠에서 종교와 정치를 분리하기가 현실적으로 대단히 어렵다는 것이다. 지금도 대다수의 국제 스포츠 규정은 경기장에서 정치적 표현으로 이해될 수 있는 행동을 금지하고, 이를 어겼을 때는 제재를 가하기도 한다. 국가대표 축구 선수 박종우가 2012 런던 올림픽 동메달 결정전에서 일본에 승리한 후 "독도는 우리 땅"이라는 문구가 적힌 종이를 들고 돌아다니는 셀러브레이션을 펼친 것에 대해 징계를 내린 사례가 대표적이다(반면 2018 평창 동계 올림픽 당시 일본이 한반도기에서 독도를 지우라고 요구했는데, IOC는 우리나라에 독도 삭제를 권유하기도 했다).

국기 게양, 국가 연주, 효과적인 외교 수단으로 활용되는 국가 대항전, 종교 표현 제한이 특정 문화권에서 억압으로 이해되는 점 등을 종합적으로 고려하면, 스포츠는 오히려 현실 정치와 종교가 적극적으로 충돌하는 장소라고 할 수 있다. 2022 카타르 월드컵 개막식의 VIP석에 카타르 국왕이 불과 2년 전까지 심한 갈등을 빚었던 사우디아라비아의 왕세자와 이집트의 대통령과 나란히 앉은 것은 "축구는 세계를 하나로 만든다"라는 월드컵의 슬로건과 중동 지역에서의 평화적인 외교를 상징하는 장면이다. 이 외에도 2008 베이징 올림픽 성화 봉송 도중 발생한 여러 국가의 티베트 독립 지지 시위, 2018 평창 동계 올림픽에서의 남북 단일팀 구성, 2022년 히잡 의무화 반대 시위에 연대하기 위해 국가 제창을 거부한 이란 축구 국가대표 선수 사례는 결코 스포츠가 종교 및 정치로부터 완전히 분리될 수 없음을 보여 준다.

섹스, 젠더, 인종, 종교, 정치는 앞으로도 건전한 스포츠 생태계를 구축하는 과정에서 복합적으로 작용할 수밖에 없는 요소이다. 너무나도 당연한 말이지만, 모든 사람에게는 차별 없이 스포츠에 참여할 권리가 있다. 장애인 스포츠와 같이 '차이'는 배제뿐만 아니라 새로운 경쟁 기회를 만드는 기제로도 작동할 수 있다. 규정은 배제를 위한 도구가 아니라 포용의 원칙에 따라 설계되어야 한다. 결국 스포츠 참여는 누군가의 특징을 부각하거나 다른 사람과의 차이를 지우는 방식으로만 작동해서는 안 된다. 다양한 차이를 인정하고 함께 참여할 방안을 지속적으로 고민하고 실천할 때 진정한 스포츠 생태계가 구축될 수 있다.

Chapter 20
예측의 한계와 자신 알기

다루는 개념 **예측, 휴리스틱, 확증 편향**

누구나 그럴싸한 계획을 가지고 있다. 한 대 얻어터지기 전까지는.

20세에 WBC(World Boxing Council, 세계권투평의회, 4대 프로 복싱 기구 중에서 가장 권위 있는 단체로 인정받는다) 헤비급 세계 챔피언으로 오른 마이크 타이슨(Mike Tyson)의 어록 중 하나이다. 타이슨의 대표 무기는 '핵주먹'이라 불리는 펀치이다. 그의 무시무시한 펀치를 1라운드도 버티지 못하고 쓰러진 프로 선수만 총 23명에 달할 정도이다. 그래서일까. 사례 속 그의 표현은 경기 전략을 아무리 꼼꼼하게 준비하고 맷집을 키우더라도 실세로 본인의 펀치를 경험하면 모든 계획이 물거품이 될 수밖에 없다는 자신감을 드러낸 것이라고 할 수 있다.

스포츠에서 예측은 다양하게 활용된다. 첫째, 상대의 기술, 컨디션,

전술 등을 예측하고 이를 바탕으로 대응하는 것이다. 농구에서 오른쪽으로 돌파하는 것을 선호하거나 왼손 드리블이 약한 공격수와 맞붙으면 평소보다 왼쪽으로 치우쳐서 수비하는 것을 예로 들 수 있다. 공식 경기 직전의 훈련을 비공개로 시행하는 것도 상대의 예측과 대처 능력을 약화하고자 하는 의도이다. 둘째, 선수의 경기력을 예측한다. 최근에는 선수가 움직인 총 거리, 현재의 근력, 관절의 가동 범위 등과 같은 여러 가지 자료를 바탕으로 부상 가능성을 예측하는 시스템을 활용하는 프로 스포츠 팀이 많아지고 있다. 과거의 기록을 바탕으로 향후 경기력을 예상하는 것 역시 같은 맥락이다. 셋째, 경기 결과를 예측하는 데도 활용된다. 합법적으로 운영되는 스포츠 베팅 시장의 규모는 상상을 초월할 정도이다. 순전히 운에 의존하는 일반 복권과 달리 스포츠토토는 경기 분석이라는 요소가 추가된다.

당연한 말이지만, 예측이 정확할수록 효율적인 맞춤형 전술을 준비하거나 효과적인 대응책을 마련하는 데 유리하다. 문제는 예측은 언제나 불확실성을 동반한다는 데 있다. 우리는 결코 미래를 알 수 없다. 그런 의미에서 예측은 확정적인 미래를 아는 것이 아니라 발생할 수 있는 상황의 범위를 좁히고 준비하는 것이다. 따라서 좀 더 정확하게 예측하려면 일어날 수 있는 일의 종류를 줄여야 한다. 그런데 발생 가능한 일의 종류를 두 가지로 줄였다고 하더라도 예측은 쉽지 않다. 확률은 50대 50이기 때문이다.

테니스 서브 리턴 장면을 예시로 예측의 위험성을 살펴보자. 상대가 친 공이 나의 오른쪽 또는 왼쪽으로 향해 오는 상황 두 가지만 생각하고 대처하면 된다. 나의 왼쪽으로 공이 올 것을 대비해 백핸드 그립을 준비하고 있다. 예측대로 공이 왼쪽으로 오면 효과적인 대응이 가능하다. 반면 예측과 달리 오른쪽으로 공이 오면 큰 어려움을 겪을 가능성이 높다. 반면 두 상황 모두 준비하면 큰 보상을 얻기는 어렵지만 위험은 줄어든다. 상대가 70%의 확률로 첫 번째 서브를 왼쪽으로 넣는다는 데이터가 있더라도 30%의 가능성을 무시할 수 없는 것이다.

스포츠에서 상대방의 예측과 다르게 공격하는 장면을 보고 '허를 찌른다'라고 한다. 여기서 말하는 '허(虛)'는 비어 있는 틈을 의미하고 '찌른다'는 그 작은 틈을 정확히 파고든다는 뜻이다. 비록 작은 틈이지만 공격당하면 적지 않은 손상을 입을 수 있다. 전쟁이나 무예에서 상대의 방어가 약한 지점이나 예측하지 못한 방향에서 공격하는 전술 역시 같은 맥락이다. 결국 스포츠에서 허를 찌른다는 것은 예측은 쉬운 일이 아니며 과거의 자료를 바탕으로 어떤 결론을 내는 것이 반드시 생산적인 결과로 이어지지 않는다는 점을 의미한다.

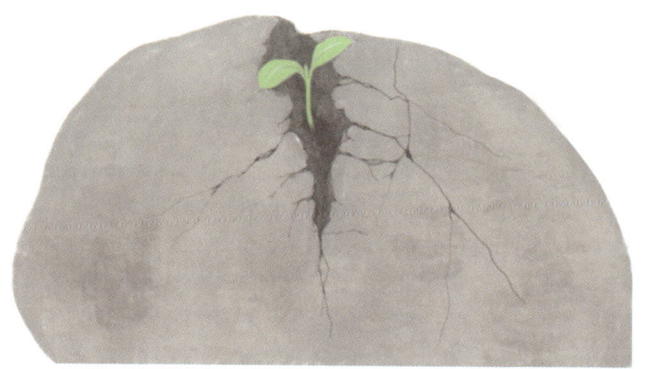

우리가 사는 세상은 기본적으로 복잡계(complex system)이다. 초등학생에게 복잡하고 어려워 보이는 이차 방정식은 이해되는 순간 그것의 복잡성은 사라진다. 반면 인간 사회에는 세기 어려울 정도로 많은 실체와 개념이 존재하고 이들의 상호 작용을 바탕으로 무한대에 가까운 사건이 일어난다. 이는 테니스 서브 장면에서의 복잡성과는 비교 자체를 허락하지 않는 수준이다. 야구 경기에서 투수가 던진 공과 날아가던 비둘기의 머리가 접촉하는 일은 '일어날 수는 있지만' 예측할 수는 없다. 실제로 2001년 메이저 리그에서 랜디 존슨(Randy Johnson)이 던진 공에 빠르게 날아가던 비둘기가 맞고 즉사했는데, 이러한 일이 일어날 확률은 190억 분의 1이라고 한다. 예측하기 어려운 것을 정확히 계산했다고 여기는 태도는 착각일 가능성이 높다.[17]

단정에 가까운 예측일수록 반드시 위험을 동반한다. 단순한 형태의 예측은 과거와 현재를 제대로 진단했다는 생각에서 비롯될 때가 많다. 이와 같은 생각은 신중하지 못한 행동으로 이어지게 마련이다. 우리가 "지난 3년간의 상황을 바탕으로 A라고 진단했습니다. 이에 B라는 조

---

[17] 경험, 관찰, 계산, 예측이라는 핵심 속성으로 이루어진 과학이라는 분야가 다른 영역보다 좀 더 신뢰할 수 있을 만한 위치에 있게 된 이유 가운데 하나는 겸손함에서 비롯된 것인지도 모른다. 과학에서 지식이 발전하는 순서를 대략적으로 제시하면 다음과 같다.
그것을 모른다. → 알고 싶어 이것저것 해 봤다. → 그것을 바탕으로 가설 A를 세운다. → 가설 A가 정확하다고 확신할 수 없다. 틀렸을 수도 있다. → 그렇다면 가설 A가 틀렸다는 것을 입증해 본다. → 가설 A가 틀렸다는 것을 입증하는 데 실패했다. → 그렇다면 현재로서는 가설 A가 맞을 수도 있지 않을까.

처를 취할 것이고, 예상되는 변화는 C입니다"라고 자신 있게 공개하는 정책이 뒤늦게 헛발질로 평가받는 일을 지겹게 보는 것도 예측의 어려움을 알려준다.

그렇다면 우리는 왜 예측의 어려움과 부작용을 알면서도 계속하는 걸까? 우리의 뇌가 예측을 좋아하기 때문이다. 외부 세계를 인식하고 미래를 준비하고 대응하는 것은 뇌의 기본 메커니즘이다. 우리의 뇌는 매일 해가 동쪽에서 뜨고 서쪽으로 지는 것을 단순히 받아들이는 것에 그치지 않는다. 해가 뜨고 지는 방향, 해가 떠 있는 시간의 변화(일출에서 일몰까지의 시각), 해가 구름에 가려 보이지 않을 때의 차이점, 구름이 많아지고 비가 오는 상황 등의 데이터를 적극적으로 활용해 일종의 패턴을 만들고 이를 바탕으로 능동적으로 미래를 대비한다. 이와 같은 측면에서 보면 예측은 생존을 위한 뇌의 핵심적인 기능이라고 할 수 있다. 우리의 뇌를 예측 기계(predictive machine)로 이해하는 것도 이와 무관하지 않다. 무엇인가를 학습하는 데도 예측이 활용된다. 예측 부호화(predictive coding) 이론에 따르면, 우리의 뇌는 언제나 미래의 특정 상황을 예측한다. 실제로 일어나는 일이 뇌가 예측한 모델과 크게 다르지 않다면 해당 모델은 유지되고, 차이가 크면 모델을 수정하는 방식으로 학습이 일어난다.

휴리스틱(heuristic)은 예측할 때 사용하는 직관적인 규칙이나 간편한 사고 전략이다. 우리는 다양한 휴리스틱을 활용해 빠르게 결정을 내릴 수 있다. 일상에서 마주하는 모든 상황에서 예측의 불완전함을 보완하기 위해 관련된 정보를 모두 분석하고자 한다면 엄청난 시간과 에너지가 동원될 것이다. 마트에서 모든 음식을 살 때마다 맛, 양, 해당 상품에 대한 평판, 자신의 일회 섭취량 등을 모두 분석한 후에 구매하는 상황을 떠올리면 쉽게 이해할 수 있다. 제한된 정보 속에서 합리적 판단을 유도하는 것 역시 휴리스틱의 장점이다. 각각의 음식점에 대한 모든 정보를 얻기 어려운 상황에서 많은 사람이 있는 가게의 음식이 맛있을 것이라고 추론하는 것이 여기에 해당한다.

당연히 휴리스틱의 단점도 있다. 직관적이고 손쉽게 판단을 내리는 것이기 때문에 논리적인 예측 및 판단에 부정적인 영향을 미칠 수 있다. 몇 가지 휴리스틱의 유형에 대해 살펴보자.

기준점 휴리스틱(anchoring heuristic)은 최초로 얻은 정보를 기준점(anchor)으로 삼아 예측의 범위를 조정하는 것이다. 축구를 잘 모르는 사람에게 "리오넬 메시가 2011-12 시즌에 기록한 총 골의 개수는 무엇일까요?"라고 물어본 상황을 가정해 보자. 대답하는 사람이 활용할 수 있는 정보는 리오넬 메시라는 선수의 명성 정도밖에 없을 것이며, 따라서 예상 대답의 범위는 굉장히 넓을 수밖에 없다. 질문에 숫자를 추가하는 형태로 바꿔보자. "리오넬 메시가 2011-12 시즌에 기록한 골은 60골을 넘을까요, 넘지 않을까요?"라고 묻는 것이다. 사실 바뀐 질문에 유용한 정보는 없다. 그런데 기준점을 각각 60골과 30골로 바꿔서 질문하면 대답하는 사람의 추정치가 크게 달라질 수 있다. 실제 리오넬 메시의 골 개수를 추정하는 데 전혀 도움이 되지 않는 정보를 활용해 예측하는 셈이다.

가용성 휴리스틱(availability heuristic)은 제일 쉽게 떠올릴 수 있거나 가장 친숙한 정보를 바탕으로 판단을 내리는 것이다. 우리는 최근에 직간접적으로 겪은 일이나 극적이어서 좀 더 쉽게 떠오르는 사건을 바탕으로 관련된 일을 판단하고자 한다. 손흥민이 최근 5경기에서 3회의 결승골을 넣는 장면을 보고 이번 시즌의 득점이 평소보다 많을 것이라고 예측하는 것이 가용성 휴리스틱에 해당한다. 농구에서 버저 비터(buzzer beater, 쿼터 또는 경기 종료 직전에 던진 공이 골대로 날아가는 도중 버저가 울린 상태에서 림을 통과한 득점)를 많이 성공한 선수의 골 성공률이 높을 것이라고 추정하는 것도 같은 원리이다.

대표성 휴리스틱(representativeness heuristic)은 이미 형성되어 있는 전형적인 이미지, 고정관념, 범주 등을 바탕으로 대상을 판단하는 것이다. 브라질 출신 축구 선수의 개인기가 뛰어날 것으로 예측하는 것, 마이클 조던과 비슷한 체격과 슛 자세를 가졌다는 점에서 '제2의 마이클 조던'이라는 별명을 붙였으나 실력은 기대에 미치지 못하는 선수, 농구의 포인트 가드는 키가 작은 사람이 해야 한다는 생각 등이 여기에 해당한다.

확증 편향(confirmatory bias)도 예측을 어렵게 만드는 요인이다. 확증 편향이란 쉽게 말해 자신이 보고 싶은 것만 보려는 태도이다. 확증 편향에 빠진 사람은 자신의 믿음에 부합하는 정보만을 취하고 상반되는 정보는 그 내용이 논리적이거나 공신력이 있더라도 무시한다. 자신이 응원하는 팀의 부진을 인정하지 않고 패배의 원인을 심판, 날씨, 상대 팀의 반칙 등에서 찾으려는 태도가 여기에 해당한다.

정리하면 외부 세계는 본래 예측하기 어렵다. 여러 종류의 휴리스틱이나 확증 편향이라는 우리의 판단 방식까지 고려하면 정확한 예측은 불가능에 가깝다. 그렇다면 우리는 어떤 자세를 취해야 할까? 자신에 대한 이해를 중요하게 여기는 것이 필요하다. 달리 말하면 '내가 주로 쓰는 판단 기준은 무엇인가?', '그런 기준을 설정한 이유는 무엇인가?', '내가 자주 사용하는 휴리스틱은 무엇인가?' 등을 이해하고 조정하는 것이 좀 더 생산적인 대응 전략이 될 수 있다.

아무리 상대방을 잘 분석하고 그에 맞는 전략을 세운다고 하더라도 내가 그것을 수행할 수 있는 능력이 없으면 무용지물이다. 상대를 알고 나를 알면 백번 싸워도 위태롭지 않다는 손자병법의 지피지기 백전불태(知彼知己 百戰不殆)에 주목할 필요가 있다. 여기서 전제는 '나를 안다'는 것이다. 상대를 아는 것은 통제 불가능한 외부 변수를 예측하는 것이지만, 나를 아는 것은 스스로의 판단, 감정, 반응 양식 등을 이해하는 능력이다. 타이슨의 펀치력을 분석하는 일만큼 자신의 맷집을 제대로 알고 단련하는 자세도 중요하다.

결국 마이크 타이슨의 표현은 "누구나 예측은 한다. 그러나 스스로를 모르면 한 방에 무너진다"라고 바꿀 수도 있다. 예측은 효과적인 계획을 세우는 데 도움을 주지만, 나를 아는 일은 어긋난 계획에서도 스스로를 지탱할 수 있게 해 주는 원천이다.

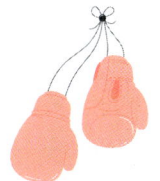

PART III

스포츠로 권력과 구조 읽기

Chapter 21

스포츠와 국적·조국·민족의 경계

다루는 개념 **국가, 조국, 민족**

사례 1

2024 파리 올림픽 농구 경기에서 미국의 조엘 엠비드(Joel Embiid)가 공을 잡을 때마다 프랑스 관중의 야유가 거셌다. 이는 엠비드의 국적 때문이다. 카메룬 출생의 엠비드는 2021년 프랑스 국적을 얻으려고 대통령에게 편지를 보냈다. 편지에는 프랑스 대표 팀에 헌신하고 싶으며 프랑스가 아닌 다른 국가를 대표하는 자격으로 국가 대항전에 뛰지 않겠다는 내용이 포함되었다. 엠비드는 2022년 7월에 프랑스 국적을 취득했다. 공교롭게 엠비드는 3개월 후에 미국 시민권도 취득했다. 파리 올림픽을 앞둔 엠비드의 최종 선택은 미국 국가대표였다. 엠비드로부터 배신당했다고 생각한 프랑스 국민은 공을 잡을 때마다 야유를 보냈다.

사례 2

2024 파리 올림픽 여자 탁구 단체전 동메달 결정전에서 대한민국과 독일이 맞붙었다. 첫 번째 복식 경기에서 신유빈과 전지희가 환상 호흡을 자랑

하며 1승을 따냈다. 두 번째 단식 경기 선수는 이은혜. 선수 소개 과정에서 중국으로부터 귀화했다는 내용이 전해졌다. 전지희 외에 또 다른 귀화 선수가 있었다는 사실을 몰랐던 사람이 대부분이었다. 누군가가 "응? 쟤도 귀화(선수)였어? 그러면 국가대표 3명 중에서 2명이 중국 출신이고, 유빈이만 토종인데 이건 좀 아니지 않나?"라고 말하자 주변 사람들이 고개를 끄덕였다.

사례 1부터 살펴보자. 당시까지 농구 국가대항전 출전 경험이 없었으며 미국 농구 국가대표로 선발되는 것이 매우 어려운 일인 점을 고려하면, 엠비드에게 프랑스 시민권 취득은 매력적인 선택지였다. 프랑스 입장에서도 엠비드는 좋은 카드였다. 자국에서 열리는 올림픽에서 좋은 성적을 거두는 데 크게 기여할 수 있는 선수였기 때문이다. 결과적으로 엠비드의 국적 취득은 프랑스라는 국가와 선수의 이해관계가 같아서 진행된 것이다. 물론 프랑스 입장에서는 삼중 국적자가 된 엠비드의 미국 국가대표 선택을 곱게 보기 어려울 것이다.

사례 2도 큰 틀에서는 다르지 않다. 전지희와 이은혜가 탁구 국가대표 팀의 경기력 향상에 도움이 될 것으로 판단하고 귀화가 진행되었다. 이와 함께 일부는 대한민국 국가대표 팀에 귀화한 선수 숫자가 더 많은 사실을 쉽게 받아들이지 못하는 인식도 확인할 수 있다. '토종'이라는 표현에도 주목할 필요가 있다. 대대로 그 땅에서 오랫동안 살아온 사람을 뜻하는 용어인데, 세계화와 다문화화가 빠르게 진행되고 있는 현대 사회에서는 그 사용에 주의해야 한다. 자칫 순혈주의 강조로 이해될 수 있기 때문이다. 신토불이(身土不二)는 원래 불교에서 유래한 것으로 원인과 결과가 항상 밀접하게 관련된다는 뜻이다. 그러나 '태어난 땅에서 나온 먹거리가 몸에 더 잘 맞는다'는 뜻으로 사용할 때는 전후 맥락을 충분히 고려한 후 사용해야 한다.

미국 시민 엠비드와 대한민국 국민 전지희와 이은혜가 각각 국가를 대표해 2024 파리 올림픽에 참가하는 것에는 논리적으로 아무런 문제가 없다. 실제로 국가대표 팀의 경기력 향상을 목적으로 한 귀화는 전 세계적으로 나타나는 현상이다. 우리나라에서는 2018 평창 동계 올림픽을 앞두고 총 19명의 선수가 귀화했다. 다만 우리와 피부색이 많이 다르거나 우리말을 제대로 구사하지 못하는 선수가 국가대표로 활약하는 모습에 일종의 부자연스러움을 느끼는 사람도 있다. 여기에는 국가와 밀접하게 관련되는 조국이나 민족 등과 같은 개념이 작용했을 가능성이 크다. 스포츠 국가 대항전과 국가대표를 바탕으로 국가, 조국, 민족의 개념을 살펴보자.

국가(國家, state)는 보통 일정한 지역을 기반으로 최고 권력에 의해 결합한 인간 집단으로 정의된다. 국가의 세 요소가 주권, 국민, 영토인 점 역시 여기에서 비롯되었다. 우리나라 헌법 제1조에서는 "대한민국의 주권은 국민에게 있고, 모든 권력은 국민으로부터 나온다"라고 명시하고 있다. 이는 국가에서 통치라는 개념이 결코 배제될 수 없다는 점을 의미한다. 다시 말해 대한민국이라는 국가를 최종적으로 움직이는 힘인 통치는 국민으로부터 비롯된다는 것이다. 이에 국가는 정부 부처 등 통치 기구를 포함하며, 국민이 위임한 주권을 바탕으로 국민의 안녕과 사회 질서를 유지한다.

위임된 권력은 주먹구구식으로 사용되어서는 안 된다. 구성원의 다양한 이해관계를 조정하고 통제해야 하므로 헌법이나 법률 등과 같은 명확한 근거에 의해 작용한다. 헌법 제2조에서 국가의 한 요소인 국민이 되는 요건을 "법률로 정한다"라고 지정한 것 역시 같은 원리이다. 법률에 따라 대한민국 국민이 된 전지희와 이은혜는 국가대표로서 활약할 수 있는 권리를 가지게 된다. 마찬가지로 위임받은 권력은 일부 집단이 독점할 수 없도록 공공의 영역에 머물러야 하며, 물리적 폭력이나 강제력이 아닌 협의와 설득의 과정을 거쳐 생성되고 소멸해야 한다. 이런 점에서 국가는 일종의 '정치적 공동체'라고 할 수 있다. 정치적 공동체와 어울리는 용어로는 법, 제도, 정치, 행정, 국제 관계 등과 같이 주로 공식적인 문맥에서 많이 쓰이는 개념이 있다.

반면 조국(祖國, homeland)은 조상 때부터 대대로 살던 나라를 뜻한다. 동시에 자신의 국적이 속하여 있는 나라도 의미한다. 이 땅에서 태어나 지금까지 국적을 바꾸지 않고 살아가는 모든 사람에게 대한민국은 국가이자 조국이다. 그런데 국가보다 조국이라는 의미가 강해지면 결국 조상(祖上, 돌아간 어버이 위로 대대의 어른)이 누구인지가 중요해진다. 대한민국 국적 보유 여부라는 법적인 측면보다 뿌리의 유사도가 앞서게 되는 것이다. 뛰어난 성과를 보여 준 외국인을 '한국계'라는 이유 하나만으로 국내 언론에서 집중 조명하는 것과 피부색이 다르거나 우리말이 조금 어눌한 대한민국 국민을 '조금은 다른 사람'으로 이해하는 경향이 여기에서 비롯된 것이다. 물론 이런 경향이 우리나라에서만 나타나는 것은 아니다. 만약 미국에서 영어를 자유자재로 구사하는 동양인에게 어디에서 왔냐고 물어보는 것은 대단히 실례되는 질문이다. 엄밀히 따지면 영어를 모국어로 쓰는 그들도 유럽에서 건너온 것이다. 이와 같은 측면에서 조국은 정체성 등과 같이 정서적 소속감과 밀접하게 관련된다.

민족(民族, ethnicity)은 같은 지역에서 오랜 세월 동안 함께 지내면서 공통의 혈통, 언어, 역사, 문화 등을 공유하는 사회 집단이다. 한민족은 한반도라는 비교적 균질한 땅에서 한국어와 한글이라는 고유의 언어 및 문자 사용, 강한 공동체 중심의 문화, 정(情)이라는 외국어로 번역하기 어려운 독특한 정서 공유, 강한 교육열과 근면성과 같은 독특한 특징을 공유하는 민족이다. 이와 같은 측면에서 국가가 정치 공동체라면, 민족은 문화 공동체이다. 당연히 같은 민족이 다른 국가에 존재하는 것이 가능하다. 북한 주민과 미국 이민 1.5세대 모두 한민족이라고 할 수 있다. 국가는 변하거나 사라질 수 있는 반면, 민족은 수천 년간 지속될 수 있다(유대인을 떠올려 보라). 같은 의미에서 미국, 캐나다, 프랑스, 중국과 같이 한 국가는 여러 민족으로 구성될 수도 있다.

때때로 스포츠는 민족의 정체성과 연결되기도 한다. 1936 베를린 올림픽은 당시 나치당의 총통이었던 아돌프 히틀러(Adolf Hitler)가 아리안(게르만) 민족의 우월성을 선전하려던 무대로 활용되었다. 이러한 불순한 목적은 미국의 흑인 육상 선수 제시 오언스(Jesse Owens)가 4관왕(100m, 200m, 400m 계주, 멀리뛰기)을 차지함으로써 깨졌다. 이역만리 베를린에서 개최된 올림픽은 조선에도 영향을 미쳤다. 손기정은 일본 국적으로 마라톤 종목에서 금메달을 획득했다. 당시 일본은 기량이 월등한 손기정과 남승룡을 대표로 선발하지 않기 위해 갖가지 수작을 부렸는데, 이 역시 순수 일본인을 우선시하는 민족 우월주의에서 비롯된 것이다. 이 사실을 알리는 동아일보는 손기정 선수 가슴에 위치한 일장기를 지운 상태로 게재함으로써 조선인의 정체성과 민족적 우수성을 드러내고자 했다.

앞에서 살펴본 바와 같이 국가, 조국, 민족은 서로 밀접한 관련을 지니지만 엄연히 다른 개념이다. 그렇기 때문에 한 가지 개념이 특히 강조되거나 배제되면 동일한 현상이 다르게 이해될 수 있다. 민족이나 조국이 특히 강조된다면 피부색이 다른 선수가 국가대표로 활약하는 모습을 마냥 응원하기 어렵다. 실제로 프랑스 극우 정당의 대표였던 장마리 르펜(Jean-Marie Le Pen)은 1998 프랑스 월드컵에서 우승을 차지한 국가대표 팀에게 "유색 인종이 주도하는 축구팀은 프랑스 국가대표 팀이 아니다"라고 비난하기도 했다. 다양한 인종으로 구성된 프랑스 국가대표 팀에 따라붙는 표현인 '흑인 용병'과 '외인 부대' 역시 실력보다 민족을 우선시하는 관점이다.

우리는 어떨까? 다소 옅어지는 추세이긴 하지만, 한민족, 반만년 역사, 민족의 얼, '하나 된 민족, 하나 된 조국', '조국의 부름에 응하다'와 같은 용어와 표현에서 드러나듯이 우리는 민족과 조국을 소중하고 엄숙히 여기는 경향이 있다. 피부색이 다르지만 어머니의 나라(조국)에서 뛰기를 희망하는 미국 국적 농구 선수의 귀화가 한민족과 전혀 연결고리가 없는 케냐 선수의 귀화보다 매끄럽게 진행된 점도 이와 무관하지 않다.

우리의 자랑스러운 역사와 한민족의 우수성을 소중하게 여기는 마음은 전혀 비판받을 일이 아니다. 문제는 세계화와 다문화화가 발 빠르게 진행되고 있는 현대 사회에서 조국과 단일민족을 강조하는 태도가 자칫 다양성을 추구하는 가치와 상충할 수도 있다는 것이다. 문화적 공동체인 민족과 정치적 공동체인 국가 모두를 소중하게 생각하고 각각의 장점을 취할 수 있는 태도를 형성하는 것이 중요하다.[18] '대한민국'은 법과 제도로 전지희와 이은혜의 귀화를 받아들임으로써 경기력을 향상할 수 있고, '한민족'은 다양한 귀화를 바탕으로 스스로를 성찰할 기회를 얻는다.

---

18 국가의 공식 행사 또는 공공 기관의 주요 행사에 포함되는 국민의례는 국민이 정치적 공동체인 국가에 대한 예를 표하는 의식이다. 국민의례의 한 부분인 국기에 대한 경례는 다음과 같이 '조국'과 '민족'이 삭제되는 형태로 수정되었다.

과거 나는 자랑스러운 태극기 앞에 조국과 민족의 무궁한 영광을 위하여 몸과 마음을 바쳐 충성을 다할 것을 굳게 다짐합니다.
현행 나는 자랑스러운 태극기 앞에 자유롭고 정의로운 대한민국의 무궁한 영광을 위하여 충성을 다할 것을 굳게 다짐합니다.

Chapter 22
태극전사와 국격

다루는 개념 국위 선양, 상비군

사례 1

제1회 월드베이스볼클래식(WBC) 대회 2라운드에서 대한민국은 멕시코, 미국, 일본과 차례로 맞붙었다. 첫 경기에서 멕시코에 승리를 거둔 대한민국은 2차전에서 야구 종주국 미국을 7:3으로 꺾으면서 사기를 끌어 올렸다. 세 번째 경기는 숙명의 한일전. 대한민국은 2:1의 짜릿한 승리를 거뒀다. 감격에 겨운 국가대표 선수는 마운드에 태극기를 꽂으면서 기쁨을 만끽했다.

사례 2

다음은 넷플릭스 오리지널 드라마 〈폭싹 속았수다〉의 한 장면이다.

공무원 아 몇 번을 말해요! 이리 성화 지나간다고! 테레비로 미국 사람들 다 쳐디보는데 어? 시저분하게 이 내장 따고 이 비린내 나게 (좌판을) 다 펼쳐 놓습니까? 미관상 안 좋은 거 다 치우라잖아요. 국가가, 국가가!

해녀 미관상? 이역만리 미국놈들 눈에 좋으려고 당장 사는 놈들 목구녕을 막아? 내년(1988년) 9월에 성화 그거 몇 분 지나간다고 하루 벌어 먹고 사는 이들 밥줄을 다 끊어?

사례 3

2012 런던 올림픽 남자 축구 동메달 결정전에서 대한민국은 숙명의 라이벌 일본을 2:0으로 꺾고 동메달을 차지했다. 경기 결과만큼 주목을 받았던 장면이 있었는데 바로 김기희가 후반 44분에 교체 투입된 것이다. 결과적으로 김기희는 4분을 출전하고 병역 혜택을 받았다. 이 장면은 온라인에서 "4분 만에 입대하고 전역한 선수"라는 말로 화제가 됐다.

　세 사례에서 공통으로 도출할 수 있는 개념은 국위 선양이다. 첫 번째 장면은 야구 강국 미국과 일본을 꺾음으로써 대한민국의 저력을 보여 준 것이다. 우리는 평소 올림픽이나 월드컵과 같이 전 세계의 이목이 쏠리는 대회에서 높은 성적을 거두는 것을 국위 선양이라고 생각한다. 두 번째는 1988 서울 올림픽을 통해 대한민국의 발전된 모습을 보여 주고자 하는 정부의 입장과 서민의 입장이 상충하는 장면이다. '미관상 안 좋은 것=개발도상국'이라는 등식을 가진 정부 관료에게는 시장 좌판을 공개하지 않는 것이 대한민국의 품격을 지키는 방법이었을 것이다.[19] 세 번째는 국위 선양에 기여한 국가대표에게 '예술·체육요원'으로서 병역을 이행할 수 있는 혜택을 주는 우리나라의 독특한 제도이다.

　스포츠는 국위 선양을 위한 수단으로 자주 활용된다. 몇 가지 유형을 더 살펴보자. 국가의 정체성을 알리는 데도 스포츠가 활용된다. 올림픽 개막식이나 국가대표 선수의 유니폼에 자국의 문화유산 또는 전통을 포함하는 방식이 대표적이다. 해외 리그에서의 뛰어난 활약도 출신 국가를 알리는 좋은 방법이다. 독일 분데스리가 역사상 가장 뛰어난 외국인 선수 중 한 명으로 꼽히는 차범근을 예로 들 수 있다. 2002 한일 월드컵 당시 독일 대표팀 주장이었던 미하엘 발락(Michael Ballack)의 "여기가 차붐의 나라입니까? 꼭 와 보고 싶었습니다. 그는 나의 우상입니다."라는 인터뷰가 큰 관심을 받았다. 이 외에도 냉전 시대에 올림픽 메달 경쟁으로 체제 우월성을 과시하려는 노력이나 남북 단일 팀 구성과 같은 대립 중인 국가 간의 관계 개선을 위한 노력 역시 스포츠를 통한 국위 선양이라고 할 수 있다. 정리하면 국위 선양은 전통, 실력, 인물, 정치, 외교와 같은 다양한 방식으로 실현될 수 있다.

올림픽 3위 이내 또는 아시안 게임 1위에 입상해 국위 선양에 기여한 선수에게는 연금 또는 포상금과 같은 혜택이 제공된다. 이와 함께 병역 특례는 남성 선수들에게 경력 단절 없이 선수 생활을 지속하고 경기력을 유지할 수 있다는 측면에서 매우 큰 혜택으로 여겨진다. 가치가 큰 만큼 관련된 논의도 많다. 김기희 선수 사례와 같이 단체 경기

---

19 서울 올림픽을 앞두고 판자촌과 빈민촌 철거가 더욱 신속하게 진행된 점 역시 이와 무관하지 않다. 실제로 1987년 서울 상계동 빈민촌에 거주하던 시민은 경기도 부천으로 강제로 이주당하기도 했다. 이주민의 임시 천막도 강제로 철거되기도 했는데, 이유는 성화 봉송 주자가 달리는 길과 가깝다는 것이었다. 한 조사에 따르면 서울 올림픽 준비 과정에서 강제 이주된 판잣집 거주민, 노점상, 노숙자 등은 720,000여 명이다. 출처: Centre on Housing Right and Evictions(2007). Fair Play for Housing Rights. Geneva: Centre on Housing Right and Evictions

에서 매우 짧게 출전하는 사례, 올림픽과 아시안 게임으로 제한함으로써 일부 비인기 종목이 배제되는 점, 문화 예술 계열과의 형평성 논란 등이 그것이다. 실제로 BTS 등과 같이 대한민국을 널리 알리는 데 기여한 대중 문화 아티스트가 병역 특례 대상에서 제외된 점에 대한 비판이 제기되기도 했다.

사전적으로 국위 선양이 '나라의 권위나 위세를 널리 떨치게 함'으로 정의되는 점을 고려하면 스포츠에서 다양한 방식으로 우리나라를 알리는 것은 국위 선양에 해당한다. 물론 스포츠로 인해 국위가 떨어질 수도 있다. 러시아는 수년간 정부 주도로 국가대표 선수의 도핑을 조직적으로 은폐한 이유로 국가 자격의 올림픽 출전 금지 처분을 받았다. 공정한 경쟁이라는 핵심 가치를 어긴 러시아의 국격은 곤두박질쳤다. 이 외에도 자국에서 열리는 국제 대회에서 높은 성적을 받기 위한 조직적인 편파 판정이나 2022 카타르 월드컵 개최국 선정 과정에서 드러난 인권 탄압 문제 등도 적지 않은 국위 손상으로 이어진다.

주목할 점은 단 한 번의 국격 훼손이 누적된 국위 선양을 물거품으로 만들 수도 있다는 것이다. 최근 널리 유행하는 한식을 예로 들어보자. 여러 가지 플랫폼에서 공유되는 한식의 뛰어난 맛, 건강성, 화려한 색감은 대한민국을 널리 알리는 데 기여한다. 반면 외국인 손님에게 바가지를 씌우는 단 하나의 사례도 바로 '나라 망신'으로 이어진다. 도핑 스캔들처럼 단 한 번의 부정적인 사례로 인해 러시아가 그동안 스포츠에서 쌓은 성과를 모두 의심하게 되는 것 역시 이와 무관하지 않다. 열 번 국위를 선양하는 것보다 한 번이라도 국격을 훼손하지 않는 것이 중요한 셈이다.

　이와 같은 측면에서 진정한 국위 선양을 위해서는 공정한 경쟁에 집중해야 한다. 앞에서 살펴본 것처럼 스포츠를 통한 국위 선양 방법은 다양하다. 문제는 승리를 통해서만 국가의 우수성을 알리려고 할 때다. 승리라는 결과에만 집중하면 과정에 소홀하게 된다. 시상대에서 태극기가 게양되고 애국가가 울려 퍼지더라도 그 승부가 정정당당하지 않았다면 국격은 바로 떨어진다. '이기는 것만큼이나 정정당당하게 경쟁하는 것이 중요하다'는 표현은 국위 선양 측면에서 불충분하다. 공정한 경쟁보다 중요한 것은 없다. 상대(국가)가 우리보다 강해서 지는 것은 결코 억울해할 일이 아니다. 우리가 지더라도 끝까지 최선을 다하는 국가대표를 원하는 것도 같은 맥락이다.

　그렇다면 우리의 모습은 어떨까? 올림픽 또는 월드컵과 같은 국가 대항전에 출전하는 국가대표 선수에게 '태극전사(太極戰士)'라는 상징적인 이름을 붙인다. 전사가 '전투하는 군사'인 점을 고려하면, 태극전사는 대한민국 국기의 중심을 등에 지고 용감하게 싸우는 병사라고 이해할 수 있다. 스포츠를 전투와 동일시하면 과정보다 결과가 훨씬 중요해진다. 지면 모든 것을 잃을 수 있기 때문이다. 어떤 일이 있어도 일본에 져서는 안 된다는 점을 강조하려고 "일본에 지면 현해탄을 헤엄쳐서 와라"라는 말까지 나온 점을 고려하면 국가 대항전을 이해하는 우리의 방식에는 사뭇 비장한 느낌마저 든다.

　군대는 어디까지나 국가에서 운영하는 공공의 영역이다. 이와 같은 측면에서 '국가대표 상비군'이라는 표현은 스포츠를 통한 국위 선양에 국가가 간접적으로 개입하는 것으로 이해될 수 있다. 국가대표 상비군은 이미 선발된 국가대표가 부상 또는 국제 대회 일정이 겹쳐 출전하지 못하게 되는 경우를 대비해 선발하는 일종의 '준국가대표'라고 할 수 있다. 상비군(常備軍)은 국가의 비상 상태에 항상 대비할 수 있도록 편성된 군대나 군인을 의미한다. 여기서 주목할 점은 긴급한 상황이다. 선발된 국가대표가 대회에 참가하지 못하면 국위를 선양할 가능성이 다소 줄어들 수는 있겠지만, 이를 반드시 비상 상황으로 볼 이유는 없다. 이 외에도 국군체육부대가 운영하는 상무 스포츠단은 국가가 스포츠를 통한 국위 선양에 관심이 높은 점을 시사한다.

곰곰이 생각해 보면 스포츠를 반드시 국가와 연결할 이유는 없다. 모든 국제 대회를 국가 대항전으로 이해할 필요 역시 없다. 전통과 권위를 자랑하는 윔블던 테니스 대회를 예로 들어보자. 세르비아 국적의 노박 조코비치(Novak Djokovic)가 반드시 국가를 대표해 윔블던 대회에 참가할 이유는 없다. 어디까지나 개인 자격으로 참가하는 것이다. 국적이 서로 다른 두 선수가 짝을 이뤄 복식 경기에 출전하는 경우도 쉽게 볼 수 있다. 쉽게 말해 선수와 국기를 반드시 함께 제시할 이유도 없다.

스포츠를 통한 국위 선양은 지금까지도 중요했고 앞으로도 그럴 것이다. 스포츠의 목적이 국위 선양 또는 단결심 고취 같은 외부 목표에만 갇히게 되면 그 내용과 방법은 언제든지 수단으로 전락할 수 있다. 스포츠에 참여하는 이유는 국가나 기관에서 대신 정해줄 수 없다. 참여의 이유에서 그 어떤 강제가 있어서는 안 된다. 진정한 스포츠는 스

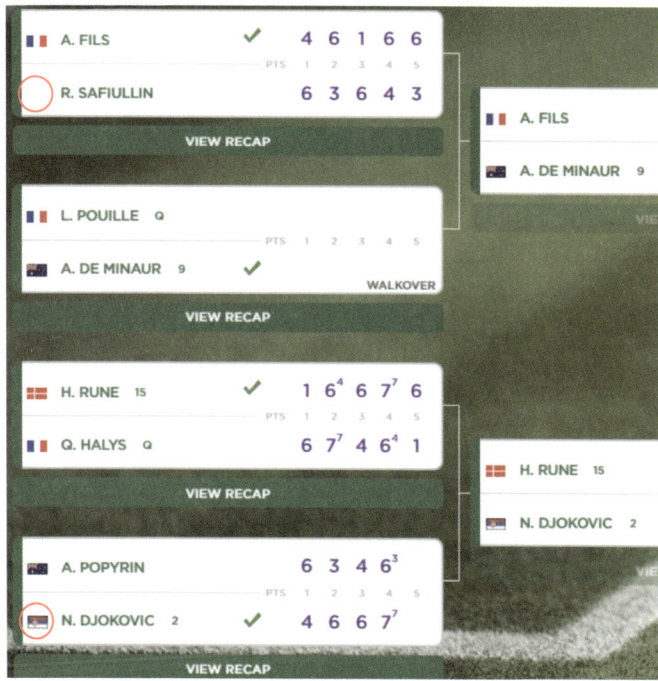

2024 윔블던 테니스 대회 남부 단식 대진표의 일부
조코비치 선수 옆에 국적이 표시되어 있다. 반면 왼쪽 위 러시아 국적의 로만 사피울린(Roman Safiullin) 선수 옆에는 국기가 없다. (**이미지 출처**: The Championships, Wimbledon)

스로 선택한 즐거움을 추구하는 모습으로 실현되어야 한다. 우리는 국가로부터 정체성을 부여받은 태극전사가 아니라 스스로 즐기는 아마추어이다.

Chapter 23
공격과 수비의 경계 넘기

다루는 개념   공격, 수비, 이분법, 흑백 논리, 관계 중심 사고

박찬호 최고의 투수와 최고의 타자가 대결하면 누가 이길까?

이영표 제가 생각했을 땐 투수가 선택권이 있으니까 (이길 것 같아요).

박찬호 그렇지. 그 선택이라는 것은 다르게 얘기하면 공격이거든. 투수가 공격을 하는 거야. 우리는 수비할 때 투수가 던진다고 생각하잖아. (그런데) 투수는 유일하게 공격하는 선수이거든. 왜냐하면 타자가 칠 수 있는 공을 던지는 게 아니라 못 치는 곳으로 던지는 거니까 공격이라는 거야. 타자는 방어야, 투수가 던진 걸 어떻게든 맞혀야 돼. 그런게 방어라고. 그렇기 때문에 방어자는 항상 약점을 갖고 있어.

이영표 축구도 마찬가지예요. 축구는 최고의 수비수와 최고의 공격수가 일대일로 붙으면 공격이 이겨요. 왜냐하면 선택권이 있으니까. 왼쪽으로 갈 수 있고 오른쪽으로도 갈 수 있잖아요. 그 선택을 누가 하냐면 공격이 하거든요.

박찬호 그렇지. 공격은 선택이니까.

이영표 수비는 물론 예측은 할 수 있지만, 결국은 반응하는 존재일 뿐이에요.
박찬호 똑같은 입장이구나.
이영표 똑같이 부딪히면 조금이라도 먼저 선택하고 속일 수 있는 선택권을 갖고 있는 공격수가 유리해요.
박찬호 지금 내가 얘기한 거랑 똑같은 거야.

 이 대화는 박찬호와 이영표가 한 방송 프로그램에서 야구와 축구의 특징에 대해 나눈 대화의 일부분이다. 여기에서 유추할 수 있는 두 종목의 공통점은 다음과 같다. 첫째, 경기 장면을 크게 공격과 수비로 구분할 수 있다. 둘째, 먼저 결정할 수 있는 공격수가 유리한 위치에 있다(어떤 형태의 싸움이든 이른바 '선빵'이 유리할 수 있다). 셋째, 수비에서는 상대의 공격 예측과 빠른 대응 모두 중요하다. 이상의 세 가지 공통점은 배드민턴이나 탁구 경기에서 서비스를 넣을 때의 유리함 등과 같이 다른 스포츠에도 적용될 수 있다.

 공격과 수비는 스포츠에서 특정 상황을 설명할 때 대표적으로 쓰이는 두 가지 개념이다. 야구에서 한 팀이 공격을 마무리하고 수비로 전환하는 과정을 공수 교대라고 한다. 이 용어는 두 팀의 공격과 수비가 완전히 뒤바뀐다는 것을 의미한다. 상대 투수의 공을 치고 달리던 선수(타자와 주자로서)는 공수 교대 이후 야수가 되어 상대방의 득점을 저지하는 역할을 맡는다. 이에 공격과 수비 모두 잘하는 야구 선수는 높은 가치를 지닌다. 수비에서는 투수로서 상대방의 득점을 저지하는 핵심 역할을 맡고, 공격에서는 중심 타선으로서 득점에 크게 기여하는 오타니 쇼헤이(Ohtani Shohei)와 같은 선수를 일본에서는 이도류(二刀

流, 두 개의 칼을 다 쓰는 유파라는 의미)라고 부른다.

이처럼 스포츠에서 공격과 수비는 독립적인 영역으로 이해된다. 축구의 공격수와 수비수, 미식축구의 공격 팀과 수비 팀, 핸드볼의 공격 전술과 수비 전술, 배구의 리베로(Libero, 이탈리아어로 자유인을 뜻하며, 자유롭게 코트에 들어가지만 공격은 하지 않고 수비만 할 수 있다) 등 스포츠에서 공격과 수비를 구분하는 방식은 매우 자연스럽다. 선수를 평가할 때도 적용된다. 다양한 스포츠에서 선수의 종합 경기력을 나타내기 위해 활용하는 육각형 능력치에 공격과 수비가 각각 세부 능력으로 포함된다. 반쪽짜리 선수, 수비 스페셜리스트, 공격에만 특화된 선수 등과 같은 표현 역시 공격과 수비를 각기 다른 능력으로 구분함을 의미한다.

이런 관점에서 보면 박찬호의 설명은 매우 흥미롭다. 보통 투수가 공을 던지는 행위는 상대 팀의 득점을 저지하려는 목적에서 비롯되는 것이기 때문에 수비로 이해된다. 그러나 박찬호의 설명에 따르면 팀으로서 수비하는 상황에서도 투수가 타자에게 공을 던지는 장면으로 초점을 좁히면 그것은 공격이다. 타자에게 공을 던지는 행위는 수비면서 동시에 공격이 되는 셈이다.

그렇다면 공격과 수비의 관계는 생각보다 독립적이지 않다고 봐야 할까? 독립적인 공격과 수비가 동시에 진행되는 것이 가능할까? 결론부터 이야기하면 가능하다. 배구의 블로킹(blocking)은 상대편에서 넘어오는 공격을 네트 위에서 막아 내는 수비 기술이다. 우리 팀이 블로킹으로 공을 상대방 코트 위에 떨어뜨리면 1점을 얻는다. 우리 팀 공격수가 때린 스파이크가 성공해도 1점을 얻는다. 결국 스파이크(공격 기술)를 통한 공격과 블로킹(수비 기술) 성공에 의한 공격 효과가 같다. 블로킹은 상대방의 공격을 막기 위한 수비이자 점수를 얻기 위한 공격인 셈이다.

이와 같이 관점을 달리하면 공격과 수비의 경계는 그렇게 뚜렷하지 않다. FC 바르셀로나가 티키타카[20] 전술을 활용해 계속 공격하는 장면을 예로 들어보자. 공격수, 미드필더, 수비수는 모두 짧고 빠른 패스로 공을 상대방 골대로 조금씩 이동시킨다(공격). 티키타카 전술의 핵심은 끊임없는 패스로 공을 소유하는 것이다. 공의 소유는 상대 공격의 원천 차단을 의미한다(수비). 결국 티키타카는 공격 전술이면서 수비 전술이다(공격이 최고의 방어이다). 농구의 풀 코트 프레스는 공격 팀을 최고 수준으로 압박해 적극적으로 공을 뺏으려는 수비 전술이다. 코트 전방에서부터 펼치는 압박 수비가 성공하면 손쉬운 득점으로 이어진다. 결과적으로 풀 코트 프레스는 많은 에너지를 활용하는 수비이자 적극적인 속공 찬스를 노리는 공격인 셈이다(방어가 최고의 공격이다).

공격과 수비의 뚜렷하지 않은 경계는 사전적 정의에서도 확인된다. 사전적으로 공격은 '운동 경기나 오락 따위에서 상대편을 이기기 위한 적극적인 행동'이며, 수비(방어)는 '외부의 침략이나 공격을 막아 지킴(수비)' 또는 '상대편의 공격을 막음(방어)'으로 정의된다. 이와 같은 구

---

20 스페인어로 탁구공이 왔다 갔다하는 모습을 뜻하는 의성어이다. 축구에서는 짧은 패스를 빠르게 연속적으로 주고받으며 경기를 지배하는 전술을 의미한다. 의미가 확장되어 둘 이상의 대화나 협업에서 높은 수준의 호흡과 조화를 보이는 상황을 묘사할 때도 사용된다.

분 방식에서는 공격에는 목적이 있는 반면, 수비에는 목적이 없다. 당연한 말이지만 지기 위해 경기에 임하는 경우는 없다(현실에서 가끔 그런 경기가 있기는 하지만, 경쟁이라는 스포츠의 본질을 무시한 처사이다). 우리는 수비 역시 이기려고 하는 목적 지향적인 행위인 점을 익히 알고 있다. 수비가 공격을 막으려고 온 힘을 다하는 행위임을 고려하면, 공격에 '적극적'을 부여하고 수비에 '소극적'이라는 수식어를 포함하는 것은 논리적이지 않다. 결국 이해하기 쉽게 해체하면, 공격은 '이기려고 하는 행위'이고 수비는 '이기려고 상대방의 공격을 방해하는 행위'이다(공격이 없으면 결코 이길 수 없다). 승리라는 궁극적인 목적을 고려하면 경기 중에 일어나는 모든 행위는 공격이자 동시에 수비이다.

그럼에도 우리는 두 선수 또는 두 팀이 경기에서 맞붙는 모든 상황을 공격과 수비라는 이미 정해진 두 가지 개념으로 해석하곤 한다. 왜 두 가지로 나눠서 볼까? 그렇게 구분하는 것이 편하기 때문이다. 따지고 보면 둘로 나누는 것이 너무 자연스러워 이상하다는 생각을 못한다. 예를 들어보자. 스포츠는 두 선수 또는 두 팀이 맞붙어 이기고자 힘을 겨루는 활동이다. 그런데 왜 두 진영으로만(two-sided) 제한할까? 세 명 또는 세 팀 이상이 경쟁하는 방식은 왜 없을까? 원형으로 제작된 코트 위에 네트 세 개를 설치하고 세 명이 겨루는 테니스 경기가 불가능할 이유는 없다. 실제로 20세기에 덴마크에서 3팀 축구(three-sided football)를 실험했다. 세 개의 골대를 설치하고 세 팀이 공 2개를 가지고 플레이하는 것도 결코 불가능한 것이 아니다.

범위를 좀 더 확대해도 우리는 둘로 나누는 것에 매우 익숙하다. 당

연한 말이지만 익숙하다는 것이 반드시 그래야만 한다는 것을 의미하지 않는다. 물질과 정신, 성공과 실패, 현세와 내세, 남성과 여성 등이 그렇다. 이와 같이 사물 또는 개념의 특징이 상반되는 경우에 두 가지로 나누어 수월하게 이해하는 방식을 이분법이라고 한다.[21]

이분법에는 복잡한 현실을 단순하게 정리해 주고 구분된 두 가지 개념을 좀 더 수월하게 이해할 수 있도록 돕는다는 장점이 있다. 스포츠를 처음 배우는 일곱 살 어린이에게 축구의 공격과 수비에서 활용되는 기본기를 알려주는 것은 효과적일 수 있다. 반대로 말하면, 어린이

---

[21] 비슷한 개념으로 흑백 논리가 있으며 혼용되어 사용될 때가 많다. 다만 이분법이 개념이나 대상을 두 가지로 구분하는 사고방식이라고 한다면 흑백 논리는 좀 더 극단적인 태도를 보일 때가 많다. 여러 가지 정치 성향을 바탕으로 보수와 진보로 구분하는 방식이 이분법이라고 한다면, '진보의 적은 수구꼴통이다.' 또는 '좌익빨갱이야말로 보수의 적이다.'와 같이 한쪽이 옳으면 다른 한쪽은 잘못되었다는 태도를 보이는 것을 흑백 논리라고 할 수 있다.

에게 '결국 공격이 수비고 수비가 공격이야'라고 가르친다면 혼돈만 불러일으킬 수 있다. 축구의 티키타카처럼 해당 스포츠의 특성을 반영한 맞춤형 전술을 만들고 지속적으로 가다듬을 수 있었던 것도 수비에 대비되는 개념으로서의 공격을 설정했기 때문에 가능하다.

반대로 하나의 현상 또는 개념을 두 가지로 지나치게 단순화하는 경우 중간 지점을 제대로 포착하지 못하는 단점이 생길 수 있다. 우리가 사는 세상은 완전한 질서나 완전한 무질서를 보이지 않고, 그 사이에 존재하는 일종의 복잡계(complex system)이다. 0 아니면 1로 구분하고 유한한 값으로만 표현되는 디지털만으로는 결코 온전하게 이해할 수 없다. 헤아릴 수 없을 정도로 많은 요소가 중첩되어 있기 때문에 뚜렷한 인과 관계를 도출하기 쉽지 않다(정치나 경제를 살아 있는 생물과 같다고 표현한다). 따라서 두 가지 상반되는 개념 및 현상을 상정하더라도 그 중간 지점에 다양한 것이 있음을 인정해야 한다. 문제는 복잡계를 0과 1로 구분하는 것처럼 억지로 단순화할 때 생긴다.

이분법적으로 바라볼 때 생기는 문제점으로는 어떤 것이 있을까? 첫째, 어떤 일을 바라보고 해석할 때 이미 존재하는 두 가지 상반되는 개념 구조를 벗어나기 힘들다. 운동선수의 업적과 성취를 평가할 때 이를 성공과 실패라는 두 가지로만 바라보는 것을 예로 들 수 있다.

둘째, 두 개념을 포함한 스펙트럼 전체를 온전히 바라볼 수 없게 된다. A가 아니면 B라고 생각하게 되는 것이다. 가끔은 홀로 밥 먹는 것도 괜찮다고 말하는 친구에게 "역시 I(성격 유형 검사 MBTI에서 내향성을 의미한다)구나"라고 넘겨짚는 경우를 들 수 있다. 실제 그 친구의 E(외향성)와 I(내향성)의 비율은 49대 51이었다. 서로 다른 특징을 모두 가졌음에도 하나의 특징만 부각되는 셈이다.

셋째, 개념 안에 포함되는 다양한 특성을 뭉뚱그려 판단하는 오류가 발생할 수 있다. 정치 성향이 대표적이다. 거칠게 나누면 우리나라에서 보수를 뒷받침하는 개념으로는 자유, 경쟁, 자율, 개인, 친미 등이 있으며, 진보에 따라붙는 표현으로는 평등, 분배, 규제, 집단, 친북 등이 있다. 문제는 한 개인의 특정 행동 또는 가치관을 바탕으로 정치 성향을 넘겨짚는 것이다. 성소수자를 위한 보호보다 다수가 겪는 불편함을 강조한다고 보수라고 단정 지을 수 없으며, 북유럽의 보편적 복지를 지향한다고 해서 진보라고 확신할 수 없다. 하나를 본다고 꼭 열을 알 수 있는 것은 아니다.

이와 같은 부작용을 최소화하려면 어떤 자세가 필요할까? 양극단에 있는 두 가지 개념을 각각의 실체가 아니라 관계로 보려는 노력이 필요하다. 어떤 현상을 두 가지로 구분해서 이해한다는 것은 모종의 공통적인 분모가 있다는 것을 전제한다. 세상에 다양한 동물이 있지만, 척추동물과 무척추동물로 구분할 때는 척추의 여부라는 일종의 렌즈(공통의 분모)로 이해하는 것이다. 그렇기 때문에 양극단에 있는 두 가지 개념은 반드시 관계를 맺을 수밖에 없다.

진보와 보수를 바라보는 자세 역시 마찬가지이다. 보수와 진보를 각각 고유의 이념으로 이해하기보다 둘의 상대적 관계를 파악하는 것이 중요하다. 좌파는 우파가 없으면 존재할 수 없는 개념이며, 우파 역시 좌파와 비교했을 때 그 성격이 제대로 설명된다. 누군가가 우리나라에는 극좌와 좌파밖에 없다고 하더라도 마찬가지이다. 애초에 좌파와 우파라는 개념이 프랑스 대혁명에서 좀 더 급진적인 혁명을 주장한 자코뱅당과 상대적으로 온건한 수준의 개혁을 제안한 지롱드당이 각각 의회의 왼쪽과 오른쪽에 앉은 점에서 유래한 것을 고려하면 더욱 그렇다. 결국 최초에 좌파와 우파를 구분하는 방식은 개혁의 취지에는 공감하지만 일을 추진하는 방식의 차이에서 비롯된 것이다.

결국 우리에게 필요한 것은 두 가지의 개념을 전혀 독립적인(특히 대립하는) 실체로 규정하고 흑백 논리처럼 받아들이는 것이 아니라 관계를 입체적으로 이해하는 관용적인 태도이다. 단순히 '너는 어디 편이냐'라고 공격적으로 물어보고 주홍글씨를 새겨서는 안 된다.

공격과 수비의 경계선은 결코 뚜렷하지 않다. 배구의 블로킹, 축구의 티키타카, 농구의 풀 코트 프레스처럼 스포츠는 공격과 수비가 뒤얽힌 장면으로 가득하다. 우리의 생활 세계도 마찬가지이다. 세상은 둘로만 나누어지지 않는다. 이분법은 이해의 출발점일 수 있지만, 그 자체가 도착점이 되어서는 안 된다. 중요한 것은 어느 편에 서는가가 아니다. 뚜렷하지 않은 경계가 어떻게 형성되었고 지금 어떻게 작동하는지를 이해하려는 태도이다. 경계를 넘나드는 시선은 우리에게 세계를 좀 더 입체적이고 유연하게 바라볼 기회를 제공한다.

Chapter 24
최고의 상품

다루는 개념 상품, 생산, 소비, 자본주의

사례 1

농구대잔치는 1996년 프로 농구 리그가 출범하기 전에 가장 권위 있는 대회였다. 1990년대의 가장 큰 특징은 대학 팀의 강세였다. 지금은 방송인으로 더 유명한 서장훈, 이상민, 문경은, 우지원 등이 활약했던 연세대학교는 농구대잔치 사상 최초로 대학팀이 우승하는 쾌거를 이루었다. 당시 농구 선수는 지금의 아이돌에 버금가는 인기를 얻었다. 인터넷이 없었던 시절에 좋아하는 선수에게 마음을 전달할 수 있는 대표적인 방법은 팬레터였다. 당시 연세대학교 농구부로 하루에 배송되는 팬레터가 용달 차량 하나를 꼬박 채웠다고 하니 어느 정도의 인기였는지 짐작할 수 있다. 당시 연세대학교 농구부를 지도한 최희암 감독은 선수에게 팬의 소중함을 강조하고자 다음과 같이 말했다. "너희들이 볼펜 한 자루라도 만들어 봤냐. 니들처럼 생산성 없는 공놀이를 하는 데에도 대접받는 건 팬들이 있기 때문이다."

사례 2

프랑스 명문 축구 팀 파리 생제르맹(Paris Saint-Germain Football Club)은 간판 스타 네이마르(Neymar Junior)를 매물로 내놓았다. 사우디아라비아의 알힐랄(Al Hilal Football Club)은 이적료 약 1350억 원을 지불하고 네이마르를 사들였다. 그런데 알힐랄에 영입된 네이마르는 부상으로 인해 제대로 경기에 출전하지 못했다. 그는 알힐랄에서 1년 6개월 동안 단 7경기(1골, 2도움)만 출전하고 약 3370억 원을 받았다. 문제는 네이마르가 브라질 상투스(Santos Football Club)로 이적했지만, 알힐랄은 단 한 푼의 이적료도 받을 수 없었다는 것이다. 그는 축구 역사상 최악의 먹튀(정당한 대가를 치르지 않거나 이익만 챙겨서 떠나는 행위 또는 그런 사람)로 기억되고 있다.

사례 1부터 살펴보자. 30년 전 최희암의 조언이 회자되고 있다. 왜일까? 최근 들어 팬에게 최상의 서비스를 제공하지 않는 일부 프로 스포츠 선수의 태도가 도마 위에 올랐기 때문이다. 고사리 같은 손으로 사인을 요청하는 어린 팬을 무심하게 지나가는 모습, 경기에 최선을 다하지 않는 태도, 평소 몸 관리를 소홀히 해 당하는 부상 등이 대표적이다. 팬이 없으면 프로 스포츠가 존재할 수 없다. 당연히 관중이 없다면 해당 경기는 프로 스포츠가 아니라 좋아하는 스포츠를 즐기는 그들만의 리그에 불과하다. 코로나 때는 관중 없이 경기가 진행되었던 점을 떠올릴 수도 있다. 만약 특정 스포츠 경기에 관중도 없고 TV 중계 등을 통해 간접적으로 관람한 사람이 단 한 명도 없더라도 이는 프로 스포츠이다. 누군가에게 소비될 목적으로 경기하고 그것을 중계했기 때문이다.

사례 2는 프로 축구 선수가 팀을 옮기는 이적 과정에 대한 설명이다. 좋은 선수 영입은 팀의 경기력을 끌어올리는 가장 효과적인 방법 중 하나이다. 이에 드래프트(당해 리그에 입단할 예정인 신인 선수를 한곳에 모아 정해진 순번대로 구단에서 선수를 선택하고 계약하는 것)와 트레이드(프로 스포츠 팀끼리 선수들을 맞바꾸는 이적 방법)는 프로 스포츠에서 늘 많은 관심을 받는다. 김연경 선수의 프로 입단 과정이나 손흥민 선수의 거취에 많은 사람의 이목이 쏠리는 것을 예로 들 수 있다.

두 사례에서 공통으로 확인할 수 있는 개념은 '상품'이다. 최희암 감독은 공장에서 생산되어 많은 사람에게서 소비되는 상품으로서의 볼펜을 언급하고 있으며, 두 번째 사례는 상품에 해당하는 프로 선수의 이적에 대한 내용이다. 볼펜, 공책, 축구공 등과 같은 물건을 상품으로 이해하는 방식은 지극히 자연스럽다. 그런데 아무리 프로 스포츠 선수이지만 사람을 상품으로 이해해도 되는 것일까? 실제로 드래프트와 트레이드에서 '매물', '사들이다', '교환', '처분한다' 등과 같은 표현을 쉽게 접할 수 있다. 다른 팀의 선수를 영입하는 대가로 지불하는 이적료가 특히 그렇다. 자본과 경쟁이 중요한 프로 스포츠라지만 사람을 물건처럼 취급하는 방식에 눈살이 찌푸려지는 사람이 있을 수도 있다. 그러나 어디까지나 프로 스포츠가 생산과 소비가 일어나는 시장이라는 점을 고려하면 선수를 상품으로 이해하는 방식은 자연스럽다.

자본주의에서 의미하는 상품(商品)은 쉽게 말하면 시장에서 사고파는 종류의 재화나 용역이다. 최희암 감독이 언급한 볼펜은 공장에서 만들어져 문방구 또는 온라인 마켓에서 낙서나 공부를 위해 필기구가 필요한 사람에게 팔리는 물건이다. 상품에는 볼펜처럼 눈으로 보이거나 직접 손으로 잡을 수 있는 재화의 형태도 있지만, 그 형체를 분명하게 특징짓기 어려운 서비스도 있다. 농구 드리블 배우기를 원하는 중학생이 '당근' 앱을 이용해 강사와 연결된 경우를 예로 들어보자. 농구 드리블을 배우는 대가로 한 시간에 2만 원을 지급했다면, 이는 재화가 아닌 용역으로서의 상품을 구매한 것이다. 이때 중학생은 당근이라는 시장에서 강사에게 드리블 배우기라는 상품을 구매한 것이다. 네이마르 역시 자신의 경기력이라는 상품을 팀에 제공하고 그에 따른 급여를 받는 계약을 맺는다. 프로 스포츠 팀 입단 전에 실시하는 메디컬 테스트는 해당 상품의 지속적인 사용에 문제가 없는지를 최종적으로 점검하는 차원에서 시행된다.

두 사례를 통해 상품에는 생산, 소비, 시장이라는 세 요소가 직접적으로 관련된다는 점을 이해할 수 있다. 이 세 요소에 대해 좀 더 구체적으로 살펴보자. 생산은 쉽게 말하면 무엇인가를 만들어 낸다는 뜻이다. 프로 스포츠 팀은 다양한 형태의 상품을 생산한다. 팬이 직접 관람할 수 있는 경기, 경기 방송, 스트리밍 서비스, 유니폼 또는 기념품과 같은 굿즈 등 프로 스포츠에서 파생되는 생산품은 무수히 많다. 이와 같은 측면에서 최희암 감독의 표현은 정확하다고 보기 어렵다. 당시 농구대잔치가 세미프로 단계였다는 점을 고려하면, 농구 선수들은 다양한 상품을 생산하고 있었다(재화를 좀 더 중요한 자본주의의 상품으로 생각해서일까. 실제로 최희암은 프로 감독 경력을 끝낸 이후 용접봉 제작 공장의 사장을 역임했다).

그런데 무엇인가를 만들어 낸다는 뜻의 생산은 자본주의 이전에도 있었던 것이 아닌가? 축구를 즐기기 위한 옷이나 축구공은 자본주의가 출현하기 전부터 존재했을 가능성이 있다. 상품은 시장에서 판매할 목적으로 제작된다는 점에서 일반 재화와 다르다. 친구와 축구를 즐기려고 주변에 있는 재료로 만든 축구공은 일반적인 재화라고 할 수 있다. 반면 처음부터 불특정 다수에게 판매할 목적으로 제작된 축구공은 상품이다. 프로 스포츠에서 만드는 상품도 개별 소비자를 고려하는 것이 아니라 추상적인 시장, 즉 프로 스포츠를 통해 파생되는 다양한 상품을 구매할 수 있는 커다란 시장을 염두에 두는 것이다.

소비는 입장권 구입, TV 중계 시청(무료로 보는 것 같지만 광고에 지속적으로 노출된다), OTT 스트리밍 서비스 구독, 굿즈 구입의 형태 등을 포함한다. 프로 스포츠 팀 입장에서 보면 다양한 형태의 상품을 스포츠 팬에게 판매함으로써 수입을 거둬들인다. 좋은 상품을 내놓으면 수익으로 이어질 가능성이 크다. 반면 상품의 질이 떨어지면 손해를 볼 수도 있다. 결국 팬이 구단에서 생산한 상품을 전혀 소비하지 않는 상태가 이어지면 심각한 문제가 발생할 수밖에 없다. 만들어 놓은 아파트의 대부분이 팔리지 않는 상황을 떠올리면 쉽게 이해할 수 있다. "팬이 없으면 프로 리그가 존재할 수 없다"라는 표현은 팬에게 최상의 서비스를 제공하라는 권고가 아니다. 프로 스포츠 선수의 생존과 직결되는 문제이다.

그렇기 때문에 프로 스포츠 팀 입상에서는 선수 영입 등을 통한 방식으로 상품의 질을 향상하고 팬의 소비를 진작시키려는 다양한 아이디어를 내놓는다. 스포츠 팬의 상품 구입에 대한 고민은 심각하지 않을 수 있지만, 프로 스포츠 팀은 사활을 건다. 일상생활에서도 수많은 광고가 우리에게 소비하라고 속삭이고 있다. 실제 우리의 하루를 살펴보면 소비의 연속인 것을 쉽게 알 수 있다. 식사, 디저트, 대중교통, 취미 생활, 스트리밍 서비스, 스포츠 레슨 등 모든 것이 소비 활동이다. 소비자의 무의식적인 소비와 판매에 사활을 건 생산자의 싸움에서 누가 유리할지는 뻔하다.

좋은 상품이 있어도 소화할 수 있는 시장이 없다면 의미가 없다. 카바디 입문 2년 만에 국가대표로 선발되고 아시안 게임에서 메달을 획득한 이장군은 2014년에 인도 프로 카바디 리그(PKL)에 입성했다. 이장군은 '코리안 킹'과 '인도의 BTS'라는 영광스러운 별명을 얻을 정도로 경기력과 인기를 겸비한 카바디 스타로 성장했다. 그러나 코로나19 바이러스 확산으로 리그에 참여하지 못하면서 어쩔 수 없이 강제 휴업에 들어갔다. 뛰어난 카바디 실력이라는 상품을 판매할 수 있는 적절한 시장이 대한민국에 없었기 때문이다.

결국 나의 노동력도 일종의 상품이다. 그렇다면 그 가치는 어떻게 올릴 수 있을까? 수요와 공급의 원리로 본다면 두 가지이다. 우리는 수요가 많거나 공급이 적으면 해당 상품의 가치가 올라간다는 점을 익히 알고 있다. 전 세계적으로 인기가 많은 축구에 더 많은 돈이 몰려들고, 리오넬 메시(Lionel Messi)처럼 특출한 경기력을 지닌 선수는 천문학적인 금액의 연봉을 받는다. 결국 노동력의 가치를 올리는 두 가지 대표적인 방법은 많은 사람이 좋아하는 일을 하거나 다른 사람과 확연하게 구분되는 정도의 실력을 갖추는 것이다.

한 가지를 더 꼽는다면 바로 마음을 얻는 것이다. 아무리 경기력이 뛰어난 프로 스포츠 선수라도 팬의 마음을 얻지 못하면 소비되지 않는다. 사인을 기다리는 아이의 눈빛, 관중의 함성, 변치 않는 마음으로 구단을 응원하는 팬심 등이 프로 스포츠를 단순한 상품 이상으로 만드는 요소다. 최희암 감독의 말처럼 공 하나로 얻은 인기라면 그 공 하나에 담긴 많은 사람의 마음을 온전히 이해할 수 있어야 한다. 진심이 담긴 플레이는 가장 오래 기억되는 최고의 상품이다.

Chapter 25

스포츠와 가치

다루는 개념 가치, 사용 가치, 교환 가치, 기호 가치

사례 1

2024년 KBO리그의 주인공은 KIA 타이거즈였다. 정규 리그를 우승한 KIA 타이거즈는 한국 시리즈에서도 삼성 라이온즈를 4승 1패로 돌려세우며 완벽한 한 해를 보냈다. 영예의 한국 시리즈 MVP는 시리즈 내내 쾌조의 타격감(5할 8푼 8리)을 보여 주며 기자단 투표에서 총 46표를 획득한 김선빈에게 돌아갔다. 같은 팀 김태군의 활약도 인상적이었다. 4차전에서 만루 홈런을 치고 절묘한 볼 배합으로 삼성 라이온즈의 타선을 잠재운 김태군은 총 45표를 획득했다. 결국 단 1표의 차이로 MVP가 결정된 셈이다. 김선빈은 부상으로 받은 자동차를 아동 양육 시설에 기부하여 MVP의 진정한 품격을 보여 줬다.

사례 2

영국 축구 국가대표 마커스 래시포드(Marcus Rashford)는 사회 문제 해결에 관심이 많다. 2020년에 코로나19로 학교 급식이 중단되었다. 어린 시절

무료 급식에 의존했던 그는 이 문제를 모른 척할 수 없었다. 급식 지원 중단 재고를 요청하는 편지를 정부에 보냈고, 결국 받아들여졌다. 이 일로 그는 훈장을 받고 언론과 대중은 그를 '국민 영웅'이라 불렀다. 래시포드의 선한 영향력은 그의 브랜드 가치를 단숨에 끌어올렸다. 그 결과로 그는 나이키와 버버리 등 굴지의 브랜드 광고 모델로 발탁되었다. 특히 버버리는 래시포드의 선한 영향력에 주목해 캠페인 광고를 통해 그의 이야기를 전면에 내세웠다.

첫 번째 사례부터 살펴보자. 김선빈이 받은 MVP는 '가장 가치 있는 선수(most valuable player)'의 약자이다. 통상 경기에서 가장 뛰어난 활약을 펼친 선수 또는 그 선수에게 주는 상이라는 의미에서 '최우수 선수'로 이해되기도 한다. 보통은 팀의 승리에 결정적으로 기여한 선수가 받지만, 패배한 팀에서 MVP가 선정되는 경우도 있다. 우리나라에서는 1997-98 시즌 KBL 챔피언 결정전에서 허재가 뛰어난 활약을 펼쳐 경기에서 졌음에도 MVP로 선정되었다.

두 번째 사례는 래시포드의 선한 영향력이 결과적으로 그의 가치를 끌어올렸다는 내용이다. 실제로 래시포드는 결식 아동을 돕는 모금에 앞장서고 자선 단체와 함께 봉사 활동에 자주 참여하는 것으로 유명하다. 이와 같은 사회적 공헌 활동은 결과적으로 그에게 '신뢰할 수 있는 사람' 또는 '마음이 따뜻한 사람'과 같은 이미지를 부여해 줬다. 대기업에서 반듯하고 성실한 선수를 광고 모델로 발탁하는 점 역시 일맥상통한다.

두 사례에서 공통으로 등장하는 용어는 '가치'이다. 가치(價値, value)

라는 개념은 여러 가지로 쓰인다. 일반적으로 진·선·미, 건강, 행복 등 우리가 궁극적으로 추구할 만한 목표라는 의미로 사용된다. "건강은 돈으로 환산할 수 없을 정도로 중요한 가치이다"라는 표현이 여기에 해당한다. 사물 또는 어떤 일의 쓸모를 의미하기도 한다. "이 일은 그 정도의 시간을 투자할 가치가 있어" 또는 "석굴암은 유네스코에 지정될 정도로 뛰어난 가치가 있다"와 같은 표현을 자주 접할 수 있다.

경제 영역에서 쓰이는 가치는 제품이나 서비스가 지니는 속성을 의미한다. 생산자와 소비자의 관계는 해당 상품의 가치를 바탕으로 매개된다. 축구화를 예로 들어보자. 소비자는 사용 목적(프로 선수로서 높은 수준의 경기력을 발휘하는 데 무리가 없는가), 인지도(믿을 만한 브랜드인가), 내구성(1년은 거뜬히 신을 정도로 튼튼한가) 등 다양한 요소를 바탕으로 해당 축구화의 가치를 종합적으로 평가한다. 해당 가치가 상품의 가격에 부합한다고 생각되면 소비자의 돈과 생산자의 축구화는 교환된다.

상품의 가치를 평가하는 방법은 모두에게 다를 수 있다. 앞의 축구화 구매 예시에서 나온 것처럼 프로 선수에게는 최상의 경기력을 위한 축구화의 세부 기능이 가장 중요할 수 있는 반면, 주머니 사정이 어려운 동호인에게는 오랫동안 사용할 수 있는 튼튼함이 더 중요할 수 있다. 같은 상품이지만 그 가치를 다르게 평가하는 것이다.

가치라는 용어가 다양한 맥락에서 사용될 수 있는 것과 마찬가지로 상품의 경제적 가치 역시 다양하게 구성된다. 상품의 가치는 크게 사용 가치, 교환 가치, 기호 가치로 구분할 수 있다. 사용 가치(use value)

는 상품이 실제로 제공하는 쓸모와 같은 기능적 가치를 의미한다. 축구화를 구입하면 잔디 구장에서 미끄러지지 않고 자유롭게 방향 전환을 할 수 있는 기능을 얻을 수 있다. 쉽게 말해 사용 가치는 해당 상품을 가짐으로써 누릴 수 있는 가치이다. 2만 원을 주고 산 농구공으로 두 아들과 나는 코트에서 농구를 즐길 수 있다.

교환 가치(exchange value)는 시장에서 상품이 다른 상품이나 화폐와 교환될 때 가지는 가치이다. 2만 원의 교환 가치를 지니는 농구공 1개와 20만 원의 교환 가치를 지니는 백팩 하나를 맞바꾸려고 하는 사람은 없을 것이다. 이때의 교환 가치는 1:10이라고 할 수 있다. 동일한 사용 가치를 지닌 가방에서도 교환 가치는 크게 다를 수 있다. 물건을 담는다는 사용 가치는 동일하지만, 많은 사람이 좋아하는 브랜드의 가방은 100배 또는 1,000배의 교환 가치를 지니는 경우도 있다. 이와 같은 측면에서 시장을 전제로 하는 자본주의에서는 높은 교환 가치를 지니는 상품을 선호한다. 그렇다고 이것이 교환 가치가 절대적으로 중요한 것을 의미하진 않는다. 한겨울에 사흘 굶은 사람에게는 만원의 교환 가치를 지닌 국밥이 10만 원의 교환 가치를 지닌 뮤지컬 티켓보다 훨씬 더 소중하다.

교환 가치는 특히 화폐와 교환되는 경우로 많이 이해되기 때문에 가격(price)에 가까운 개념이라고 할 수 있다. 축구화를 화폐와 교환하는 것처럼 가치와 가격은 밀접한 관련을 지니지만 분명히 다른 개념이다. 가격은 결코 가치를 온전하게 반영할 수 없다. 해당 상품에 대한 가치 평가가 같을 수 없기 때문이다. 손흥민 선수의 축구화가 경매에 올라왔다고 가정해 보자. 사람들은 모두 이 축구화의 적정 가치를 다르게 평가한다. 실제로 손흥민이 착용했던 축구화가 자선 경매에서 수천만 원에 낙찰된 적도 있다. 기능적 가치보다 상징성과 소유라는 가치가 훨씬 크게 작용한 것이다.

반면 가격은 시장에서 실제로 거래된 객관적 숫자를 의미한다. 그래서 '가격'과 내가 평가하는 '가치'에는 결코 완전하게 메꿀 수 없는 간격이 있다. 이래서 거래 건수가 적은 상품의 가치에 대한 의견은 늘 논쟁의 대상이 된다. 반대로 무한대에 가까운 상품 교환이 이뤄지면 그 가격은 적정 가치에 가까워질 가능성이 크다. 이처럼 교환 가치는 수요와 공급, 시장 상황, 희소성에 따라 달라지는 특징이 있다.

기호 가치(sign value)란 상품이 지니는 상징적 의미를 뜻한다. 우리는 상품을 통해 자신만의 스타일, 정체성, 지위, 심리적 우월감, 문화적 의미 등을 표현하기도 한다. 대중으로부터 명품이라고 인정받는 브랜드의 옷, 시계, 구두 구입에 많은 돈을 지불하는 것은 단순히 해당 상품의 기능적 가치와 교환하는 것이 아니다. 사회에서 그 브랜드를 부유층의 삶 또는 문화로 기호화한 가치까지 소비한 것이다.

기호 가치에서는 교환 가치의 비율이 다른 방식으로 작동된다. 국산 A 자동차의 가격은 2천만 원 정도이다. 그런데 이탈리아 B 사에서 판매하는 빨간색 스포츠카는 4억 원가량 한다. 이 자동차는 국산 A 자동차의 20배에 해당하는 기능을 가지고 있을까? 그렇지 않다. 그 빨간색의 스포츠카의 소비 과정에는 많은 사람이 가지고 싶어 하는 문화와 운전하면서 느낄 수 있는 일종의 자부심 등이 포함된다. 이를 제외하고 순수하게 스포츠카의 기능으로만 해당 가격을 지불할 사람은 그렇게 많지 않을 것이다. 이와 같은 측면에서 차량을 주행할 때 느끼는 편안함과 정숙성을 뜻하는 승차감이 기능적 가치라고 한다면, 자동차에서 내릴 때 주변 사람들의 부러운 눈빛을 만끽하는 '하차감'은 기호 가치라고 할 수 있다.

스포츠용품 시장에서도 기호 가치는 중요하게 작동한다. 에어 조던 11 콩코드 농구화는 레트로 출시 때마다 구입하고자 하는 소비자들 간의 분쟁으로 몸살을 앓았다(강도는 예삿일이고 살인사건도 있었다). 본인이 응원하는 팀의 저지(jersey)를 구매하는 것 역시 같은 맥락으로 이해할 수 있다. 실제 선수들이 착용하는 유니폼의 기능성이 필요하지 않지만(보통 경기장에 갈 때 입거나 평상복으로 많이 입는다) 높은 금액을 지불하는 것이다.

스포츠에서 가치는 단순한 경기력이나 기록으로만 환원되지 않는다. 김선빈처럼 압도적인 활약으로 팀의 승리에 기여하며 사용 가치를 증명할 수도 있고, 래시포드처럼 경기장 밖에서의 행동으로 신뢰와 존경을 얻으며 기호 가치와 함께 교환가치도 끌어올릴 수 있다. 이는 우리에게 스포츠가 선수의 압도적인 경기력, 팀이 오랜 기간에 걸쳐 형성한 철학, 기존의 관점을 송두리째 바꿔 놓는 혁신적인 전술, 스포츠맨십 등과 같이 다양한 가치가 교차하는 무대라는 점을 알려준다. 스포츠를 통해 서로 다른 가치가 있다는 것을 인정하고 또 배울 수 있다는 점을 잊지 말아야 한다.

Chapter
26

믿음의 스포츠

다루는 개념 **계약, 신용, 신뢰**

사례 **1**

2024년에 은퇴한 라파엘 나달(Rafael Nadal)을 표현하는 데 빠지지 않는 두 가지 키워드가 있다면 '열정'과 '신사'이다. 도저히 받아내기 어려울 것 같은 공도 포기하지 않고 달려가 포인트를 얻는 수많은 명장면을 만들어 낸 것이 열정이라면, 단 한 번도 라켓을 부수지 않고 늘 상대방, 심판, 팬을 존중하는 모습에서 신사의 면모를 확인할 수 있다. 일찍부터 기아 자동차는 떡잎부터 남다른 나달의 재주와 품성에 주목했다. 나달이 17세였던 2004년 기아는 그의 열정적인 모습과 모두를 존중하는 태도가 자사의 정체성과 부합한다고 생각하고 스폰서십 계약을 맺는다. 당시 부상으로 인해 어려운 시기를 보내고 있었던 나달에게 기아 자동차의 후원은 큰 도움이 되었다. 11년이 지난 2015년 메르세데스 컵에서 우승한 나달은 부상으로 벤츠로부터 고성능 차를 받는다. 짧은 시승을 마친 후 차에 대한 감상을 부탁받은 나달은 "기아 차만큼 좋지는 않지만 그래도 좋긴 하네요"라고 했다. 벤츠 직원들은 쓴웃음을 지었다. 스폰서십 계약의 효과는 어땠을까. 2004년 18만 대 수준이었던 기아의 유럽 판매량은 2021년 38만 대 수준으로 증가했다.

사례 2

2009년 골프 황제 타이거 우즈(Tiger Woods)의 부적절한 사생활이 공개되었다. 꼬리에 꼬리를 무는 불륜 스캔들로 인해 우즈의 명성은 처참하리 만큼 떨어졌고, 팬은 심한 배신감을 느꼈다. 결국 그를 후원하던 AT&T, 게토레이, GM 등 다수의 기업이 스폰서 계약을 해지했다. 기업이 입은 손실은 적게는 6조 원에서 많게는 12조 원에 달할 것이라는 분석도 나왔다.

20년이 넘는 기간 동안 후원을 받으며 세계 최정상 전력을 유지한 라파엘 나달과 전 세계적으로 브랜드 인지도를 올린 기아의 상호 협력과 신뢰는 성공적인 스폰서십의 모범 사례로 꼽힌다. 반면 우즈를 후원한 스폰서십은 성공으로 평가하기 어렵다. 타이거 우즈가 승승장구하는 동안에는 기업의 이미지를 개선하고 관련 상품을 많이 판매했지만, 선수의 부적절한 사생활로 인해 기업 입장에서 큰 손실을 보았기 때문이다.

스폰서십은 반드시 계약의 형태로 체결된다. 통상 계약(서)에는 협찬하는 품목, 기간, 합의 사항, 분쟁 사항, 특약 사항 등의 구체적인 항목이 포함된다. 타이거 우즈와의 계약이 해지될 수 있었던 내용 역시 그가 공인으로서의 품위 유지를 위반했다는 계약 당시의 내용을 바탕으로 진행되는 것이다. 최근 우리나라 프로 스포츠에서 학창 시절에 연루되었던 학교 폭력으로 인해 계약이 해지되는 사례 역시 이와 무관하지 않다.

계약을 뜻하는 영단어 contract는 '함께(con)'와 '끌어당기다(tract)'가 결합한 단어이다. 결국 계약은 둘 이상의 사람이 어떤 사안에 대해 서로의 의견이 가까워진다는 것을 의미한다. contract의 다른 뜻인 근육의 수축 역시 관련된 두 근육이 가까워지는 것이다. 결국 스폰서십 계약은 후원하는 기업의 의견과 선수의 의견이 같아질 때 체결된다. 아무리 경기력이 훌륭한 선수라도 터무니없는 요구를 하면 계약은 성립되기 어렵다.

그렇기 때문에 계약은 믿음에 의해 생겨나고 유지된다. 스폰서십은 불확실한 미래에 투자하는 행위이다. 그 누구도 선수의 미래 경기력, 평판, 몸 상태를 알 수 없다. 거액을 들여 스폰서십을 맺은 선수가 큰 부상을 당해 먹튀로 전락하는 사례를 쉽게 접할 수 있다. 선수 역시 기업의 미래를 정확하게 알 수 없는 것은 마찬가지이다.

그렇다면 계약 당사자들은 무엇을 믿는다는 것일까? 바로 미래에 어떤 일이 벌어지더라도 계약 당시 맺었던 구체적인 내용을 어김없이 이행할 것이라는 서로에 대한 믿음이다. 이론적으로 계약은 양측이 서로 해당 내용을 이행하겠다는 것을 약속한 것이므로 상호 대등한 위치에서 맺는 것이라고 할 수 있다. 물론 실제로는 구단이나 기업이 우위에 있는 경우도 많다. 여자 프로 선수가 임신 기간 급여를 제대로 받지 못하거나 축구의 바이아웃(선수와 원소속 팀 사이의 계약을 일정 액수의 금액을 지불하고 임의로 해지할 수 있는 조항)이 선수 의사와 무관하게 행사되는 것을 예로 들 수 있다.

성장 가능성이라는 믿음을 바탕으로 체결되는 계약도 있다. 통상 프로 스포츠에서는 드래프트로 신인 선수를 영입한다. 김연경과 같이 리그에 입성하자마자 판도를 바꿀 수 있는 대형 신인도 있지만, 냉정히 평가했을 때 1인분 이상의 역할을 할 수 있을 것인지 의문이 드는 선수도 있다. 즉시 전력감의 선수는 아니라는 뜻이다. 팀은 이와 같은 선수와도 계약을 맺고 연봉을 지급한다. 일반 회사로 따지면 경력 사원이 아닌 신입 사원에게 월급을 지급하는 것이다. 선수에게 투자하는 행위는 단순한 비용이 아니라 신용을 바탕으로 한 성장 투자인 셈이다. 2군 선수에게도 트레이너, 장비, 숙소, 훈련비 등을 제공하는 점 역시 해당 선수의 잠재력을 믿기 때문이다.

믿음에 해당하는 영단어는 credit인데, 이는 cred(믿음)와 it(가다)이 합쳐진 형태. 우리말 "난 그 사람에게 믿음이 간다"라는 표현은 어원을 잘 살린 것이라고 할 수 있다. 신용 카드(credit card) 역시 카드를 발급한 회사에서 미리 결제한 금액을 사용자가 다음 달에 성실히 갚을 것이라는 믿음을 바탕으로 진행되는 결제 시스템이다.

신뢰(trust) 역시 믿음을 의미한다. 미국 달러 지폐에 'IN GOD WE TRUST(우리가 믿는 신 안에서)'라는 표현이 있다. 화폐 역시 믿음을 바탕으로 사용되는 것이다. 《사피엔스》 저자 유발 하라리의 표현처럼 화폐는 집단이 상상 속에서 맺은 약속일 뿐이다. 내가 가진 1만 원 지폐와 2파운드 동전이 제주도 해변 커피숍과 런던 기념품 가게에서도 똑같이 가치를 인정받을 수 있다는 믿음이 있기 때문에 이것을 소중하게 생각하는 것이다. 당장 쓸 돈이 부족하더라도 내 돈을 예금이나 적금의 형태로 은행에 맡기는 것은 맡긴 돈을 떼먹고 줄행랑치지 않을 것이라는 믿음에서 나오는 행위이다. 이러한 믿음에 균열이 생기면 많은 사람들이 한꺼번에 은행으로 뛰어가는 뱅크런(bankrun) 사태가 일어난다.

신용과 신뢰는 믿음을 의미하지만 금융 분야에서는 다르게 사용된다. 신뢰는 돈을 빌리는 또는 빌려 주는 사람의 자료와 말이 믿을 수 있다는 뜻으로 쓰이고, 신용은 돈을 빌리는 또는 빌려 주는 사람이 그런 능력을 갖추었다는 것을 설명할 때 쓰인다. 그래서 신용은 등급 또는 점수로 환원되어 표현되는 경우가 많다. 개인에게 부여되는 신용 점수와 국가에게 부여되는 신용 등급이 대표적이다. 신용 기반의 경제는 스포츠에도 적용된다. 일부 프로 스포츠 팀은 외부 투자 유치를 위해 기업처럼 신용 등급 평가를 받기도 한다. 팀 운영의 투명성, 수익 구조, 팬 현황 등이 그 평가 기준이 된다.

성인이 되어 경제 활동을 시작한 이후 부여되는 개인의 신용 점수는 매우 중요한 자산이다. 소득, 연체 이력, 상환 실적 등 다양한 요소가 반영된 이 점수는 미래의 자산을 앞당겨 사용할 수 있는 자격과 밀접하게 관련된다. 화폐 사용 또는 계약과 같이 자본주의에서 지극히 자연스러운 활동이 모두 신용을 바탕으로 이루어진다는 것은 믿음이 그 무엇보다 중요하다는 것을 의미한다. 신용 점수가 낮은 사람에게 오히려 이율을 낮추고자 하는 일각의 움직임은 자본주의의 본질을 오해한 것이다. 신용은 능력의 지표이기도 하기 때문이다.

신용은 경제 체제를 움직이는 핵심 동력이기도 하다. 다음과 같은 가상의 상황을 보자.

A, B, 은행 모두 100만 원씩 가지고 있다. A는 연 5% 이자를 받으려고 은행에 100만 원을 넣었다. B는 축구용품 사업을 위해 본인이 가지고 있는 돈 100만 원에 은행에 연 10% 이자로 100만 원을 빌렸다. B는 가게를 차리는 데 200만 원 모두를 썼다. 1년이 지났다. A가 은행으로부터 받을 금액은 105만 원이다. B가 은행에 갚아야 할 금액은 110만 원이다. 그러나 사업하는 데 돈을 다 써서 갚을 수 없다. B는 사업을 확장해 돈을 갚겠다며 해당 대출의 1년 연장을 신청했다. 결국 은행은 A에게 돈을 지불하기로 한 약속을 지키지 못하는 상황이 되었다. 더 이상한 점도 있다. 처음에는 돈이 300만 원밖에 없었는데, 지금은 A가 받아야 할 돈 105만 원, B가 갚아야 할 돈 110만 원, 축구용품 사업을 하는 데 쓴 돈 200만 원을 모두 합치면 415만 원이 될 것이다. 돈이 늘어난 것이다. 어떻게 늘어날 수 있었을까?

　이 상황은 결국 기존에 있는 돈만으로는 경제 활동이 확장되기 어렵다는 점을 보여 준다. 새로운 시도를 위해서는 안정적으로 자금을 빌릴 수 있는 환경이 조성되어야 한다. 이를 가능하게 하는 것이 바로 신용이다. 은행이 신용을 바탕으로 화폐를 발행하고 대출을 실행함으로써 비로소 자본이 더 많은 곳으로 흐르게 되고, 이는 기술의 혁신과 사회의 비약적 발전으로 이어진다. 현대 사회에서 많은 프로 스포츠 팀이 생겨나고 전 세계적으로 리그가 성행할 수 있었던 것도 바로 이 신용 기반의 경제 체제 덕분이다.

　이와 같이 스폰서십, 선수 발굴 및 육성, 계약, 구단 운영 등 스포츠의 많은 부분이 신용이라는 눈에 보이지 않는 자산을 바탕으로 작동된다. 나달과 기아의 사례처럼 서로에 대한 확고한 믿음과 이행은 모두의 발전으로 이어질 수 있다. 반대로 믿음을 저버리면 두 주체 모두 막대한 손실을 볼 수 있다. 결국 무엇보다 중요한 것은 상대방의 믿음을 지키려는 태도이다. 믿음이야말로 스포츠와 우리 사회를 지탱하는 강력한 기둥이다.

Chapter 27
부자의 축구 vs 명문의 축구

다루는 개념   **상부구조, 하부구조, 변증법적 유물론**

맨체스터 유나이티드(Manchester United, 이하 맨유)와 맨체스터 시티(Manchester City, 이하 맨시티)는 둘 다 영국 맨체스터를 연고로 하는 프로 축구 팀이다. 맨유가 1990년대부터 2010년대 초까지 클럽 최고의 황금기를 보낸 기간 동안 맨시티는 별다른 성과를 내지 못했다. 맨시티는 2008년 9월 1일 세계적인 거부 셰이크 만수르 빈 자이드(Sheikh Mansour bin Zayed)의 구단 인수 이후 새롭게 태어났다. 엄청난 자본을 통해 정상급 선수를 다수 영입하고 경기장을 새로 지었다. 다만 경기력 향상의 효과는 바로 나타나지 않았다. 만수르의 구단 인수 후 1년이 된 2009년 9월 경기에서 맨유가 맨시티를 4:3으로 누르고 이겼다. 당시 맨유를 이끈 알렉스 퍼거슨(Alex Ferguson) 감독은 "시끄러운 이웃이 있는데, 그들은 계속 시끄러울 것(Sometimes you have a noisy neighbour. They will always be noisy)"이라며 맨시티를 자극했다. 그런데 퍼거슨 감독의 예언은 오래가지 못했다. 2년이 지난 2011년 10월 맨유 홈에서 열린 경기에서는 맨시티가 6:1로 크게 이겼다. 퍼거슨 감독은 "내 축구 인생 최악의 결과이다"라며 참패에 대한 안타까움을 숨기지 못했다. 만수르의 구단 인수 이후 맨유와 맨시티의 관계는 뒤바뀌었다. 2010~20년대 리그 우승 횟수는 맨유가 2회(2010-11, 2012-13)인 반면, 맨시티는 4연패를 포함해 총 8회(2011-12, 2013-14, 2017-19, 2020-21, 2021-2022, 2022-23, 2023-24)이다. 유럽 클럽 대항전의 기록 역시 마찬가지이다. 맨유는 UEFA 챔피언스 리그에 진출하지 못할 정도로 전력이 약화된 반면, 맨시티는 그토록 꿈에 그리던 챔피언스 리그까지 우승했다.

맨유와 맨시티 간의 경기를 맨체스터 더비라고 한다. 축구에서 더비(Derby)는 같은 지역을 연고지로 하는 두 팀의 라이벌 경기를 뜻하지만, 현재는 치열한 라이벌 관계의 두 팀이 맞붙는 경기로 그 의미가 확장되었다(FC 바르셀로나와 레알 마드리드 간의 '엘 클라시코'도 여기에 해당한다). 맨체스터 더비의 역대 전적(2024년 12월 16일 기준)은 맨유가 80승 53무 62패로 앞서고 있지만, 최근 10년만 보면 맨시티가 좋은 경기력을 선보인다. 2024년 3월에 맨유의 공동 구단주가 된 짐 랫클리프(Jim Ratcliffe)가 맨시티의 성공적인 운영 모델을 참고해 맨유를 재건하겠다고 선언한 일에서도 뒤바뀐 맨유와 맨시티의 관계를 엿볼 수 있다. 이래저래 맨유 팬에게 맨시티는 강력한 이웃 또는 부러운 이웃이 되었다.

금전적 이익이 중요한 프로 스포츠에서 대규모 투자를 통한 구단의 성공적 운영은 다양하게 나타난다. 만수르의 구단 인수 이후 진행된 엄청난 금액의 투자가 맨시티의 도약에 크게 기여했다는 점은 의심할 여지가 없다. 미국 프로 농구 NBA에서는 경기력 향상과 구단의 번영을 위해 세 명의 스타 플레이어를 한 팀에 모으는 'BIG 3' 전략이 자주 활용된다. 2016년 '스플래시 브라더스(Splash Brothers)'[22]라는 두 명의 스타 플레이어를 보유한 골든 스테이트 워리어스(Golden State Warriors)는 리그 최정상급 선수 케빈 듀랜트(Kevin Durant)를 영입함으로써 명실상부 리그 최고 전력을 갖추었다. 영입 결과는 대성공이었다. NBA 역사상 최고 수준의 공격력과 효율성을 자랑하면서 듀랜트가 뛰었던 세 시즌 동안 두 시즌을 우승했다. 구단 운영 측면에서는 중국을 포함해 전 세계적으로 많은 팬을 확보하게 되었으며, 이는 새로운 구장을 건설하기 전에 기업 가치를 한껏 끌어올리는 데 기여했다.

물론 많은 돈을 투자한다고 성공적인 구단 운영이 보장되는 것은 아니다. 맨유는 2013년 리그 우승을 마지막으로 은퇴한 퍼거슨 감독 이후 10년 동안 17억 파운드(약 3조 1,400억 원)를 선수 보강에 썼으나 2024-25 시즌에는 리그 15위를 기록하며 우승은커녕 강등을 걱정할 정도로 경기력이 약해졌다. 공교롭게 1992년 프리미어 리그 출범 이후 퍼거슨 감독의 맨유는 19번의 시즌 동안 12번 우승컵을 들어 올렸으며 3위 아래로 내려간 적이 없었다. 일부에서는 일관성 없는 이적 전략, 팀의 전술적 불안정성, 구단 경영진의 잘못된 판단 등이 맨유 실패의 원인으로 꼽는다. 이와 같은 측면에서 자본은 구단과 관련된 다양

---

[22] 농구에서 슛이 골대를 맞지 않고 깨끗하게 들어가면 공과 그물의 마찰음에 의해 나는 '철썩'과 같은 물이 튀는 소리가 splash에 해당한다. 스테픈 커리(Stephen Curry)와 클레이 톰슨(Clay Thompson)으로 구성된 이 듀오는 정확한 외곽 슛으로 유명하다.

한 요소와 제대로 결합할 때 그 효과를 기대할 수 있다.

프로 스포츠 팀의 자본 투자와 구단 운영은 독일 철학자 카를 마르크스(Karl Marx, 1818~1883)의 상부구조와 하부구조 개념으로 이해할 수 있다. 마르크스에 따르면 하부구조(infrastructure)는 생산 수단과 생산 관계를 포함하는 일종의 경제적 토대이다. 프로 스포츠에 적용하면, 경기장, 방송 장비, 선수의 노동력(경기를 수행할 수 있는 능력), 마케팅 플랫폼 등은 생산 수단에 해당하며, 구단주와 선수 간의 계약 관계나 구단과 팬 사이의 상품 소비 관계는 생산 관계로 볼 수 있다. 이와 같은 측면에서 만수르의 대규모 투자나 골든 스테이트 워리어스의 BIG 3 전략은 자본 및 노동력과 관련된 하부구조의 재편 시도로 이해될 수 있다.

상부구조(superstructure)는 정치, 법, 도덕, 종교, 예술, 철학 등을 포함하는 영역이다. 이와 같은 요소는 사람들의 정체성 및 사고방식에 영향을 미치거나 새로운 문화를 형성하고 재해석하는 데 복합적으로 작용한다. 프로 스포츠에 적용하면 구단의 전통과 역사, 이를 바탕으로 생성된 고유의 팀 정체성(team spirit), 해당 지역을 대표한다는 자부심 등이 해당할 수 있다. 퍼거슨 감독이 오랜 기간 쌓아 온 맨유의 공격적인 축구 스타일과 성실한 팀워크는 팬의 열정과 충성도를 이끌어내며 구단의 견고한 이미지를 구성하는 데 결정적인 역할을 한 상부구조라고 할 수 있다.

주목할 점은 상부구조는 자체적으로 만들어지지 않는다는 것이다. 상부구조는 하부구조에 의해 끊임없이 형성되고 다듬어진다. 하부구조가 상부구조의 토대를 이루며 더 근본적이고 결정적인 위치를 차지하는 셈이다. 프로 스포츠에서도 유사한 구조를 찾을 수 있다. 오랜 기간 형성된 훌륭한 팀 정체성도 낙후된 시설이나 수준 이하의 경기력만 갖춘 선수들로 인해 빛이 바랠 수 있다. 프리미어 리그를 포함하여 전 세계적으로 주목받던 맨유의 상징성과 권위(상부구조)가 지속적으로 빛을 잃어가고 있는 상황은 노후화된 올드 트래포드(Old Trafford, 1909년에 개장한 맨유의 홈 경기장)와 경기력의 지속적인 하락이라는 하부구조의 약화와 맞물려 있다. 반대로 맨시티는 만수르의 구단 인수 후 진행된 대대적인 하부구조의 강화가 상부구조의 개선으로 이어진 사례라고 할 수 있다.

하부구조의 중요성은 일상생활에서도 확인된다. 《관자》와 《사기》〈화식열전〉에 나오는 "창고가 가득 차야 예절을 알고, 입고 먹는 것이 풍족해야 명예와 치욕을 안다(倉廩實而知禮節 衣食足則知榮辱)"가 대표적이다. 생활을 영위하는 데 필수적으로 요청되는 의식주가 경제적 토대에 해당하는 하부구조라면, '예절', '명예', '치욕'은 윤리와 철학에 가까운 상부구조에 해당하는 개념이다. 우리의 "곳간에서 인심 난다"라는 속담이나 전 미국 대통령 빌 클린턴(Bill Clinton)이 선거에서 내세운 유명한 구호 "바보야, 문제는 경제야(It's the economy, stupid)" 역시 마찬가지이다. 교육, 문화, 윤리 등 우리를 둘러싼 다양한 영역은 결국 경제적 토대와 밀접하게 관련될 수밖에 없다. 프로 스포츠는 이와 같은 구조적 연관성을 선명하게 드러내 주는 축소판이다.

물론 하부구조가 상부구조에만 영향을 미치는 단선적인 관계로 보는 것은 적절하지 않다. 후기 마르크스주의자들은 상부구조 역시 하부구조에 일정한 영향을 미칠 수 있다고 주장한다. 상부구조가 우리의 행위와 의식에 영향을 미치는 방식으로 생산 관계의 변화를 이끌어 내는 것이다. 부자는 망해도 3대는 간다고 했던가. 여전히 축구계의 영향력 있는 이웃 중의 하나인 맨유의 정체성은 전 세계적으로 많은 팬의 소비에 기여한다. 우수한 경기력을 가진 선수가 적은 연봉을 받더라도 맨유에 입단하는 점도 마찬가지이다. 실제로 구단의 전통과 명예가 선수 선발, 트레이드 정책, 스폰서 계약에도 영향을 미친다. 상부구조를 하부구조의 단순한 결과물로만 보는 것은 바람직하지 않다. 오히려 하부구조의 방향과 조건을 재구성하기도 한다.

하부구조와 상부구조의 양방향 상호 작용은 마르크스주의 철학의 핵심 사유 방식인 '변증법적 유물론(dialectical materialism)'에서 비롯된다. 변증법은 사물이나 사회가 고정된 상태로 존재하는 것이 아니라 내부의 모순과 긴장 등을 통해 변화하는 것에 주목하는 사고방식이다. 마르크스는 사회 변화 역시 모순, 갈등, 구조 간의 상호 작용을 통해 형성된다고 봤다. 이에 따르면 상부구조와 하부구조는 서로 영향을 주고받으며 변화와 진화를 이끌어 내는 유기적인 관계에 놓여 있는 셈이다. 프로 스포츠에서도 팀의 전통과 팬 문화와 같은 상부구조는 경기장 현대화 또는 선수의 경기력과 같은 하부구조와 함께 진화한다.

맨유와 맨시티 사례를 통해 살펴본 것처럼 프로 스포츠는 자본의 흐름, 경기력 향상을 위한 하드웨어 보강, 오랜 기간에 걸쳐 형성된 전통과 정체성, 팬의 충성심과 소비 방식 등이 복잡하게 얽혀 있는 하나의 살아 있는 생태계이다. 마르크스가 말한 하부구조와 상부구조는 이러한 복잡성을 이해하는 데 효과적인 틀을 제공한다. 두 구조는 끊임없이 상호 작용하면서 프로 스포츠 팀의 지속 가능한 방향을 제공한다. 마찬가지로 우리의 시선과 관점이 현대 사회에서 두 구조가 작용하는 양상에 닿을 때 좀 더 깊은 성찰의 기회를 얻을 수 있다.

Chapter 28

체급의 공정성, 계급의 불평등

다루는 개념 **체급, 계급, 신분, 계층**

사례 1

1996 애틀랜타 올림픽 레슬링 그레코로만형 라이트플라이급(48kg 이하) 결승전에서 심권호 선수가 승리함으로써 마침내 대한민국의 100번째 올림픽 금메달의 주인공이 되었다. 당시 심권호의 나이는 24세였고, 압도적인 실력으로 금메달을 획득했기 때문에 다음 올림픽에서의 선전도 기대됐다. 그런 심권호에게 시련이 찾아왔다. 라이트플라이급 경기가 애틀랜타 올림픽을 끝으로 없어진 것이다. 최경량급 경기의 허용 체중이 6kg나 늘어나는 바람에 심권호 선수도 울며 겨자 먹기로 체중을 늘려야 했다. 익숙하지 않은 체중으로 인해 한동안 슬럼프를 겪기도 했지만, 심권호는 2000 시드니 올림픽에서도 금메달을 획득했다. 두 체급에서 올림픽, 세계선수권대회, 아시안 게임, 아시아선수권대회를 모두 석권한 심권호는 2014년 한국인 최초로 국제레슬링연맹이 운영하는 명예의 전당에 당당히 이름을 올렸다.

사례 2

필리핀의 매니 파퀴아오는 복싱계의 전설이다. 그의 통산 전적은 72전 62승 2무 8패(86.1%)다. 통산 승률보다 더 중요한 기록이 있는데, 바로 복싱 사상 유일무이한 8체급 석권이다. 파퀴아오의 복싱 시작 체급과 마지막 체급의 체중 차이는 무려 20kg이다. 그의 별명은 팩맨(pacman)인데 이는 각 체급의 강자를 모두 해치우는 모습이 닥치는 대로 상대방을 먹어 치우는 비디오 게임의 캐릭터 팩맨과 유사하기 때문이다.

레슬링과 복싱의 공통점은 무엇일까? 바로 체급(體級, weight class)이 있다는 점이다. 체급은 몸무게가 비슷한 선수끼리 대결하도록 만든 등급을 의미한다. 복싱과 레슬링에서 체급은 공정한 대결을 보장하는 중요한 장치이다. 달리 말하면, 체급이 전혀 다른 두 상대가 맞붙는다면 이를 공정한 경쟁으로 보지 않는다. 헤비급(90.72kg 이상)인 마이크 타이슨(Mike Tyson)과 슈퍼웰터급(69.85kg 이하)인 무패 복서 플로이드

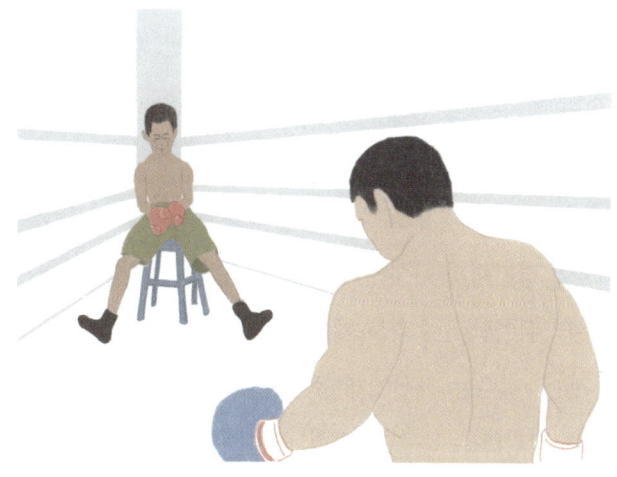

메이웨더(Floyd Mayweather)가 전성기 실력으로 맞붙는 상황을 가정해 보자. 모든 도박사가 타이슨에 돈을 걸 것이다. 힘의 차이를 의미하는 체급이 전반적인 경기력에 절대적인 영향을 미치기 때문이다. 메이웨더의 스트레이트는 타이슨에게 큰 충격을 주기 어렵지만, 타이슨의 잽은 메이웨더에게 충분히 위협적이다. 이런 이유로 '체급이 깡패'라는 표현이 있다.

체급 스포츠에서는 체중을 조절하고 유지하는 것이 매우 중요하다. 공식 경기에 앞서 선수의 몸무게를 측정하는 일이나 측정된 몸무게를 '계체량(weigh-in)'이라고 한다. 개체량을 통과하지 못하면 경기 출전 자체가 안 되기 때문에 해당 시간에 맞춰 약속된 체중을 유지해야 한다. 그런데 체중이 무거울수록 유리하기 때문에 개체량에서 급격하게 체중을 감량하기도 한다. 극단적인 경우 계체량 1~2주 전부터 10kg를 줄이기도 한다. 이를 위해 개체량을 앞두고 삭발, 헌혈, 사우나 안에서의 유산소 운동 등과 같은 극단적인 방법을 쓰는 경우도 종종 볼 수 있다. 개체량을 통과한 선수는 24시간 동안 충분한 수분과 영양분을 섭취해 평소의 체중으로 돌아가는데, 이를 리게인(regain) 또는 리바운드(rebound)라고 한다.

위 내용을 바탕으로 체급 스포츠의 특징을 정리하면 다음과 같다. 첫째, 체중이 경기력과 나아가 승패에 결정적인 영향을 미칠 수 있다. 둘째, 아무리 뛰어난 선수라도 계체량을 통과하지 못하면 경기에 나설 수 없다. 셋째, 선수는 자신에게 유리한 체급을 전략적으로 선택할 수 있다. 넷째, 감량(또는 증량)을 통한 다른 체급으로 전환하는 데 많은 노력이 요구된다.

일상생활로 가 보자. 다음은 현재 대한민국에서 쉽게 접할 수 있는 내용이다. 수저 논란(다이아수저 vs 흙수저), 결혼 정보 회사가 정해 놓은 1등 신랑감과 신붓감, 대학수학능력시험 성적표, 강남 아파트 입성기, 공노비로서의 공무원. 이 표현에서 공통으로 추출할 수 있는 개념은 무엇일까? 바로 계급(階級, class)이다. 다섯 '단계'의 수저(다이아수저, 금수저, 은수저, 동수저, 흙수저), 열다섯 가지 '등급'으로 구분되는 결혼 정보 회사의 남성/여성 회원(동질혼 또는 상향혼이라는 관련 표현도 있다), '등급컷'에 따라 희비가 엇갈리는 수험생, '상급지'와 '하급지'로 지역을 구분하는 방식, 국가와 CEO를 각각 주인으로 섬기고 예속 상태를 허탈하게 표현한 공노비와 사노비에는 모두 계급이 포함되어 있다.

계급을 논할 때 빠지지 않는 요소가 있다. 바로 높낮이다. 다섯 가지 예시에서 드러나듯이 한 계급(단계, 등급)은 다른 계급과의 관계에 따라 그 높이가 결정된다. 그런데 계급을 사람에 적용하면 뭔가 이상해진다. "사람 위에 사람 없고 사람 밑에 사람 없다"라는 말처럼 모든 사람은 본래 태어날 때부터 권리와 의무가 같지 않은가. 이와 같은 관점으로 보면 계급은 전근대적인 개념이라고 할 수 있다. 실제로 현대 사회에서는 평등이라는 가치가 실현될 수 있도록 헌법 등과 같이 여러 가지 장치를 마련한다. 대한민국 헌법 제11조 2항에서 "사회적 특수 계급의 제도는 인정되지 아니하며, 어떠한 형태로도 이를 창설할 수 없다"라고 명시한 바와 같이 특정 계급(왕, 귀족, 노비)을 생성하거나 유지하

는 것을 허용하지 않는다.[23]

계급과 유사하게 쓰이는 신분 역시 현대 사회와 어울리지 않는다. 신분의 사전적 의미는 '개인의 사회적인 위치나 계급'이며 계급의 사전적 의미는 '일정한 사회에서 신분, 재산, 직업 따위가 비슷한 사람들로 형성되는 집단 또는 그렇게 나뉜 사회적 지위'이다. 이와 같은 측면에서 계급과 신분은 유사한 방식으로 활용된다. 차이점은 다음과 같다. 첫째, 신분은 계급에 비해 세습적이고 선천적인 측면을 더 강조할 때 활용된다. 둘째, 계급은 계급 제도가 있는 곳에서 사용되는 경향이 있지만, 신분은 좀 더 광범위하게 사용된다. 1894년 갑오개혁에서 신분제 철폐를 추진한 이후 우리나라에는 공식적인 신분 제도가 없다(바꿔 말하면 150년 전만 해도 양반과 노비를 포함하는 뚜렷한 신분제가 존재했다). 여전히 신분 제도가 유지되고 있는 영국이나 종교적 관습으로 신분을 구분하는 인도 등이 있지만 개인의 존엄권을 인정하고 차별적인 대우를 허용하지 않는 대부분의 현대 국가에서는 신분 제도가 없다.

그렇다고 현재 우리나라에서 계급과 신분이 존재하지 않는다고 생각하는 사람은 별로 없을 것이다. 수저 논란과 같은 계급과 밀접하게 관련된 신조어가 지금 이 순간에도 생성되고 있다. 신분 역시 마찬가지이다. 개별 인격체를 양반, 평민, 노비와 같이 구분하지는 않지만,

---

[23] 물론 여기서 의미하는 계급은 '사회나 일정한 조직 내에서의 지위'와 같은 좁은 개념이 아니다. 중위(군인), 경장(경찰 공무원), 소방정(소방 공무원), 차장(민간 회사) 등과 같이 설립 목적을 효과적으로 달성하고자 위계적 질서를 운영하는 집단도 있다.

그 사람의 경제 여건, 직업, 명성 등을 고려해 의식적이든 무의식이든 구분하는 경향이 있다. 이는 "민간인 신분으로 어떻게 그런 일을 할 수 있겠어요" 또는 "회사원 신분으로 강남 아파트를 사는 것은 무리예요"라는 일상생활의 표현에서도 잘 드러난다.

전근대적 계급과 신분이 '제도적 구분'이라고 한다면 현대의 그것은 '경제적 구분'이다. 모든 국민에게 동일하게 법을 적용한다는 점과 모든 사람이 선거에서 한 표씩만 행사할 수 있다는 점에서 법적 및 정치적 평등을 보장하지만, 이는 반대로 생각하면 경제적 평등은 보장하지 않는다는 의미이다.

경제를 바탕으로 위계적 구조를 인식하는 것은 상류층, 중산층, 서민 등으로 구분하는 계층(階層, stratum)에서도 확인된다. '사회적 지위가 비슷한 사람들의 층'으로 정의되는 계층은 보통 교육 수준, 재산 정도, 직업 종류, 명성 등의 요소가 복합적으로 작용하여 형성된다. 그럼에도 다른 나라와 달리 우리가 중산층의 다섯 가지 조건을 부채 없는 30평 이상 아파트 소유, 월 급여 500만 원 이상, 2,000cc급 중형차 소유, 예금액 잔고 1억 원 이상, 연 1회 이상의 해외여행으로 꼽는 점을 보면 경제를 핵심적인 요소로 생각하는 점을 부인하기 어렵다. '직'보다 '집'을 선택하는 고위 공직자, 막후에서 정치인을 조종하는 그룹 총수의 모습을 다룬 드라마 장면 등도 이와 무관하지 않다.

경제를 기반으로 하는 현대 사회 계급의 중요한 특징 중의 하나는 세습 또는 재생산될 가능성이 높다는 것이다. 태어날 때부터 부모의 경제력에 따라 인생의 많은 부분이 결정된다는 '수저계급론'과 특정 지역에서 명문 대학으로 진학하는 학생의 비율이 지속적으로 올라가고 있는 점이 대표적인 현상이라고 할 수 있다. '개천에서 용 나던 시절은 끝났다'라는 표현 역시 능력보다 계급의 세습 및 재생산이 더 크게 작용한다고 이해하는 시선이다. 이는 계급 간의 이동이 갈수록 어려워진다는 뜻이다.[24]

같은 계급끼리 어울리고자 하는 점 역시 중요한 특징 중의 하나다. 영화 〈기생충〉에서 수준이 비슷한 믿을 만한 사람의 소개가 가장 안전하다는 것을 강조하는 표현인 '믿음의 벨트'가 여기에 해당한다. 공간적 분리 역시 같은 맥락으로 이해할 수 있다. 유사한 수준의 사람과 만나고 다른 계급을 피할 수 있는 공간을 마련하는 데 거액을 쓰는 것이다. 부촌과 서민 지역이 형성되고 고착화되는 것은 공간 자체가 계급의 상징이 될 수 있음을 의미한다. 이 외에도 잘 가꾸어진 신체 또는 즐기는 문화 활동의 차이 등으로 나타나는 상징적 구별 짓기 역시 현대 사회 계급의 특징이다.

이처럼 현대의 계급은 세습 가능성이나 폐쇄성으로 비판받는다. 그렇다면 스포츠의 체급은 왜 비판받지 않을까? 체급은 공정한 경쟁을 위한 장치로 작동하기 때문이다. 반면 현대 사회의 계급은 공정함을

---

[24] 자본주의를 우리나라보다 오랜 시간 겪었고, 그래서 경제 기반의 계급이 훨씬 굳어져 있는 나라보다는 아직은 좀 느슨하지 않겠느냐는 희망 섞인 생각을 해 본다. 나는 상류층의 갑질에 분노하고 어떻게든 출세하겠다고 생각하고 노력하면서 굳어진 상태를 바꾸고자 하는 모습이 보기 좋다. 그런 기대조차 못 하는 사회로 가지 않기를 바란다.

보장하지 않는다. 태어날 때부터 시작되는 경제적 격차는 실질적인 불공정으로 이어질 수 있다. 체급은 '차이를 전제로 하는 공정함'을 제도화한 사례이지만, 계급은 '차이를 고착화하는 불공정함'을 드러내는 구조로 작용할 수 있다. 체급은 선수의 안전을 보호하면서도 경쟁을 가능하게 하지만, 계급은 실력을 왜곡하거나 경쟁 자체를 무의미하게 만들 수 있다.

　모든 사람이 완전히 같은 조건에서 경쟁하는 것은 불가능하다. 동시에 출발선의 차이가 지나치게 벌어지지 않도록 제도를 조정하는 일 역시 충분히 가능하다. 체급이 깡패여서는 안 되는 것처럼, 계급 역시 누군가의 가능성과 행복을 짓밟는 불한당이 되어서는 안 된다.

Chapter 29

빠름과 느림이 공존하는 스포츠

다루는 개념   **삼중뇌, 개혁, 혁신, 개선, 패러다임**

사례 1

2002 한일 월드컵에서 대한민국의 4강을 이끈 히딩크 감독이 우리나라에 와서 가장 먼저 배운 단어 중 하나가 '빨리빨리'이다. 2008년 시각 장애인 전용 축구장 '히딩크 드림필드' 준공식에 참석하려고 우리나라를 찾은 그는 한국말을 기억하느냐는 질문에 "점잖은 말보다 험한 말들을 먼저 배우는 바람에"라며 즉답을 피하다가 결국 "빨리빨리를 기억한다"라고 말했다. 그래서일까. 이듬해 축구 유망주들을 대상으로 진행된 클리닉에 1일 강사로 나선 그는 우리말 "빨리빨리"를 반복적으로 외치며 스피드와 민첩성을 강조했다.

사례 2

테니스에 입문한 지 3년 정도 되었을 때의 일이다. 하루는 클럽에서 테니스를 가장 잘 치는 동생과 파트너가 되었다. 경기 시작 전 그 친구가 조언해 준 것은 '천천히'였다. 상대 스트로크에 허둥지둥 반응하지 말고 마음의 여유를 가지라는 뜻에서 해 준 말이었다. 그런데 그게 어디 말처럼 쉬운가. 상대방의 빠른 스트로크를 받아내기에 급급했고, 처음부터 부족했던 마음의 여유는 바닥을 드러낸 지가 한참이었다. 이런 나의 모습을 지켜보던 그 친구는 온화한 미소와 함께 "괜찮아요, 형이 안 치면 저쪽도 못 쳐요. 천천히 해도 돼요"라며 격려해 줬다.

두 사례의 키워드인 '빨리'와 '천천히'는 시간과 밀접하게 관련되는 속성이다. 서로 다른 두 가지 속성은 경기력과 밀접하게 관련된다. 우선 발이 빠르면 육상, 축구, 테니스 등 대부분의 스포츠 종목에서 유리할 수 있다. 마라톤과 같은 장거리 종목도 결국 스피드가 있어야 이길 수 있다. 1초 이내에 공이 다시 돌아오는 탁구나 상대의 공격을 피하면서 동시에 반격해야 하는 복싱과 같은 스포츠에서는 빠르게 판단하고 반응하는 능력 역시 매우 중요하다.

침착함과 정확성이 경기력에 크게 영향을 미치는 스포츠도 있다. 컬링이나 크리켓과 같이 경기의 흐름이 느린 스포츠가 대표적이다. 양궁과 사격은 모두 한 발을 쏘는 데 제한 시간이 적용된다는 점에서 '빨리'의 속성에서 완전히 벗어날 수는 없지만, 상대적으로 정확한 샷과 동요가 없는 심리 상태를 유지하는 것이 경기력의 핵심 요소이다. 골프 역시 샷 제한 시간이 있지만 40초로서 상대적으로 여유가 있는 편이다.

주목할 점은 두 가지 모두 중요하며 함께 발휘해야 하는 순간이 많다는 것이다. 테니스에서 마음의 여유만 가지고 있으면 상대의 빠른 스트로크에 적절하게 대응할 수 없다. 심리적으로는 침착함을 유지해야 하지만, 발은 쉴 새 없이 움직여야 한다. 컬링에서도 움직이는 스톤의 속도와 방향을 실시간으로 읽는 뇌는 침착해야 하지만, 브러시로 얼음판을 닦는 동작은 신속해야 한다.

이와 같은 이중성은 인간의 뇌 구조와도 관련이 있다. 우리의 뇌는 파충류의 뇌, 포유류의 뇌, 영장류의 뇌라는 세 가지로 구성된다. '빨리빨리' 반응해야 하는 상황에서는 생존 본능과 반사 행동을 관장하는 파충류의 뇌가 우세하게 작동한다. 반면 상대의 전략을 읽고 심리적 균형을 유지하며 경기를 풀어가는 데는 감정을 조율하는 포유류의 뇌와 복합적 사고와 판단을 담당하는 영장류의 뇌가 긴밀히 협업해야 한다. 결국 '신속함'과 '침착함'을 동시에 요구받는 스포츠에서는 세 가지 뇌가 균형 있게 작동할 때 최상의 경기력이 발휘될 수 있다.

반면 규칙은 대체로 경기 시간을 줄이는 형태로 바뀌고 있다는 점에서 '빠름'을 추구한다고 할 수 있다. 한 경기를 치르는 데 세 시간이 훌쩍 넘던 미국 메이저 리그에서는 2023년 경기 시간을 획기적으로 줄이기 위해 피치 클록 룰(pitch clock rule, 주자가 있는 경우와 없는 경우의 투구 시간을 각각 20초와 15초로 제한하고, 이를 어길 경우 볼 판정을 받는다)을 도입했다. 결과는 무려 27분 단축으로 대성공이었다. 농구의 24초 공격 제한 시간 도입, 배구의 랠리 포인트제 전환, 테니스의 25초 이내 서브, 축구의 실제 경기 시간(농구처럼 공이 실제로 플레이되는 시간만 계산하고 전후반 30분씩만 운영) 도입 논의 등도 모두 신속한 전개를 위한 조처이다.

그렇다면 신속한 경기 전개 방식으로 전환되는 추세는 빨리빨리 라면 세계에서 둘째가라면 서러운 우리에게 좀 더 유리하게 작용할까? 그렇다고 보기 어렵다. 최근의 국제 대회 성적이 이를 뒷받침한다. 대한민국의 2024 파리 올림픽 대회 선수단 규모는 총 144명이었다. 이는 2012 런던 올림픽의 245명과 2020 도쿄 올림픽의 232명과 비교하면 급감한 수치다. 단체 구기 종목은 여자 핸드볼만 참가했다. 1984 LA 올림픽에서 은메달을 획득한 여자 농구는 이제 출전 자체를 목표로 잡고 있다.

라이벌 국가 일본과의 상대 우위도 이제 옛날이야기가 되었다. 과거 인기 종목인 축구, 농구, 배구에서 남녀 모두 우위를 점했으나 현재는 모두 열세이다. 우리나라와 달리 일본은 2024 파리 올림픽에 남녀 모두 출전해 농구 강국과의 대결에서 인상적인 경기력을 선보였다.

문제는 이 차이가 더 심화될 가능성도 충분하다는 것이다. 국가대표의 경기력은 해당 스포츠 종목의 저변과 결코 무관하지 않다. '꿈나무'와 '풀뿌리'가 많을수록 국가를 대표할 만한 선수의 수준 및 숫자에서 우위를 차지할 가능성이 높아지기 때문이다. 대한민국의 여자 고교 농구 팀은 19개이고 등록 선수는 148명이다. 반면 일본은 각각 3,540팀과 51,266명이다.[25] 우리나라의 스포츠 저변이 획기적으로 바뀌지 않는다면 그 격차는 심화될 수밖에 없다.

개혁(改革, reform)은 사전적으로 '제도나 기구 따위를 새롭게 뜯어고

---

[25] 유대근(2023년 11월 13일). 한국엔 없는 풍경… '3540 대 1' 고교생 사쿠라코의 마지막 도전. 한국일보. http://www.hankookilbo.com/News/Read/A2023110315570002005.

침'이라고 정의된다. 개혁은 가죽(革)을 고치는 것이기 때문에 생각보다 많은 노력이 요구되며 한 번 바뀌면 영구적인 형태의 변화로 이어질 수 있다. '가죽을 새롭게 한다'는 뜻의 혁신(革新) 역시 적절하지 못한 관습이나 방법 등을 완전히 바꾸어서 새롭게 한다는 의미로 사용된다. 2019년 스포츠계의 인권 침해 사건을 계기로 발족한 스포츠혁신위원회가 다양한 권고안을 제시한 사례가 대표적이다. 그런데 어떤 일을 하도록 권하는 것은 개혁이나 혁신과는 거리가 먼 행위로 보일 수 있다. 개선(改善)이 '잘못된 것이나 부족한 것, 나쁜 것 따위를 고쳐 더 좋게 만듦'으로 정의되는 점을 고려하면 개혁, 혁신, 개선 사이에 결정적인 차이가 있다고 보기 어렵다.

반면 '헌법의 범위를 벗어나 국가 기초, 사회 제도, 경제 제도, 조직 따위를 근본적으로 고치는 일'로 정의되는 혁명(革命, revolution)은 기존 체제를 없애고 새로운 질서를 수립한다는 측면에서 개혁과 구분된다. 프랑스 혁명과 영국에서 시작된 산업혁명은 각각 왕정을 전복시키고 공화정을 수립했다는 점과 기술 혁신을 통해 인류 문명이 크게 달라진 방식으로 전환되었다는 점에서 개혁이 아닌 혁명으로 이해된다. 혁명에서는 새로운 체제를 위한 '파괴'와 '재구성' 수준의 변화가 동반된다.

미국의 과학철학자 토머스 쿤(Thomas Kuhn, 1922~1996)이 제시한 패러다임(paradigm) 역시 '단절'을 포함한다는 측면에서 혁명과 밀접한 개념이다. 쿤은 과학의 발전이 기존의 이론을 개선하는 형태가 아니라 완전히 새로운 것으로 대체되는 것으로 이해했다. 그가 말한 패러다임 전환(paradigm shift)은 기존 과학에서 해결할 수 없는 변칙 현상이 발견되면서 위기를 겪는 것으로 시작된다. 이후 위기를 해결할 수 있는 새로운 패러다임이 기존 패러다임을 대체하는 방식으로 새로운 지식 체계가 확립된다. 천동설에서 지동설로의 전환, 플로지스톤을 부정하는 라부아지에 연소 이론, 양자역학의 출현에 따른 고전역학의 붕괴 등이 패러다임 전환에 해당된다.

자연과학에서 형성된 개념인 패러다임은 다양한 학문 영역과 일상생활에서도 쓰이고 있다. 'AI 시대의 교육 패러다임 전환'이라는 표현이나 양적 성장보다 지속 가능성과 복지를 더 중요하게 여기는 성장 패러다임의 변화 등을 예로 들 수 있다. 스포츠에서도 패러다임은 비슷한 양상으로 쓰인다. 축구에서 한 선수가 특정 포지션에 제한되지 않고 다양한 역할을 수행하는 것을 의미하는 포지션리스(positionless)가 대표적이다. 농구에서 코트를 넓게 쓰면서 3점슛을 적극적으로 시도하는 전술이 자리 잡은 점 역시 패러다임 전환으로 본다.

이와 같은 측면에서 우리나라 스포츠 생태계를 새롭게 구축하는 일도 패러다임 전환일 수 있다. 스포츠에 참여하는 인구가 지속적으로 늘어나고 바람직한 스포츠 생태계에 대해 비판하는 문화가 정착된 점은 매우 환영할 만한 일이다. 그럼에도 나는 스포츠 생태계 재구축은 어려서부터 '모든' 국민이 한 가지 이상의 평생 스포츠를 찾고 즐기는 형태로 바뀌는 혁명이기를 희망한다. 이를 위해서는 새롭게 만들어야 하는 것들도 있지만 분명 청산해야 할 정책이나 문화도 있을 것이다.

혁명을 제대로 수행하려면 다음을 고려해야 한다. 첫째, 충분히 진단해야 한다. 땜질은 개선에 그친다. 뒤엎고 새롭게 만들려면 무엇이 문제인지를 진단하는 일이 가장 중요하다. 어설픈 진단은 실패할 수밖에 없는 처방으로 이어진다. 둘째, 긴 호흡으로 기다려 줘야 한다. 제대로 된 진단과 처방을 내렸다면 그것이 이식되는 데 오랜 시간이 걸린다는 점을 이해하고 기다려야 한다. 국제 대회 성적 악화 등과 같은 아쉬운 일이 발생할 수 있지만 일희일비하지 않고 뚝심 있게 진행해야 한다.

파충류, 포유류, 영장류 세 가지 뇌의 작동 방식은 경기력에만 적용되지 않는다. 국제 대회에서의 경쟁력 제고는 충분히 의미 있는 일이지만, 단기 성과에만 집착하는 '빨리빨리' 태도는 파충류의 뇌가 지배하는 상태라고 할 수 있다. 스포츠에 참여하는 모든 사람의 감정과 관계를 존중하는 포유류적 문화를 형성하고, 백년지대계로서의 평생 스포츠 참여를 이끌어 내는 영장류적 스포츠 생태계를 구축할 때이다. 어떻게? 천천히, 그리고 제대로!

Chapter 30

보이는 선, 보이지 않는 권력

다루는 개념　**권력, 지식, 파놉티콘, 규율 권력**

사례 1

2023 롤랑 가로스(4대 테니스 그랜드슬램 대회 중 하나인 프랑스 오픈의 별칭) 남자 단식 3라운드에서 독일의 알렉산더 즈베레프(Alexander Zverev)와 미국의 프랜시스 티아포(Frances Tiafoe)가 맞붙었다. 티아포가 1세트를 가져가며 흐름을 타고 있다. 2세트는 박빙으로 흘러갔다. 타이브레이크 상황에서 즈베레프가 친 공이 베이스라인 근처에 떨어졌다. 선심의 판정은 인. 그러나 공이 선을 벗어났다고 판단한 티아포는 주심에게 공 자국 확인을 요청한다. 클레이 코트에서 진행되는 롤랑 가로스는 통상적으로 선수의 요청이 있는 경우에는 주심이 코트에 내려와 공 자국을 확인한 후에 최종적으로 인 아웃 여부를 결정한다. 그런데 웬일인지 주심은 티아포의 요청을 들어주지 않고 그대로 즈베레프의 득점으로 결정했다. 문제는 호크아이(Hawkeye, 2006년부터 도입된 비디오 판독 시스템)로 확인해 보니 해당 샷은 아웃이었다. 결과적으로 티아포가 큰 손해를 본 셈이다. 이 판정 때문이었을까. 티아포는 급격히 흔들리기 시작했다. 즈베레프는 내리

2, 3, 4세트를 따내며 역전승을 거두었다.

사례 2

KBL에서 7시즌 동안 활약한 찰스 로드(Charles Rhodes)는 키가 199.2cm 로 측정되며 기준점을 통과했다. 로드는 무릎을 꿇고 기도하는 세리머니 를 취하며 "선수 인생 중 가장 긴장되는 신장 측정이었습니다."라고 했 다. 어떻게 된 사연일까. KBL은 2018-19 시즌을 앞두고 국외 선수의 키를 200cm 이하로 제한하였다. 200cm를 넘는 선수는 리그에서 뛸 수 없게 된 것이다. 결국 이 규정으로 인해 좋은 활약을 펼치던 일부 국외 선수가 재 계약에 실패했다. 키가 클수록 유리한 스포츠에서 키를 제한하는 역설적인 이 규정은 해외에서 비판을 받기도 했다.

두 사례의 공통점은 무엇일까? 첫째, 뚜렷한 경계선이 있다. 첫 번째 장면에서는 코트에 뚜렷하게 새겨진 베이스라인의 끝부분이 경계선이며, 두 번째 장면에서는 지면으로부터 2m에 위치한 가상의 선이 경계선의 역할을 한다. 축구의 사이드 라인, 농구의 자유투 라인, 배드민턴의 서비스 라인 등 경계선을 포함하는 스포츠가 매우 많으며, 각각의 경계선을 잘 이용하는 능력은 경기력 향상으로 이어진다.

둘째, 경계선을 바탕으로 큰 차이가 발생한다. 테니스 경기에서 공이 선에 1mm라도 걸치면 인(in)이 되지만, 나머지는 모두 아웃(out)이 된다. 육안으로 확인할 수 없을 정도의 아주 근소한 차이지만 판정된 인과 아웃은 실로 엄청난 차이를 만들어 낸다. 특히 흐름이 매우 중요한 테니스에서는 더욱 그렇다. 동호인 대회에서 인과 아웃을 두고 상대방과 옥신각신하는 모습도 같은 맥락이다. 찰스 로드의 공개된 프로필에는 키가 200.1cm로 등록되어 있었다. 당일 컨디션에 따라 키가 달라질 수 있는 점을 고려하면, 그는 어떤 날은 규정을 통과하고 어떤 날은 규정을 통과하지 못하게 되는 것이다.

셋째, 권력이 관여한다. 첫 번째 장면에서 심판이 티아포의 공 자국 확인 요청을 들어주지 않은 것은 "공 마크 확인 요청은 주심이 확신할 수 없는 경우에만 받아들여진다"라는 규정에 따른 것이다. 공의 인과 아웃 여부를 제대로 확인했다는(실제로는 잘못 판정한 것일 가능성이 크지만) 주심의 재량이 결정적인 역할을 한 셈이다. 법령이나 시행령에서 '그 밖에 ○○장이 타당하다고 인정하는 경우'라고 표현된 점도 큰 틀에서는 같다. 두 번째 장면에서는 KBL 이사회가 경기의 박진감과 국내 선수 보호를 위한다는 명목으로 변경된 규정에 따라 몇몇 외국 선수는 실직하게 되었다. 규정 변경은 KBL 이사회의 권력에서 비롯된 것이다.

스포츠는 권력이 조직되고 행사되는 대표적인 사회적 공간이다. 가르치는 코치와 배우는 선수 간에 존재하는 위계적 구조, 프로 스포츠 구단과 선수 간의 계약, 경제력과 정치력에 의해 결정되는 올림픽 개최지, 국위 선양에 기여한 국가대표에게 제공되는 병역 혜택 등에서 모두 권력이 작동한다.

규정을 만들고 적용하는 것 역시 대표적인 권력 작동 방식이다. NBA에서 핸드 체킹(hand checking, 공격수의 움직임을 제어하기 위한 수비수의 손동작)을 금지한 것을 예로 들어보자. 이는 공격자에게 좀 더 유리한 상황을 조성함으로써 높은 득점을 이끌어 내고 스타 플레이어가 부각되는 결과로 이어졌다. 반대로 수비수의 입지는 줄어들었으며, 개인기 중심의 플레이가 만연해짐에 따라 전반적인 경기력의 하락으로 이어졌다는 비판을 받기도 했다. 이 외에도 IOC나 FIFA와 같이 국가 대항전을 주관하는 기관에서 정하는 선수 출전, 징계의 종류와 범위, 장비 기준 등은 해당 스포츠에 참여하는 이해 당사자에게 큰 파급 효과를 가진다는 측면에서 매우 큰 권력 기제라고 할 수 있다.

규정은 그 내용이 이상적이지 않더라도 결정된 이상 따라야 한다는 점에서도 매우 큰 권력 작동 방식이다. 2018 자카르타·팔렘방 아시안게임 기계체조 남자 도마(뜀틀) 결선에서 김한솔 선수는 뛰어난 연기를 선보이며 1차(14.850점)와 2차(14.225점) 시기 합계 평균 14.550점을 받았다. 2차 시기에서도 충분히 좋은 경기력을 보여 줬으나 그는 경기 뒤 심판진에 인사하지 않아 0.3점이 깎였다. 그의 최종 점수는 금메달을 받은 홍콩 선수 14.612점보다 0.062점이 부족했다. 결과적으로 2차 시기에서 인사만 제대로 했다면 결과는 바뀌었을 것이다. 이는 규정이 스포츠 기술 및 반칙 여부를 결정하는 방식에만 관여하지 않는다는 점을 보여 준다. 규정은 일종의 권위와 복종이라는 상징적 질서로 작동한다.

프랑스 철학자 미셸 푸코(Michel Foucault, 1926~1984)에 따르면 스포츠에서 제정되는 규정은 지식이며, 이는 포함과 배제를 결정하는 방식으로 그 권력을 행사한다. 그에 따르면 지식과 무관한 권력은 없으며, 권력을 만들어 내지 않는 지식도 없다. 테니스의 인과 아웃을 결정하는 지식으로서의 규정은 모든 타구와 선수의 플레이에 권력을 행사한다. 푸코에 따르면 구분에 의해 선택된 것은 동일자(the Same)이고 배제된 것은 타자(the Other)이다. 주목할 점은 동일자는 권력 구조 속에서 억압받지 않는 반면, 타자는 사회적으로 배제되거나 소외된 집단으로 밀려나게 된다.

푸코는 저서 《광기의 역사》에서 지식의 작동 방식을 설명한다. 광인(狂人)은 사전적으로 '정신에 이상이 생겨 말과 행동이 보통 사람과 다른 사람'이다. 여기서 주목할 표현은 '다른'이다. 과거 광인은 대부분의 사람이 말하고 행동하는 방식과 조금 다르지만 예지력이 남다른 사람 정도로 이해되었다. 그런데 광인을 이해하는 새로운 지식이 형성되면서 그들을 다르게 바라보게 되었다. 바로 이성의 힘이 점점 강해지면서 광기를 비이성적인 것으로 간주하기 시작한 것이다. 이성은 동일자가 되고 광기는 타자가 되는 셈이다. 광기를 새롭게 이해하는 정신의학 또는 심리학 관련 지식이 추가로 생성되면서 광기는 결국 '질병'으로 이해된다. 자연스럽게 광인은 치료가 필요한 사람으로 간주된다. 이에 감금 및 격리라는 새롭게 타자를 배제하는 방식이 작동한다.

우리가 주목할 점은 광기 또는 광인이라는 실체 또는 현상은 그대로인데 이를 둘러싼 담론이 달라지는 것이다. 같은 사람이어도 관련된 지식 또는 담론이 달라지면 이해하는 방식이 달라진다. 일상생활에서도 이와 같은 방식으로 지식이 작동하는 방식을 쉽게 확인할 수 있다.

내 몸무게는 성인이 된 이후 크게 달라지지 않았다. 키가 커지지는 않았으니 체질량 지수인 BMI(body mass index, 몸무게를 키의 제곱으로 나눈 값) 값은 늘 23 근처에 있다. 문제는 어디에서 정한 기준을 적용하느냐에 따라 나는 '정상'이 될 수도 있고 '과체중'이 될 수도 있다는 것이다. 사람은 같지만 지식에 의해 내게 다른 꼬리표가 달라붙는 것이다. 고혈압 진단 기준이 과거 160/95mmHg에서 130/80mmHg로 낮아진 점 역시 같은 맥락이다. 극단적으로 말하면 혈압이 정상이었던 사람이 하루아침에 고혈압 환자가 될 수 있다. 이와 같은 진단 관련 지식의 변화는 누군가의 이득 및 손해로 이어질 수 있다는 점에서 큰 권력이다.

푸코는 '규율 권력(Disciplinary power)'을 통해 권력이 개인을 은밀하게 감시하고 스스로를 통제하게 만드는 메커니즘을 밝힌다. 이를 대표하는 구조가 바로 파놉티콘(Panopticon, 그리스어로 '모두'라는 뜻의 pan과 '보다'를 의미하는 opticon이 합쳐진 단어)이라는 감옥이다. 이 감옥은 중앙에 감시탑이 있고 그 주위로 감방이 원형으로 배치되어 있다. 감시탑 안에서는 환하게 밝혀진 모든 감방을 볼 수 있는 반면, 감방 안의 죄수는 감시탑 내부를 볼 수 없다. 결국 죄수는 실제 감시 여부와 무관하게 '항상 누군가가 지켜보고 있다'는 생각에 자발적으로 행동을 조절하게 된다.

결국 규율 권력으로서의 스포츠 규정은 단지 벌점이나 실격 같은 외적 제재로만 작동하지 않는다. 선수의 몸과 행위에 해당 규정을 내면화시키는 방식으로 작동한다. 체조 경기에서 연기를 마친 선수가 자동 반사적으로 주심을 향해 고개 숙여 인사하는 행위는 외적 지시가 아니라 훈련으로 몸에 새겨진 것이다. 이외에도 체조 경기에서 손끝의 방향이나 시선의 각도까지 세밀하게 평가되는 점, 야구 경기에서의 투구 시간 제한, 심판에 대한 항의가 금지되는 많은 종목 등은 모두 선수의 신체와 감정을 세밀하고 조절하고 관리하는 방식으로 작동한다. 규정은 단지 경기의 질서를 위한 것이 아니라 개인을 통제하고 평가하는 기준이 된다.

정리하면 스포츠 규정은 포함과 배제를 결정하는 경계선으로서의 역할뿐만 아니라 선수가 규정을 자발적으로 내면화하도록 유도하는 방식으로 작동한다. 푸코의 통찰은 우리에게 스포츠 규정을 통제와 훈육의 장치로 새롭게 이해할 수 있는 시각을 제공한다. 동시에 지식 및 규율 권력으로서의 규정이라는 틀을 모든 스포츠 장면에 적용해서는 안 된다. 이긴 사람만을 동일자로 바라보고 진 사람이나 규칙에서 벗어난 이를 타자로만 간주하는 태도는 스포츠의 본질을 왜곡할 수 있다. 적절하지 못한 규정을 바로잡을 방안을 도출하고 실천할 때 우리는 좀 더 바람직한 스포츠 생태계를 구축할 수 있다.

PART IV

스포츠로 존재 읽기

Chapter 31
즐거운 진지 씨

다루는 개념　**좋아함, 즐김, 배움의 단계**

테니스 구력 15년의 최진지 씨는 최근 이사를 했다. 다행히 새로 이사한 집 근처에 동호회가 있어 문을 두드렸다. 통상 테니스 동호회는 가입 희망자의 테니스 실력, 인성, 클럽 문화와의 적합도 등 여러 가지를 파악한 후에 가입 여부를 결정한다. "미꾸라지 한 마리가 물을 흐린다"라는 속담처럼 한 사람으로 인해 클럽 분위기가 와해될 수 있기 때문이다. 최진지 씨는 클럽에 가입하지 못했다. 클럽의 전반적인 테니스 수준이 자신보다 한참 낮다고 생각한 그는 가입 거부를 이해할 수 없었다. 최진지 씨는 카톡으로 이유를 물었는데 돌아온 답에는 다음과 같이 적혀 있었다.

"최진지 씨의 경기 태도를 부담스러워하는 회원들이 많았습니다. 계속해서 파트너를 가르치려고 하거나 졌을 때 지나치게 안타까워하는 모습 등에서 부담을 느낀 회원이 많았던 것 같습니다. 저희는 실력 향상도 좋지만 즐거운 분위기로 테니스 치는 것을 중요하게 생각하거든요. 진지 씨의 실력과 성향에 맞는 클럽이 주변에 많으니 금방 찾으실 것 같네요."

100명의 테니스 동호인이 있으면 100개의 다른 포핸드 스트로크 폼이 있다. 마찬가지로 동호인의 클럽 가입 목적, 패배와 실수를 받아들이는 태도, 실력 향상에 대한 열망 등도 모두 다르다. 최진지 씨에게는 실력 향상과 게임에서의 승리가 가장 중요하다. 파트너에게 하는 잔소리도 그의 실력 향상을 위하는 순수한 의도에서 비롯되었다. 반면 즐거운 분위기의 테니스를 선호하는 동호인에게는 최진지 씨의 훈수는 지적이나 비판으로 받아들여질 수 있다. 패배를 심각하게 받아들이는 최진지 씨의 태도 역시 파트너를 탓하는 것으로 여겨질 수 있다. 테니스를 대하는 자세의 차이는 갈등으로 이어지기도 한다. 테니스의 대표적인 에티켓 중 하나가 파트너의 경기력을 지적하거나 비방하지 않는 것이다.

사실 최진지 씨는 전에도 자신의 테니스를 대하는 태도와 관련해 몇 번의 조언을 들은 적이 있다. 가장 많이 들은 조언의 내용은 테니스를

좀 더 즐기라는 것이다. 그는 이해되지 않았다. 적지 않은 돈과 시간을 투자해 받는 레슨, 틈날 때마다 보는 유튜브 테니스 채널, 아내와 함께 다녀온 윔블던 대회 등 본인이 좋아하는 테니스를 더 잘하려고 모든 관심과 노력을 집중하고 있었기 때문이다. 여기에서 테니스를 어떻게 더 즐길 수 있다는 말인가! 그저 하하호호 웃으면서 테니스 치는 것은 함께 밥 먹고 차 마시는 형태의 사회 활동과 다를 것이 없다고 생각했다.

하루는 나이 지긋한 동호인으로부터 "아는 사람은 좋아하는 사람만 못하고, 좋아하는 사람은 즐기는 사람만 못하다"라는 표현을 접하면서 테니스 실력을 늘리는 것도 중요하지만 경기 자체를 조금 더 즐거운 마음으로 임하면 좋겠다는 조언을 들었다. 이 말 역시 잘 이해가 되지 않는 최진지 씨는 "좋아하는 것하고 즐기는 것하고 어떤 차이가 있어요? 저는 정말 테니스를 좋아하고 즐겨요. 정말 몰라서 물어보는 것인데 좋아하는 것이랑 즐기는 것은 무엇이 달라요? 실수해도 그냥 웃으면서 치는 것인가요? 저한테 예를 들어서 한번 설명해 주세요"라고 이야기했다. 조언을 건넨 사람은 난처해했다. 그 역시 차이에 대해 깊게 고민한 적이 없었기 때문이다.

동호인이 언급한 아는 사람, 좋아하는 사람, 즐기는 사람을 구분하는 방식은 《논어》에 수록된 "知之者, 不如好之者; 好之者 不如樂之者"로서, 배움의 단계를 설명할 때 자주 인용된다. 아는 것, 좋아하는 것, 즐기는 것으로 번역되는 한자는 각각 知, 好, 樂이다. 지(知)는 안다(know)로 번역되기 때문에 직관적으로 이해하는 데 어려움이 없다. 그런데 우리말로 번역되는 좋아함(好)과 즐김(樂)을 구분하기가 쉽지 않다. 두 우리말의 의미가 비슷한 것처럼 한자에서도 두 단어는 서로를 유사어로 지정한다. 樂은 두 가지 이상의 소리를 가진 한자로서 '즐기다'로 활용할 때는 '락'으로 소리 내고(예: 오락), '좋아하다' 또는 '바라다'를 나타내고자 할 때는 '요'로 발음한다. 마찬가지로《논어》〈옹야편〉에서 나오는 '지자요수 인자요산(知者樂水, 仁者樂山)'은 '지혜로운 사람은 물을 좋아하고 어진 사람은 산을 좋아한다'는 뜻이다.

결과적으로 좋아함과 즐김의 의미가 유사하다는 점과 두 단어가 활용되는 양상을 고려하면 테니스를 좋아하는 것과 즐기는 것은 쉽게 구분되지 않는다. 나는 앎, 좋아함, 즐김이라는 세 가지는 배움의 양상으로 구분해야 된다고 생각한다. 달리 말하면 세 가지는 배움의 구체적인 목적, 내용, 방법, 효과 등이 달라지는 일종의 단계로 이해해야 한다. 최진지 씨를 예시로 세 가지 배움의 단계를 알아보자.

'알기'는 테니스를 접하는 단계이다. 학창 시절부터 축구와 농구를 즐긴 최진지 씨는 부상을 달고 살았다. 신체 접촉이 없으면서도 격렬한 스포츠를 찾던 최진지 씨는 결국 테니스를 선택했다. 테니스를 경험한 적 없는 그에게 라켓, 공, 신발 모든 것이 생소하다. 처음으로 라켓을 휘둘러 공을 맞힌다. 느낌이 나쁘지 않다. 날아오는 공을 보면서 이리 뛰고 저리 뛰었더니 어느새 땀이 송골송골 맺힌다. 10여 분 치는 동안 공을 제대로 맞히는 횟수가 늘어난다. 최진지 씨는 테니스가 자신의 성향에 부합한다고 느낀다. 본격적으로 배우기로 결정한 그는 테니스 기술, 라켓의 종류, 표면에 따른 공의 반발 정도, 유명한 선수 등에 관심을 가진다.

이런 측면에서 알기 단계는 '만남'과 '결심'의 시기다. 백지상태로 태어나는 우리에게는 어떤 스포츠라도 처음으로 만나는 순간이 있다. 몇 번 만나는 동안 자신과 해당 스포츠와의 궁합에 대해서 생각하게 된다. 아무리 매력적인 스포츠라도 본인의 성향과 맞지 않으면 선택되지 않는다. 여기에는 해당 스포츠의 명성, 자신의 체격과 체력 조건, 주위의 권유, 주머니 사정 등 여러 요소가 복합적으로 작용한다. 이상의 과정을 거쳐 첫 번째 단계의 마지막 과정인 추가적인 배움을 결심하면 비로소 두 번째 단계로 넘어갈 수 있다. 바꿔 말하면 첫 번째 단계에서 배움이 중단되는 경우가 굉장히 많다.

두 번째 단계는 '좋아하기'이다. 제대로 테니스를 배우기로 결정한 최진지 씨는 레슨을 받기로 결정한다. 서브, 포핸드 스트로크, 발리 등 여러 가지 기술을 배우면서 점점 테니스에 빠져든다. 기술을 익히는 데 상대적으로 오랜 시간이 걸린다는 점도 그에게는 매력적이다. 레슨에서 배운 기술을 연마하고 게임 운영 기술도 배우려고 테니스 동호회에도 가입했다. 기술 수준이 올라가고 게임에서 이기는 횟수가 많아지면서 테니스는 어느새 최진지 씨 일상의 핵심으로 자리 잡았다. 레슨 횟수를 늘린 그에게 이제 어떤 약속도 테니스보다 중요하지 않다.

좋아하기 단계에서 주목해야 하는 점은 모든 사람이 자신만의 방식으로 테니스를 좋아할 수 있다는 것이다. 건강 증진, 동호회 안에서의 좋은 유대 관계 형성, 공이 라켓에 맞는 순간에 느끼는 쾌감 등 테니스에서 얻을 수 있는 즐거움은 매우 다양하다. 최진지 씨가 특히 좋아하는 것은 기술의 완성도를 향상하고 게임에서 이기는 것이다. 반면 가벼운 마음으로 게임에 임하고 스트레스 푸는 것을 선호하는 사람에게는 기술 향상이 최우선의 즐거움이 아닐 수 있다. 진중하게 테니스 경기에 임하는 최진지 씨의 태도 자체가 잘못이 아니듯이, 화목한 게임 분위기를 선호하는 회원의 문화 역시 잘못된 것이 아니다. 다양한 좋아함이 충돌했을 뿐이다.

세 번째 단계로 가는 데 필요한 것은 무엇일까? 여러 가지 후보가 있을 수 있다. 누군가는 경기력을 언급할 수 있다. 이를테면 전국 대회에서 우승하면 비로소 테니스를 즐기는 경지에 이르렀다고 여기는 것이다. 이와 같은 관점에서는 대다수의 테니스 동호인은 아무리 오랫동안 테니스에 참여하고 좋아해도 세 번째 단계에 다다를 수 없다. 추가적인 문제도 있다. 나이가 들어감에 따라 경기력이 저하되면 다시 두 번째 단계로 떨어지게 되는 것이다.

나는 세 번째 단계인 '즐기기'는 모든 장면에서 배울 수 있는 자세와 태도가 형성된 시기라고 생각한다. 우리는 테니스의 모든 장면에서 배울 수 있다. 실수한 스트로크 반성하기, 승리를 축하해 주는 상대방의 모습에서 바람직한 매너 생각하기, 실수를 지속적으로 지적하는 파트너를 보며 나의 평소 태도 점검하기, 동호회 가입 및 활동에서 공동체의 가치 익히기, 지는 경기에서 더 많이 얻을 수 있는 것을 이해하기, 흐름의 중요성을 이해하고 승부처에서 좀 더 집중하기 등 모든 순간이 배움으로 연결될 수 있다.

결국 즐기기 단계에 이른 사람은 경기 결과와 무관하게 테니스를 치는 모든 순간이 말 그대로 즐겁다. 치면 칠수록 배움이 넓어지고 깊어지기 때문이다. 모든 순간에서의 배움을 즐기기로 이해하는 관점은 공자의 다른 표현에서도 확인할 수 있다. 공자는 군자의 세 가지 즐거움(君子三樂, 樂을 사용한 점에 주목하자) 중 첫 번째로 '학이시습(學而時習)'을 말했는데, 이는 '배우고 때때로 익히는 즐거움'을 의미한다. 우리는 테니스뿐만 아니라 일상의 모든 장면에서 배울 수도 있다. 그렇다면 진정한 세 번째 단계는 테니스에서 배운 내용을 일상생활과 연결하는 것이라고 할 수 있다. 실제로 실수를 통해 분석하고 반성하는 자세, 파트너와 상대방에 대한 바람직한 매너, 중요한 국면에서 좀 더 집중하는 태도 등은 모두 일상생활에서도 귀중하다.

흥미롭게도 서양의 교육 철학자 알프레드 노스 화이트헤드(Alfred North Whitehead, 1861~1947)는 '교육의 리듬(The Rhythm of Education)'이라는 비슷한 '배움의 단계'를 제시했다. 첫 번째 단계인 낭만(romance)은 배움의 초기 단계로서 지적 감흥을 갖게 되는 시기이다. 테니스를 알게 되고 이를 바탕으로 호기심과 흥미가 발현되는 단계인 셈이다. 두 번째 단계인 정밀(precision)은 낭만 단계에서 얻은 호기심을 바탕으로 본격적으로 배우는 단계이다. 테니스를 좋아하는 최진지 씨가 기술 향상을 위해 매진하는 모습이 여기에 해당한다. 세 번째 단계인 일반화(generalization)는 두 번째 단계에서 배운 내용에 대해 반성하고 끊임없이 되물으면서 배움을 오롯이 즐기는 단계이다. 단계의 명칭에서도 드러나듯이 이 단계에서는 모든 테니스 장면에서의 배움을 일상생활과 연결함으로써 테니스와 삶을 통합한다.

공자가 말한 '즐긴다'는 단지 잘 웃고 노는 것이 아니다. 모든 순간을 배움의 기회로 삼고 그 배움을 삶에 연결하는 태도이다. 정정당당한 승부와 실력 향상을 추구하는 최진지 씨의 자세는 결코 잘못된 것이 아니다. 다만 배움의 확장이라는 관점에서 아직 세 번째 단계에 다다르지 않았을 뿐이다. 테니스를 넘어 인생 전체를 진지하면서도 즐겁게 살아가는 최진지 씨의 모습을 기대한다.

Chapter **32**

공을 몰아준 날, 벤치에 앉은 날

다루는 개념   공리주의, 양적 공리주의, 질적 공리주의, 쾌락 계산법

사례 1

2015–16 시즌 NBA 골든스테이트 워리어스(Golden State Worriors)와 새크라멘토 킹스(Sacramento Kings)의 시즌 경기. 후반 들어 농구 역사에 남을 만한 일이 일어났다. 클레이 톰슨(Klay Thompson)이 3쿼터에만 무려 37점을 집어넣은 것이다. 더욱 놀라운 것은 13번의 슛(3점슛 9회 포함)을 시도해서 모두 성공했다는 점이다. 톰슨의 감각이 예사롭지 않다고 생각한 팀원들은 시간이 지날수록 톰슨에게 패스를 몰아줬다. 결과적으로 3쿼터에 톰슨이 37점을 넣는 동안 나머지 선수들은 단지 4점을 넣었다.

사례 2

2007–08 시즌 UEFA 챔피언스 리그 결승전 진출팀은 영국의 맨체스터 유나이티드(Manchester United FC)와 첼시(Chelsea FC). 많은 국민은 박지성이 아시아 선수 최초로 별의 무대라고 불리는 챔피언스 리그 결승전에 뛰는 모습을 보기 위해 이른 새벽부터 기다리고 있었다. 박지성이 8강전

(AS로마) 1차전과 4강전(FC 바르셀로나) 2차전에서 MOM으로 선정되었을 만큼 맹활약했던 점을 고려하면 그의 선발 출전을 예상하는 사람이 많았다. 그러나 감독인 알렉스 퍼거슨(Alex Ferguson)은 달랐다. 결승전에서 박지성을 교체 명단에도 포함하지 않았다. 감독의 선택은 챔피언스 리그 결승전을 뛴 경험이 있는 오언 하그리브스(Owen Hargreaves)였다. 결국 맨체스터 유나이티드는 격전 끝에 첼시를 꺾고 우승컵을 차지했다.

사례 1은 컨디션이 좋은 선수에게 패스를 몰아주는 장면이다. 만약 톰슨이 컨디션이 좋지 않았음에도 무리하게 슛을 던져 팀에 피해를 끼쳤다면 그는 비난받았을 것이다. 통상 팀 경기에서 공을 독차지하려는 선수는 좋은 평가를 받기 어렵다. 팀의 승리보다 개인 기록을 우선시하는 선수로 인식되기 때문이다. 이날의 톰슨은 예외였다. 그는 놀라운 집중력과 정확도를 보여 주었다. 컨디션이 좋은 선수에게 좀 더 많은 슛 찬스를 만들어 주는 것은 효과적인 전략이다. 실제로 이날 동료들은 톰슨의 슛 감각이 예사롭지 않다고 판단해 그가 최대한 슛을 많이 던질 수 있는 전술을 구사했다.

사례 2에서는 정반대 상황이 펼쳐졌다. 퍼거슨 감독은 박지성을 결승전 출전 엔트리에서 제외하는 결정을 내렸다. 직전 네 경기에서 박지성의 활약은 엄청났다. 꿈의 무대에 교체 선수로도 이름을 올리지 못한 박지성의 실망감은 굉장히 컸다. 훗날 인터뷰에서 그는 팀을 제대로 응원하지 못했으며 감독에 대한 부정적인 표현도 했다고 말했다. 그렇다면 퍼거슨 감독은 잘못된 선택을 한 것일까? 그렇지 않다. 선수 기용은 어디까지나 감독의 고유 권한이다. 결승전에서 박지성을 제외한 결정은 맞춤형 전략이었고, 이는 결과적으로 팀의 승리에 이바지했다. 다만 미안함은 가질 수 있다. 훗날 퍼거슨 감독은 박지성을 결승전에서 제외하는 것이 가장 힘든 결정이었다고 말했다.

두 사례의 공통점은 무엇일까? 바로 과정보다 결과에 초점을 맞추는 것이다. 톰슨이 공을 독차지하는 동안 다른 선수들이 공격에서 소외될 수 있는 점과 경기에 출전하지 못한 박지성이 받을 충격과 실망감은 크게 보면 여러 가지 과정 중의 하나이다. 승리라는 팀의 핵심 목표를 위해서라면 일부 과정은 그 중요도에서 뒤로 밀릴 수밖에 없다.

팀 스포츠에서 개별 선수가 겪을 수 있는 과정보다 팀의 승리를 우선시하는 태도는 '최대 다수의 최대 행복'으로 요약되는 영국 사상가 제러미 벤담(Jeremy Bentham, 1748~1832)의 공리주의와 일맥상통한다. 벤담에 따르면 바람직한 행동은 그것이 가져오는 행복과 고통의 총합으로 판단되어야 한다. 맨체스터 유나이티드가 우승함으로써 많은 사람이 얻을 수 있는 행복에서 박지성과 그의 가족이 느꼈을 고통을 뺀 것이 0보다 크면 퍼거슨 감독의 행동은 정당화되는 것이다. 따라서 공리주의에서는 기본적으로 팀보다 위대한 선수는 있을 수 없다(No one is bigger than the team).

공리주의에서 주목해야 하는 것은 다음의 세 가지다. 첫째, 인간은 쾌락을 추구하고 고통을 싫어한다. 여기서 언급하는 쾌락은 즉각적이며 신체적인 즐거움으로 한정되지 않는다. 쉽게 말해 나를 행복하게 만들어 주는 모든 유형의 감각과 정서라고 이해하면 된다. 제3자의 알기 어려운 상실의 아픔보다 내 손에 박힌 가시가 더 신경 쓰이는 것처럼 우리는 고통을 싫어한다. 둘째, 과정보다 결과로 그 일의 가치를 판단한다. 쉽게 말해 어떤 일이 옳은지 아닌지를 결정하는 것은 그것의 '의도'가 아니라 행위에 의해 생겨날 '결과'로 판단한다는 것이다. 최근 급격하게 체중이 늘어난 친구에게 "내가 보기엔 살 하나도 안 쪘는데?"라고 말하는 착한 거짓말이 그의 기분을 좋게 만든다면 바람직한 행위가 되는 것이다. 셋째, 모든 사람은 동일하게 계산되어야 한다. 민주주의 선거에서 모두가 한 표씩만 행사하는 것처럼 큰 권력을 가진 대법관이나 구걸을 하는 노숙자나 모두 동일하게 취급되어야 한다.

벤담은 이 세 가지 전제 및 원칙을 바탕으로 쾌락을 측정할 수 있다고 생각했다. 그의 '쾌락 계산법(hedonic calculus)'은 하나의 행위가 가져올 수 있는 쾌락 또는 고통을 측정할 수 있는 방법이다. 벤담은 강도(쾌락이나 고통이 얼마나 강한가), 지속성(얼마나 오래가는가), 확실성(실제로 발생할 확률이 얼마나 높은가), 근접성(얼마나 빨리 느낄 수 있는가), 다산성(다른 쾌락 또는 고통을 얼마나 많이 만들어 내는가), 순수성(다른 쾌락 및 고통이 얼마나 관련되었는가), 범위(경험할 수 있는 사람이 얼마나 많은가) 등

쾌락 계산법

구분	철학 공부	게임
강도	3점	5점
지속성	5전	1점
근접성	2점	4점
범위	1점	0점
합계	11점	10점

과 같은 일곱 가지 세부 기준을 바탕으로 특정 행위로 얻을 수 있는 최대의 행복을 판단하고자 했다. 쉽게 말해 일곱 가지 쾌락과 고통을 각각 측정해 총 쾌락 점수에서 모든 고통 값을 빼면 '순 쾌락(net pleasure)'이 도출되는 것이다. 이와 같이 쾌락과 고통을 숫자로 변환시키고 이를 계산한다는 측면에서 벤담의 공리주의를 '양적 공리주의'라고 한다.

벤담의 양적 공리주의는 일곱 가지 기준이 숫자(점수)로 환원(reduction)되는 것이 쉽지 않을뿐더러 관점 및 단위에 따라 행위가 다르게 이해될 수 있다는 점에서 뚜렷한 한계가 있다. 예를 들어보자. 월드컵 본선 1차전에서 대한민국과 일본이 맞붙었다. 한국이 이기고 일본이 진 경우를 가정해 보자. 대한민국은 승리라는 쾌락을 경험하고, 일본은 패배의 고통과 함께 경우의 수를 대비하는 복잡한 상황에 돌입한다. '강도'라는 세부 기준을 적용해 보자. 승리의 기쁨을 100점으로 계산한다면 패배의 아픔을 몇 점으로 계산해야 할지 감이 잡히지 않는다(보통 졌을 때 고통이 더 크긴 하다). 지속성 측면에서도 패배를 떠올릴 때마다 이불킥하는 상황을 고려하면 고통에 더 많은 절댓값을 부여해야 할 것 같다. 모든 국민이 경기를 관람했다고 가정하면, 대한민국의 승리에는 5,000만 명의 값을 곱해야 하지만, 일본 국민의 고통 총합 계산에서는 1억 2천만 명을 반영해야 한다. 반면 두 팀이 비겼다고 가정해 보자. 양국 모두 비긴 결과에 대해서는 아쉬울 수 있으나 승점을 얻었기 때문에 최악의 결과는 아니라고 생각한다. 2차전과 3차전이 남아 있다는 생각에 그 나름대로 만족하는 분위기이다. 달리 말하면 무승부가 승부가 결정되었을 때보다 오히려 모두를 만족시킬 수 있는 셈이다.

이와 같이 특정 행위를 둘러싼 이해관계가 복잡해지는 상황에서는 양적 공리주의가 제대로 작동하기 어렵다. 쾌락과 고통을 계산하기가 어렵기 때문이다. 이와 같은 한계는 아무리 구체적인 세부 기준을 작성하더라도 마찬가지일 수밖에 없다. 이에 벤담의 제자 존 스튜어트 밀(John Stuart Mill, 1806~1873)은 모든 쾌락을 동일한 방법으로 계산하는 것을 반대했다. 그에 따르면 지적·도덕적·정서적 쾌락이 즉각적으로 얻을 수 있는 감각적 쾌락보다 높은 가치를 지닌다. 쾌락의 질을 구분할 수 있고 중요하게 여겼다는 점에서 밀의 공리주의는 '질적 공리주의'라고 한다. 쉽게 말해 맛있는 음식을 먹고 그 포만감에 편안하게 낮잠을 자는 쾌락보다 고전을 읽고 예술 작품에 흠뻑 취하는 쾌락을 더 중요하게 여긴 것이다. 밀의 "만족한 돼지보다 불만족한 소크라스테가 낫다"라는 유명한 구절이 여기에서 비롯된 것이다.

밀의 대안은 다수의 횡포로 소수가 소외되는 상황을 예방했다는 점에서는 환영할 만한 일이다. 전 세계적으로 축구가 가장 인기가 많다고 조정, 택견, 세팍타크로와 같은 소수가 즐기는 스포츠가 계속해서 위축되는 것은 결코 바람직하지 않다. 스승의 관점을 비판하긴 했지만, 밀 역시 벤담과 같이 쾌락을 계산할 수 있다는 관점에서는 벗어나지 못했다. 밀은 질적으로 우수한 쾌락을 판단할 수 있는 전문가 집단을 구성하는 방안을 제안했다. 그런데 곰곰이 생각해 보면 이 방식에도 문제가 있다. 해당 전문가 집단의 생각이 옳고 그른지를 제3자가 판단할 수 없으며, 그들이 불온한 생각을 가졌을 때 이를 제어할 수 있는 장치도 가지기 어렵다.

이와 같이 두 공리주의는 본질적으로 주관적일 수밖에 없는 쾌락을 측정하고자 했다는 점과 행위의 의도는 무시하고 결과만을 중요하게 여겼다는 점에서 불완전하다. 결국 공리주의는 완전무결한 윤리 체계라기보다 복잡한 상황 속에서 실용적인 판단을 도와주는 하나의 사고방식으로 이해되어야 한다. 공리주의가 쾌락을 정확하게 측정할 수 없다는 점은 부인할 수 없다. 동시에 내 선택으로 비롯된 결정이 누구에게 그리고 얼마나 많은 영향을 미치는지를 생각하게 한다는 점에서 유의미하다. 특히 팀 스포츠와 같이 이해관계자가 많고 의사결정이 공동체 차원으로 이뤄지는 영역에서는 공리주의의 '다수를 위한 고려'라는 핵심 원칙이 여전히 중요하다. 다만 그 과정에서 소수의 입장이 무시되지 않도록 하는 정서적 공감 능력과 윤리적 성찰이 반드시 병행되어야 한다.

스포츠의 가장 큰 특징은 점수로 승부가 결정된다는 점이다. 그렇지만 그 안을 들여다보면 점수로 표시될 수 없는 감정, 맥락, 가치가 얽혀 있다. 톰슨의 폭발적인 활약과 박지성의 씁쓸한 엔트리 제외 경험은 단순한 숫자로 환원될 수 없다. 정정당당하게 최선을 다하는 과정에서 나오는 자연스러운 우리의 모습이다. 결국 중요한 것은 숫자 너머의 의미를 보려는 우리의 태도이다. 우리는 승리를 추구하면서도 더 나은 결정을 위해 고심하는 존재이다. 점수와 결과에만 매몰되지 않고 의미와 과정을 함께 보는 눈을 가질 때 스포츠는 더 인간적인 무대가 된다.

Chapter 33
가족과 함께한 마라톤의 의미

다루는 개념 　**의식, 현상학, 지향성, 판단 중지, 본질 직관**

여느 마라톤 대회처럼 출발 신호가 요란하다. 지난번의 실패를 기억하는 나는 "천천히 뛰어도 돼"라는 말로 가족을 격려한다. 햇볕이 조금 세지만 달리기에 최적인 날씨이다. 선글라스 챙기길 잘했다. 매끄럽게 운동장을 빠져나가 도로에 접어들었다. 다행히 내리막이다. 아직까지 첫째와 둘째 모두 잘 따라오고 있다. 우회전을 한다. 아뿔싸! 오르막이다. "보폭을 짧게, 어깨 힘 빼고"를 계속 외치면서 두 아들을 응원한다. 둘째가 뒤처지기 시작한다. 아내에게 둘째를 부탁하고 첫째와 계속 달린다. 첫째의 호흡이 아직 괜찮다. 반환점을 돈다. 이제는 오르막길에도 익숙해진 것 같다. 4km 지점을 지난다. 첫째의 첫 5km 완주가 얼마 남지 않았다. "잘하고 있어, 조금만 더 힘내자"라며 응원한다. 별일 없다는 듯이 달리는 첫째와 달리 내가 흥분했다. 결승선이 있는 운동장으로 돌입한다. 첫째의 표정이 밝아진다. 결승선까지 남은 거리는 100미터 남짓. "마지막으로 조금 빨리 달려볼까"라는 제안에 첫째가 스퍼트를 낸다. 첫째와 나는 누가 먼저랄 것도 없이 결승선 바로 앞에서 양팔을 번쩍 들어 승리의 V 자를 보인다.

최근 러닝 크루(running crew) 열풍이 대단하다. 개인적으로 건강한 취미와 생활 습관을 공유하는 사람들의 모임이라는 점에서 매우 바람직한 문화라고 생각한다. 나는 아직 러닝 크루를 경험한 적이 없다. 홀로 달리는 것에 매우 익숙하다. 달리는 요일과 시간을 마음대로 정할 수 있는 점, 나만의 페이스로 달릴 수 있는 점, 달린 후 집으로 걸어가면서 듣는 음악 감상의 즐거움 등이 있기 때문이다.

이런 즐거움을 가족들도 알았으면 하는 마음에 2024년 3월에 열리는 5km 가족 마라톤 대회를 신청했다(선신청 후협박). 아내는 신혼 때 10km를 (약간 걸었지만) 완주한 경험이 있었고, 두 아들은 각각 초등학교 5학년과 3학년이었다. 내 목표는 가족 모두 5km 완주(걷지 않는)였다. 첫 시도는 보기 좋게 실패했다. 두 아들은 마라톤 대회 특유의 신나는 분위기에 휩쓸려 오버 페이스를 하고 말았다. 출발점에서 500미터도 지나지 않자 걷기 시작했다. 이후 뛰고 걷고를 반복했다. 첫 번째 실패를 교훈 삼아 두 달 뒤에 열리는 대회를 또 신청했다. 이번에는 첫째가 한 번도 걷지 않고 5km를 완주했다. 앞에서 거론한 사례는 2024년 5월에 열린 마라톤 대회에서 첫째와 5km를 함께 완주한 경험이다.

저 글에 제목을 붙인다면 '아들과 함께한 첫 마라톤의 감동' 정도가 적절하겠다. 그런데 독일의 철학자 에드문트 후설(Edmund Husserl, 1859~1938)에게 제목을 부탁하면 아마도 '달리기에 대한 본질 직관: 염려와 성장이 함께하는 부자의 관계 맺음'과 같이 다소 복잡하게 만들 것 같다. 후설은 왜 이렇게 복잡한 제목을 추구할까?

후설이 창시한 현상학(phenomenology)은 경험이 내게 주어지는 방식에 관심을 가지는 철학이다. 커피 마시는 장면을 예로 들어보자. 전통적인 인식론에서는 외부에 물리적으로 존재하는 커피잔과 시각이라는 감각 기관을 통해 내 의식 속에서 구성된 커피잔의 일치 여부에 관심을 둔다(12장 참고). 반면 현상학에서는 '나에게' 커피잔이 어떻게 나타나는지에 대해 고민한다. 커피잔은 카페의 빛, 온도, 손에 쥐었을 때의 감각 등이 모두 어우러져 내게 드러난다.

현상학을 이해하려면 다음 개념을 살펴봐야 한다. '지향성(志向性, intentionality)'은 우리의 의식은 그 자체로 존재하지 않으며 항상 대상을 향한다는 점을 의미한다. 쉽게 말해 의식과 대상은 분리되지 않고 항상 함께 움직인다. 의식되지 않는 대상은 없으며, 대상 없는 의식 역시 존재할 수 없다. 후설에 따르면, "의식은 언제나 무엇에 대한 의식"이다. 커피잔과 나의 의식은 이어져 있다. 다시 마라톤 대회가 열리던 현상으로 가 보자. 내 의식은 출발 전에는 정치 활동에 여념이 없는 시의원을 지향하다가 출발 직후에는 안전을 위해 도로를 통제하는 경찰에게로 그 방향을 돌린다. 아내와 둘째가 대열에서 이탈한 후 내 의식은 오롯이 첫째의 달리는 자세와 남아 있는 거리 등에 대한 걱정으로 향한다.

한 가지 주목해야 하는 점은 의식은 대상을 능동적으로 구성한다는 것이다. 우리는 현상을 낱개의 파편으로 받아들이지 않는다. 우리는 모나리자를 단순하게 색채의 나열로 의식하지 않고, BTS 노래를 단순한 공기의 진동으로 쪼개어 받아들이지 않는다. 통합된 하나의 미술 작품과 음악으로 구성하여 의식한다. 농구 코트에서 열심히 달리는 선수의 움직임도 공격 또는 수비를 위한 동작으로 이해한다. 이처럼 우리는 대상을 '의미 있는 전체'로 구성하여 의식한다. 마라톤 대회까지 와서 정치 활동에 여념이 없는 시의원이라는 동일한 현상을 보고서도 우리는 제각각 다른 방식으로 받아들인다.

같은 원리로 우리는 태도를 바꿈으로써 현상을 다르게 바라볼 수 있다. 후설이 강조한 '사태 자체로'는 내 눈앞에서 벌어지는 현상을 선입견이나 당위를 제거한 채로 파악하려는 태도를 뜻한다. 달리 말하면, 과거의 누적된 경험을 통해 형성된 '자연적 태도(natural attitude)'를 걷어 내고 '지금 그리고 여기'에서 벌어지고 있는 일을 직관해야 한다는 말이다. 자연적 태도는 일상생활에서 당연하게 또는 습관적으로 사물과 현상을 받아들이는 자세를 뜻한다. 자신도 모르게 선입견이나 편견이 개입될 수 있지만, 그것을 잘 알아차리지 못한다. 자연적 태도에는 예측과 당위가 있기 마련이다. 달리기를 '건강 증진과 기록 단축을 위한 활동', '걷는 것은 실패다'와 같은 선입견을 가진 상태에서는 마라톤으로 경험할 수 있는 새로운 측면을 놓치기 쉽다. 반대로 기존의 판단 방식과 선입견을 잠시 보류하고 대상의 본질을 파악하기 위한 노력을 '판단 중지(epoche)'라고 한다. '괄호 치기'라고도 하는데, 그 이유는 자연적 태도를 괄호 안에 넣어 멈추게 함으로써 지금 그리고 여기에서 벌어지고 있는 일에 집중한다는 뜻이다.

가족과 함께한 마라톤 대회에서 나를 위한 달리기는 없었다. 이는 그동안 내 즐거움만을 위해 달렸던 것과 완전히 다르다. 함께 달리면서 내가 온전히 집중했던 것은 아들이 지쳐서 걷지 않을까 하는 염려, 힘들지만 조금만 더 힘내 주기를 바라는 욕심, 성장하는 아들을 바로 옆에서 지켜보고 있는 기쁨 등이다. 아빠의 격려와 아들의 응답에서 얻은 긍정적인 관계 맺음도 있다. 이는 다른 달리기에서도 경험할 수 없던 새로운 것이다. 달리기로 여러 가지 기쁨을 얻을 수 있다는 점을 경험한 것이다. '서는 데가 바뀌면 풍경도 달라지는 법'이라는 표현과 같이 태도가 바뀌면 경험도 달라진다.

후설이 말한 '본질 직관'은 말 그대로 근본적인 구조(本質)를 직접적으로 파악(直觀)하는 것이다. 우리의 일상은 수많은 사건과 자극으로 가득하다. 그렇지만 모든 것에 큰 의미를 부여하지 않는다. 본질 직관은 다양한 일상의 경험 속에서 우연한 요소를 제거하고 반복되는 핵심 구조를 파악함으로써 본질을 파악하려는 태도이다. 마라톤 대회에서 내가 본 첫째의 보폭과 호흡은 모두 다르다. 그 속에서 내가 반복적으로 확인할 수 있었던 것은 '지쳐도 포기하지 않고 끝끼지 달리려는 의지'였다. 그것은 단순히 체력 증진 또는 마라톤 완주에 그치지 않는다. 자라나는 존재가 하나의 목표를 위해 스스로를 밀어붙이는 과정이었다. 나는 아들의 마라톤 대회 참여에서 '성장'이라는 본질을 직관한 것이다. 이와 같이 본질 직관은 단순한 감각이나 해석이 아니라 여러 가지 현상 속에서 드러나는 핵심 속성을 통찰하는 것이다.

주목할 점은 본질 직관은 철저히 '현상 안에서' 일어난다는 것이다. 달리 말하면, 본질은 어딘가에 추상적으로만 존재하는 개념이어서는 안 된다. 본질은 경험 속에 반복적으로 드러나는 핵심을 주목하는 태도에서 발견된다. 가족과 함께 한 마라톤 대회는 단순히 첫째가 5km를 걷지 않고 완주했다는 하나의 '사건'으로 남지 않는다. 출발 전 아이들의 긴장된 표정, 뒤처진 동생에 대한 걱정, 포기하지 않았던 첫째의 몸짓이 겹겹이 쌓이면서 '함께 성장해 가는 존재로서의 가족'이라는 본질을 드러낸다. 본질 직관은 이렇게 사소한 순간을 통합하고 그 속에서 의미의 중심축을 세운다.

후설 현상학에서 또 하나 주목해야 할 개념은 '시간성'이다. 모든 경험은 시간의 흐름 속에서 구성된다. 우리는 개별 순간을 따로따로 받아들이지 않고 흐름 속에서 연결된 전체로 인식한다. 멜로디가 각각의 음이 아니라 두 가지 이상 음의 연결과 변화로 구성되듯이, 가족과 함께한 달리기 경험 역시 개별 장면의 합이 아니라 그 연결성 속에서 의미를 형성한다. 출발선에서의 긴장, 오르막에서의 고통, 첫째의 스퍼트 그리고 결승선을 통과한 뒤의 환희는 서로 다른 순간이지만, 그것들이 하나의 리듬과 흐름 속에 연결될 때 비로소 '완주'라는 경험으로 통합되는 것이다. 현상학에서 시간은 단순히 시계의 숫자가 아니라 의식 안에서 과거·현재·미래가 중첩되는 방식으로 구성된다.

바둑에 똑같은 판이 있을 수 없는 것처럼 똑같은 운동 역시 존재할 수 없다. 정확히 표현하면 모든 운동은 새로운 경험이자 다른 의미로 다가온다. 달리기에서 얻을 수 있는 즐거움이나 효과는 단 하나의 모습으로 수렴되지 않는다. 가족과 함께한 달리기에서 나는 '함께 달리는 기쁨', '아이를 향한 염려', '포기하지 않고 성장하는 존재'를 사태 자체로 바라보았고, 그 속에서 본질을 직관할 수 있었다. 현상학은 먼 곳에 있지 않다. 스포츠에 참여하면서 다양한 경험을 다르게 바라볼 때 본질이 그 모습을 드러낸다.

Chapter 34

입스와 초킹 그리고 존재의 균열

다루는 개념   입스, 초킹, 존재, 다자인, 세계-내-존재

사례 1

2008년 US 오픈 대회에서 우승하며 화려하게 이름을 알린 박인비는 이후 갑작스러운 부진에 빠졌다. 평소 안정적인 퍼팅과 침착한 경기 운영으로 정평이 나 있었지만, 어느 순간부터 티샷에서 실수가 잦아졌고 경기에 나서는 것 자체가 두려워졌다고 한다. 박인비는 나중에 "잔디만 봐도 겁이 났다"라고 회고했다. 2011년까지 티 샷을 제대로 못 해 경기를 망치는 일이 이어졌지만, 각고의 노력 끝에 극복할 수 있었다. 결국 박인비는 2015년 4개의 메이저 대회에서 우승을 기록하며 커리어 그랜드 슬램을 달성했으며, 이듬해에는 리우데자네이루 올림픽에서 우승하며 최고의 여자 골프 선수 반열에 올랐다.

사례 2

여자 테니스 단식 세계 랭킹 1위까지 오른 아리나 사발렌카(Aryna Sabalenka)는 과거 심각하게 은퇴를 고려했었다고 한다. 한동안 계속 이어진 더블 폴트(double fault, 서브를 연속으로 실패해 결과적으로 상대방이 득점하는 것) 때문이었다. 실제 사발렌카는 2022년에 총 428개의 더블 폴트를 기록했는데, 이는 다른 정상급 선수보다 두 배 이상 많은 수치였다. 당시 그는 서브를 넣을 때마다 불안감을 떨치지 못했다고 고백했다.

사례 3

존 레스터(Jon Lester)는 선수 시절 월드 시리즈를 3회 제패하고 올스타에 5회 선정된 메이저 리그를 대표하는 투수였다. 제구력이 뛰어났으며 다양한 변화구를 구사해 많은 타자가 어려움을 겪었다. 유일한 단점이 있었는데, 좌완임에도 1루 견제구를 제대로 던지지 못하는 것이었다. 2014년에는 1루 견제구를 단 하나도 던지지 않는 불명예스러운 기록을 세웠다.

세 가지 사례의 공통점은 다음과 같다. 첫째, 특정 기술 또는 동작에서 어려움을 겪는다는 것이다. 문제는 하나가 잘못되면 다른 기술이나 전술에도 영향을 미치면서 전반적인 경기력 수준의 저하로 이어진다. 둘째, 평소 성공적으로 수행하던 동작에서 갑자기 문제가 생긴다. 프로 선수가 되기 전 존 레스터는 견제구를 잘 던졌고, 2021년까지의 사발렌카 역시 서브에서 별다른 문제를 겪지 않았다. 셋째, 증상의 원인과 이를 해결할 방법이 뚜렷하지 않다. 달리 말하면, 이런 증상을 겪는 원인도 다양하고 해결하기 위해서도 다양한 노력이 필요하다는 것이다. 다행스럽게도 박인비와 사발렌카는 해당 문제를 극복했지만, 레스터는 은퇴하는 순간까지 견제구를 제대로 던지지 못했다.

이와 같이 운동선수가 특정 기술이나 동작을 제대로 수행하지 못하는 것을 입스(yips)라고 한다. 입스는 부상 또는 체력과 무관하게 생길 수 있기 때문에 보통 심리적 측면에서 그 원인을 찾는다. 입스를 심리적 문제로 국한하지 않는 견해도 있다. 의료계에서는 입스를 특정 신체 부위와 관련된 근육이 원치 않는 상태로 수축하는 증상인 '국소성 이긴장증(focal systonia)'이라는 신경계의 질환으로 본다. 선수의 심리를 포함한 복잡한 것이 입스의 원인이 될 수 있으나 특정 동작이나 자세에서 어려움이 반복적으로 생긴다는 것은(가끔은 심리적으로 문제가 없는 상황에서도) 근육과 연결된 신경계의 문제라는 것이다.

입스에 대한 다양한 학문적 견해에는 조금씩 차이가 있다. 그럼에도 입스를 겪는 선수가 경기에서 불안을 경험할 수 있다는 점에는 모두가 동의할 것이다. 평소 잘 구사하던 특정 기술을 반복적으로 실패하는 선수가 실제 경기에 참여한 장면을 떠올려 보자. 첫 번째 티 샷에 실패한 박인비 선수는 '다음 티 샷도 실패하는 것은 아닐까', 경기에서 더블 폴트를 5회 누적한 사발렌카는 '이번 서브도 실패하면 세트 스코어가 불리하게 진행될 텐데', 포볼로 주자를 내보낸 레스터는 '이번 주자가 도루하면 실점할 수도 있을 텐데'와 같은 불안감을 떨치기 어려울 것이다. 불안한 마음을 가진 선수는 같은 실수를 되풀이할 가능성이 높아질 수 있다. 악순환에 빠지는 것이다. 스포츠에서는 이와 같이 압박적인 상황에서 불안 수준이 올라가 경기력 저하되는 것을 초킹(choking)이라고 한다. 결국 '불안'은 입스와 초킹 모두에 영향을 미치는 요소라고 할 수 있다.

앞에서 설명한 불안은 티 샷, 서브, 1루에 주자가 있는 경우라는 특정 상황과 밀접하게 관련된다. 그런데 독일의 철학자 마르틴 하이데거

(Martin Heidegger, 1889~1976)에 따르면 우리는 이유 없는 불안에서 결코 떨어질 수 없다. 하이데거가 말하는 불안은 밤하늘을 바라보다 말로 설명할 수 없는 허무함을 느끼거나 반복되는 회사 업무에서 문득 '내가 왜 일을 하고 있는가'와 같은 생각이 드는 것에 가깝다. 언젠가는 죽는다는 사실을 인지하면서 느끼는 불안 역시 비슷하다. 이와 같은 공허함, 무의미함, 방향 상실과 관련된 불안은 '실존적 불안'이다.

하이데거는 왜 실존적 불안에 대해 이야기했을까? 이를 위해서는 '존재'와 '존재 방식'이라는 핵심 개념을 이해해야 한다. 데카르트를 포함한 대륙의 합리론(이성 중심)이든 버클리를 위시한 영국의 경험론(감각 중심)이든 주체가 대상을 인식하는 과정을 밝히려 했다는 점에서는 둘 다 인식론이다. 그런데 인식을 하려면 그 무엇인가가 존재해야 한다. 따라서 존재는 인식에 선행한다고 할 수 있다. 바꿔 말하면, 존재에 대해 정확히 모르면 인식 과정을 설명할 수 없다. 이에 하이데거는 존재하는 것의 공통적인 속성을 살펴보고자 했다.

하이데거는 존재자와 존재를 구분했다. '존재자(Seiendes)'는 구체적이고 개별적으로 존재하는 사물이다. 박인비 선수가 휘두르는 골프채와 티 위에 있는 골프공이 바로 존재자이다. 반면 '존재(Sein)'는 개별 존재자의 '있음'을 가능하게 하는 바탕이다. '골프공이 티 위에 있다'라는 문장에서 '있다'가 바로 존재를 의미한다. 이와 같은 구분에 따르면, 우리는 존재자를 통해 존재를 간접적으로 경험할 뿐이다.

너무나도 당연한 이것을 왜 하이데거는 두 가지 다른 용어를 쓰면서까지 어렵게 설명했을까? 이는 그동안 철학이 '존재자'에만 몰두하고 '존재' 자체에 대한 물음을 잊었기 때문이다. 하이데거는 이를 '존재 망각'이라고 비판했다. 그에 따르면, 인식론에서는 존재자를 인식되는 것으로만 설정했다. 이와 같은 관점에서는 존재의 성격을 제대로 포착할 수 없다. 이에 하이데거는 존재자가 아닌 존재의 속성에 집중한다.

그렇다면 우리는 존재라는 것을 어떻게 알 수 있을까? 전통적인 인식론에서는 인간은 주체이고 대상은 객체였다. 박인비(주체)가 골프공(객체)을 인식하는 방식이다. 박인비와 골프공은 독립적으로 존재하고, 인식은 그 둘을 이어 주는 끈이다. 하이데거는 이와 같은 분리 방식에 반대한다. 바로 인간은 여러 가지 대상으로 가득 찬 세계의 일부로서 함께 존재한다.

박인비 선수가 늘 연습하던 드라이버로 티 위에 올려진 공을 치는 그 행위에는 박인비-드라이버-골프공은 따로 떨어져 있는 것이 아니라 함께 존재한다. 생각해 보면 우리 일상생활의 많은 부분은 딱히 골똘히 생각하지 않으면서 자연스럽게 흘러가는 것이 많다. 지하철에서 내려 생각 없이 늘 다니는 출구로 걸어가고 별다른 의식 없이 익숙한 노래가 들리면 흥얼거리는 것처럼 말이다. 이와 같이 일상생활에서 주관과 객관이 분명하게 구분되지 않을 때가 많다.

하이데거는 인간의 이러한 존재 방식에 착안해 다자인(Dasein)이라는 개념을 만들었다. '현존재'라고 번역되는 다자인은 독일어의 '거기'를 뜻하는 Da와 '있음'을 뜻하는 Sein이 합쳐진 용어다. 다자인은 문자 그대로 '거기 있음'이다. 인간은 세계와 분리된 주체가 아니라 이미 세계 안에 놓여 있는 존재이다. 하이데거는 어떤 한 장소에 A라는 존재자(하이데거에 따르면 인간도 존재자이다)가 있는 것을 인간의 존재 방식으로 이해했다. 거기에 있다는 말은 아무 곳에나 있을 수 있다는 말이다. 그런데 빠져 있는 것이 있다. 바로 '어떻게'다. 즉, 현존재의 존재 방식은 있지만 역할, 본질, 의무 따위는 없다.

다자인은 늘 상황과 사물에 얽힌 방식으로 존재한다. 현존재는 매 순간 우리를 둘러싼 사물 또는 현상을 객체로 만들어 마주하지 않는다. 오히려 우리는 늘 주변을 자연스러운 세계로 받아들이고 이와 함께 존재한다. 티 샷을 하는 나, 음악을 듣는 나, 밥을 먹는 나와 같이 다자인은 늘 특정 상황에 붙박여 있다. 이를 강조하려고 하이데거는 다자인을 '세계-내-존재'라고 한다.

우리가 불안을 느끼는 이유도 여기에 있다. 다자인에게 본질이 없다는 것은 언제 어디서나 기댈 수 있는 그 무엇이 없다는 뜻이다. 불안은 우리가 믿고 의지할 만한 근거가 사라졌을 때 찾아온다. 낮잠에서 깨어난 아이가 옆에 엄마가 없는 상황을 인지하면 불안한 마음에 울기 시작한다. 울음소리를 듣고 엄마가 와서 안아주면 아이는 금세 울음을 그친다. 이렇듯 불안은 무엇인가 믿을 만한 존재와 관련된다.

하이데거가 말한 피투성(被投性, Geworfenheit) 역시 다자인의 존재 방식을 이해하는 열쇠이다. 국가나 부모를 선택해 태어나는 인간은 없다. 이와 같은 의미에서 우리는 모두 세계에 '내던져진(被投)' 존재이다. 우연히 세계에 내던져지고 언제 어디서나 근거로 삼을 만한 본질이 없는 우리는 결국 삶과 죽음 사이에서 계속 자신의 존재를 되물으면서 살아가는 존재자이다.

결국 '농구공으로 드리블하는 나'와 같이 스포츠 참여는 우리의 존재 방식이며, 우리는 경기장이라는 세계 안에서 상황, 관중, 규칙과 함께 얽혀 있는 세계-내-존재이다. 입스와 초킹을 겪거나 그것을 극복하고자 하는 노력 역시 다자인의 존재 방식이다. 무엇보다 중요한 것은 무엇을 겪고 있느냐가 아니라 그 순간을 통해 내가 누구인지를 다시 묻는 일이다. 입스는 기술 실패이자 동시에 존재의 균열이다. 우리는 그 흔들림 속에서 다시 스스로를 묻는다. 존재는 매번 새로이 시작된다.

Chapter 35

공 보기가 궤적 예상하기에 앞선다

다루는 개념 **실존, 본질, 반성적 의식, 전반성적 의식**

이병철 전 삼성 그룹 회장은 평생 이루지 못한 일 중 하나로 골프를 꼽는다. 그래서였을까. 하루는 골프 황제로 불린 아놀드 파머(Arnold Palmer, 1929~2016)를 한국으로 초청해 라운딩을 즐겼다. 엄청난 실력의 파머 앞에서 이병철 회장은 라운딩 내내 아무 말이 없었다고 한다. 막대한 초청료(5만 달러, 현재 가치로는 1억 3천만 원 이상)를 지불한 입장에서 아무런 배움 없이 마무리할 수는 없었다. 식사 자리에서 본인의 골프에서 개선해야 할 부분을 알려달라고 했다. 파머는 두 단어를 쪽지에 적어서 건넸다. "Head Up."

헤드업(head up)은 초보 골퍼가 자주 범하는 실수로서 공을 맞히기 전에 고개를 드는 동작이다. 스윙 도중에 고개를 들면 몸의 회전축이 흐트러지며 결과적으로 공을 정확히 칠 수 없게 된다. 그렇다면 왜 사람들은 고개를 들까? 내가 친 공의 궤적이 너무나 궁금하기 때문이다. 테니스에서도 공의 방향과 상대방의 대응이 궁금하여 공을 끝까지 보지 않고 스윙하는 경우가 많다. 당연히 스윗 스팟(가장 이상적인 타구를 만들어 내는 부분으로서 라켓의 중앙에 위치해 있다)에 공이 접촉할 확률이 낮아진다.

골프의 헤드업과 테니스의 스윙 동작은 '아직 일어나지 않은 미래'가 궁금해 정작 '지금 이 순간'에 집중하지 않는 것이라고 할 수 있다. 특히 주목할 점은 이와 같은 실수가 골프와 테니스에 입문한 대부분의 사람이 겪는 성장통에 가까우며, 교정하는 데 적지 않은 시간이 소요된다는 것이다. 오죽하면 골프에서는 '헤드업 고치는 데 3년'이라는 격언이 있을까.

우리는 몇몇 일상생활에서도 해당 순간에 집중하지 않는 방식으로 살아간다. 수학 문제집을 풀면서 수능의 등급과 장밋빛 대학 생활을 상상하는 고등학생, 강의 도중 점심 메뉴를 고민하는 대학생, 점심 먹으면서 오후에 있을 회의를 걱정하며 안절부절못하는 신입 사원, 중요한 회의 도중 저녁에 있을 데이트를 생각하며 흐뭇해하는 결혼을 앞둔 예비신랑 등의 모습은 이질적이지 않다. 현재를 살아가면서 미래를 걱정하고 준비하는 모습은 너무나도 자연스럽다. 문제는 그 과정에서 현재의 경험은 흐릿해지고 해당 순간에 몰입하는 힘은 약해진다.

실존수의 철학자 장폴 사르트르(Jean-Paul Sartre, 1905~1980)의 논지대로라면, 골프의 헤드업이나 데이트의 즐거움을 상상하며 회의에 집중하지 못하는 것은 실존과 거리가 먼 모습이다. 사르트르는 실존에 충실한 삶을 강조하고자 '실존은 본질에 앞선다(Existence precedes essence)'라는 유명한 말을 남겼다. 실존(實存)은 실제로 존재하는 양태나 그런 존재를 의미하는 용어이다. 그렇다면 반대말은 '실제로 있지 않음' 또는 '가짜로 존재함'이라는 것일까? 그렇지 않다. 사르트르에게 실존이란 우리가 삶을 스스로 선택하고 구성하는 주체적인 행위의 연속을 뜻한다.

사르트르가 구분한 전(前)반성적 의식(prereflective consciousness)과 반성적 의식(reflective consciousness)이라는 두 가지 의식 방법은 실존을 이해하는 열쇠이다. 전반성적 의식은 어떤 행위 자체에 몰입되어 있는 상태를 말한다. 골프 스윙 동작에서 자연스럽게 골프채가 회전되어 공을 맞히는 그 순간에 충실한 모습이라고 할 수 있다. 테니스에서 내게 다가오는 공의 회전을 바라보면서 라켓을 휘두르는 그 순간에 집중하는 모습 역시 전반성적 의식이다. 이와 같은 순간의 나는 제3자의 입장이 되어 골프공과 테니스공을 객관화해 바라보지 않는다. '골프 스윙하는 나'와 '테니스 포핸드 스트로크하는 나'로 존재하는 것이다. 그렇기 때문에 골프 스윙과 테니스 스트로크는 나와 분리되지 않고 하나이다.

반면 반성적 의식은 거리를 두고 어떤 행위나 경험을 바라보는 것이다. 헤드업을 고치고자 본인의 스윙 동작을 컴퓨터로 관찰하는 장면을 예로 들어보자. 촬영된 영상의 프레임을 잘게 쪼개 넘기면서 골프채가 공과 30cm 정도 떨어진 지점에서 본인의 고개가 올라가고, 이것 때문에 회전축이 바뀌어 골프채가 공의 윗부분을 친다는 점을 확인했

다. 이와 같이 반성적 의식은 본인의 스윙을 제3자의 시선으로 관찰하는 사고방식이다.

스포츠에서는 전반성적 의식이 우선되어야 하는 순간에 반성적 의식이 지나치게 개입해 최상의 결과를 내지 못할 때가 많다. 골프의 헤드 업과 테니스의 불완전한 타구는 모두 여러 가지 생각이 개입되어 몰입을 방해받은 결과이다. 라켓을 휘두르면서 스스로의 자세를 걱정하는 것(예: 와이퍼 스윙을 제대로 해야 해), 상대방을 과도하게 의식하는 것(예: 전위에게 걸리지 않을까), 한 수 또는 두 수 앞을 내다보는 것(예: 서브 앤드 발리를 하는 선수니까 반드시 공을 낮게 보내야 해) 등과 같은 반성적 의식이 과도하게 개입하면 전반성적 의식은 제대로 작동하지 않는다.

그렇다면 실존은 어떤 존재 방식을 의미할까? 사르트르가 인간을 행위하는 존재로 이해했다는 점을 알면 쉽게 유추할 수 있다. 골프 스윙하기, 테니스 스트로크하기, 공부하기, 점심 먹기, 회의하기, 데이트하기 등 우리는 늘 무엇인가를 행위하는 상태로 존재한다. 결과적으로 특정 행위를 포함한 일상생활에서 전반성적 의식의 스위치를 켜고 '지금 이 순간'을 살아가는 자세야말로 실존이다. 순간의 행동이 곧 나를 구성한다. 실존은 쉽게 말해 '지금 그리고 여기'에 몰입하는 것이다.

실존보다 후행한다는 본질은 어떻게 정의될까? 보통 본질은 어떤 존재의 핵심적인 목적이나 의미를 뜻할 때 사용한다. 세상에는 여러 가지 공이 있다. 생김새와 특징은 다르지만 스포츠 경기를 위해 만들어졌다는 본질에는 변함이 없다. 테니스공은 '테니스 게임에서 사용하기 위함'이라는 본질이 먼저 있고, 이를 바탕으로 테니스공이 존재하게 된다. 말랑하고 탄성이 낮은 어린이용 테니스공도 마찬가지로 그 본질이 먼저 생성되고 그 목적에 따라 존재한다. 이처럼 사물은 본질이 실존에 앞선다.

인간은 다르다. 지구에는 80억 명의 인간이 있다. 대한민국의 철수와 영국의 바바라는 성별, 피부색, 쓰는 언어, 추구하는 가치도 다르다. 현재를 살아가는 80억 명은 제각각 모두 다르지만 인간이라는 범주에 포함된다. 이는 테니스공이 공이라는 범주에 포함되는 방식과 다르지 않다.

다른 점은 인간에게는 고정된 본질이 없다는 것이다. 물론 인간이 다른 동물과 구분되는 독특한 특징을 가지는 것은 반박할 수 없다. 이성을 남달리 잘 활용하는 것(호모 사피엔스), 높은 수준으로 도구를 사용한다는 것(호모 파베르), 천성적으로 재미를 추구한다는 것(호모 루덴스)과 같이 인간만의 뚜렷한 특징이 있다. 그렇다고 해도 실존주의 철학자는 이와 같은 특징이 우리 삶의 목적을 규정할 수 없다고 본다.

애초부터 본질이 없으니 인간은 스스로 자신만의 본질과 목적을 끊임없이 만들어 가는 존재이다. 테니스공 역시 본래의 목적으로만 사용되지 않는다. 테니스 경기용이라는 고유의 역할을 잃어버린 공은 의자에 달린 네 발의 커버가 되어 소음을 방지하는 새로운 역할을 부여받기도 한다. 이른바 테니스공의 목적과 존재 방식이 달라지는 것이다. 매 순간 존재 방식이 달라지는 우리는 정해진 틀 안에서가 아니라 경험 속에서 자신을 구성한다.

인간에게 부여된 고유한 본질이 없다는 것은 '어떻게 살아야 한다' 또는 '이렇게 사는 것이 이상적이다'와 같은 일종의 정답이 처음부터 설정될 수 없음을 의미한다. 내 인생은 오롯이 내 것이다. 지금에야 이것이 너무 자연스럽게 받아들여지지만 과거에는 달랐다. 중세 유럽에서는 신의 말씀대로 살아가는 것이 이상적인 삶으로 여겨졌으며, 가문을 빛내거나 일으키는 것이 최고의 과제이자 본질로 여긴 시절이 그리 오래되지 않았다.

'정답'이 없다는 표현은 역설적으로 모든 것이 '해답'이 될 수 있다는 뜻이다.[26] 외부로부터 주어진 본질은 없지만 스스로 자신만의 본질을

---

[26] 정답의 사전적 정의는 '바른 답'이지만 실제로는 특정 문제나 질문에 내한 옳은 답을 뜻하는 경우로 쓰인다. '복수 정답'이 사전적으로 한 문제에서 옳은 것으로 인정되는 여러 개의 정답으로 정의되는 것을 고려하면 더욱 그렇다. 반면 '해답'은 질문이나 의문을 풀이하는 태도나 거기에서 비롯된 답을 의미한다. 따라서 해답은 어떤 상황에서도 나올 수 있으며, 해답과 정답이 반드시 일치할 필요가 없다.

창조할 수 있다. 우리는 주어진 정답을 위해 경주마처럼 달리는 것이 아니라 끊임없이 마주하는 상황에서 지속적으로 해답을 찾음으로써 스스로 자신만의 본질을 만들어 내는 실존적 존재이다.

결국 사르트르가 말한 '실존이 본질에 앞선다'는 순간에 충실한 삶이 정의될 수 없는 인간의 본질보다 우선적으로 여겨져야 한다는 점을 의미한다. '앞서다'는 시간상으로는 행위나 동작 등이 먼저 일어난다는 것을 뜻하는 표현이다. 우리는 어떤 상황에 처하거나 특정 행위를 할 때 완전히 몰입하고 행동하고 이를 바탕으로 지속적으로 본질을 형성해 나간다. 골프와 테니스의 순간처럼 일상생활 역시 전반성적 의식으로 충만할 때 비로소 실존적 삶이 가능해진다. 공이 맞는 그 순간까지 나-골프채-골프공이 분리되지 않는 물아일체의 상태로 몰입해야 한다. 실존은 늘 지금 그리고 여기에 있다.

Chapter 36

자유투에 담긴 자유와 책임

다루는 개념   자유, 즉자, 대자, 자기 기만

KBL 2023-24 시즌의 자유투 성공률 1위는 안양 정관장 레드부스터스의 최성원 선수였다. 해당 시즌에 총 101개의 자유투 시도에서 90개를 성공해 최종 성공률은 89.1%였다. 높은 성공률과 함께 그의 독특한 자유투 방식도 주목받았다. 최성원은 공을 백보드(backboard, 바스켓에 붙은 사각형 판)에 먼저 맞히고 바스켓에 집어넣는 형태로 자유투를 던진다. 적은 숫자지만 KBL에서는 백보드를 활용하는 자유투를 구사하는 선수를 종종 볼 수 있다. 반면 미국이나 유럽의 농구 문화에서는 이와 같은 방식이 매우 낯설다. 미국과 유럽 여러 리그에서 활약한 뒤 KBL에 입성한 전태풍은 당시 처음으로 보는 백보드 자유투에 충격을 받았다고 한다. 백보드 자유투는 KBL만의 문화로 자리매김했다. KBL에 와서 백보드 자유투로 바꾸는 외국 선수도 있을 정도이다. 농구의 발상지 미국에서도 한국식 백보드 자유투에 관심을 보였다. 실제로 뉴욕타임스에서는 한국의 백보드 자유투에 관한 분석 기사를 싣기도 했다.

바스켓에서 4.6m 떨어진 곳에서 던지는 자유투에서 성공하면 1점을 얻는다. 1점이지만 그 가치는 결코 낮지 않다. 접전으로 흘러가는 경기에서는 그 1점이 승패를 가를 수도 있기 때문이다. 기술의 공식 명칭이 자유투(free-throw)인 만큼 두 가지 의미의 '자유'가 내포되어 있다.

첫째, 동작을 자유롭게 취할 수 있다. 보통은 제 자리에 선 채로 공을 머리 위에서 던지는 경우가 많지만, 동작의 선택이 자유인 만큼 어떤 자세로 던져도 무방하다. KBL에서는 만화 〈슬램덩크〉의 주인공 강백호처럼 공을 아래에서 위로 던지는 치나누 오누아쿠(Chinanu Onuaku) 선수가 화제가 된 적이 있다(강백호 자유투의 원조는 NBA에서 활약한 릭 배리[Rick Barry]이다. 그의 통산 자유투 성공률은 89.98%로 현역 선수를 제외하면 역사상 3위에 해당하며, 1978-79 시즌에는 94.67%라는 경이적인 성공률을 기록했다).

둘째, 다른 사람의 방해로부터 자유롭다. 자유투는 코트 위에 있는 그 누구로부터 간섭받지 않고 던질 수 있는 유일한 상황이다. 반대로 이야기하면, 코트 밖에 있는 관중으로부터 방해를 받을 수도 있다. 자신의 팀을 열광적으로 응원하는 것은 프로 스포츠의 큰 특징이라고 할 수 있다. 농구 골대 뒤편에 있는 홈 팀 팬은 풍선, 반짝이 옷, 기묘한 피켓 등 기상천외한 방법으로 원정 팀의 자유투를 방해한다. 이는 자유투의 이름과 달리 절대적으로 자유로운 상황이 아님을 의미한다.

농구의 자유투에서 유추할 수 있듯이 자유는 나를 제외한 다른 어떤 것으로부터 방해받지 않을 수 있다는 뜻을 포함한다. 자유에 해당하는 영어 단어 중의 하나가 free인데, sugar free(먹고 싶지 않은 설탕으로부터 자유롭다), smoking free(간접 흡연의 고통으로부터 자유롭다), duty free(세금 부과로부터 자유롭다)와 같이 쓰이는 용도를 생각하면 이해하기 쉽다. 그렇기 때문에 자유는 나를 구속하거나 불편하게 만드는 상황으로부터 벗어나는 것과 관련이 깊다. 경제적 어려움을 겪는 사람이 "언제쯤 돈으로부터 자유로울 수 있을까"라고 한탄하는 것 역시 같은 맥락이다.

그렇다면 자유는 대체로 좋은 것일까? 사르트르에 따르면 그리 단순하지 않다. 사르트르는 인간을 '자유를 선고받은 존재'라고 표현한다. 선고는 재판장에서 판결 결과를 알리는 일이며, 선고되는 그 순간부터 효력이 발생한다. 그런 의미에서 자유는 형기를 마칠 때까지 결코 벗어날 수 없는 일종의 무거운 짐이다. 사르트르에 따르면, 자유는 우리에게 주어진 값진 선물이면서 동시에 반드시 감내해야 하는 형벌인 셈이다.

우리는 언제부터 자유를 선고받을까? 바로 태어나면서부터다. 우리는 태어나면서 생각과 행동을 자유롭게 할 수 있는 권리를 가진다. 이론적으로는 어떤 음식을 먹을지, 어떤 직업을 가질 것인지, 누구를 만날 것인지 모두 본인의 자유의지를 바탕으로 선택할 수 있다. 자유를 해석하는 방식이 전혀 다른 두 개의 정당이 있더라도 인간의 자유의지를 귀중한 가치로 생각하는 점에서는 다르지 않다(우리나라의 경우 교과서에 '민주주의'와 '자유민주주의' 중에서 어떤 표현을 채택할 것인지를 가지고 정권이 바뀔 때마다 첨예하게 다툰다). 의사 부모가 어려서부터 "너는 훌륭한 의사가 되어야 해"라고 세뇌하더라도 결국 최종 선택은 본인에게 달려 있다. 우리는 자유로운 선택의 기회를 통해 무한한 가능성을 가질 수 있는 셈이다.

동시에 자유는 부담이 될 수도 있다. 자유(自由)는 '스스로(自)'와 '말미암다(由)'가 결합해 만들어진 용어이다. 스스로부터 시작되었다는 것은 외부에 기대지 않는다는 뜻이다. '자유자재로 기술을 구사한다'라는 표현 역시 외부의 도움 없이 할 수 있다는 말이다. 어떤 것에도 기대지 않음은 홀로 선다는 것을 말한다. 자유에는 필연적으로 불안이 동반된다. 경기 종료 직전까지 엎치락뒤치락하는 경기에서 자유투를 얻어 홀로 서 있는 장면을 떠올리면 이해하기 쉽다. 가끔은 스스로 결정해야 하는 상황에서 벗어나기를 원할 때도 있다. 구내 식당에서 점심 메뉴를 고르지 않아도 되는 편안함과 교복이 있어 개성을 드러낼 필요가 없는 학교를 선택하는 안정감은 '자유로부터 벗어나려는 자유'라는 아이러니한 형태이다.

사르트르는 위와 같은 자유의 이중적인 특징을 연(鳶)에 비유한다. 연이 얼레의 실에 묶여 있는 상태는 구속된 상태이다. 얼레로부터 자유롭지 않기 때문이다. 실이 끊어진 상황을 생각해 보자. 연은 자신을 구속하던 실에서 벗어나 자유를 찾았다. 하지만 하늘에는 연을 괴롭히는 다양한 외부 상황이 있다. 돌풍이 불어 나를 어지럽게 하고, 지나가던 새가 연을 다른 새로 오해해 괴롭힐 수도 있다. 얼레로부터 풀려난 연은 다양한 외부 환경으로 갈기갈기 찢어지기 전에는 땅에 내려올 수 없다. 이처럼 태어나면서 자유를 얻은(얼레로부터 풀려남) 인간은 죽음

(연이 땅에 닿음)을 마주하는 순간까지 선고된 자유로부터 탈출하지 못한다.

특권인 동시에 부담인 자유는 인간에게만 선고되었다. 사르트르는 존재 방식을 설명하기 위해 즉자존재(卽自存在)와 대자존재(對自存在)를 구분한다. 즉자(ensoi)존재는 운동장, 농구공, 하키 스틱과 같이 의식이 없는 사물을 지칭한다. 사물인 즉자존재는 자신의 존재에 대한 질문을 하지 않는다. 외부의 그 무엇에 기대지 않고 자체적으로 존재할 수 있다. 반면 대자(poursoi)존재인 인간은 의식을 가진다. 자신을 포함해서 다른 존재를 의식의 대상으로서 삼는 방식으로 존재한다. 의식은 늘 '무엇'에 대한(對) 것이다. 우리는 항상 외부 세계와의 연결 속에서 존재할 수 있다. 쉽게 말해 즉자존재가 있는 그대로 존재한다면, 대자존재는 끊임없이 다른 방식으로 존재한다. 이는 실존이 본질에 앞선다는 사르트르의 핵심 명제와 맞닿아 있다(35장 참조).

농구 경기 관람을 예로 들어보자. 가족과 함께 응원하는 팀의 홈 경기를 관람하고자 지하철을 타고 이동하고 있다. 중간중간 홈 팀 유니폼을 입은 사람들을 보면서 가족과 경기 후 어떤 굿즈를 구입할 것인지에 대해 이야기한다. 지하철 출구에서 맛있는 냄새가 나를 유혹한다. 출출했던 나는 핫도그를 먹는다. 경기장에 들어가니 치어리더의 율동과 서포터즈의 함성에 몸이 들썩인다. 주심의 점프 볼로 경기가 시작된다. 첫 공격에서 내가 응원하는 선수가 자유투 라인 근처에서 상대 수비수를 제치고 점프 슛을 성공시킨다. 환호성을 내지르는 아들을 보는 동시에 나는 마이클 조던의 더 샷(the shot)을 떠올린다. 경기가 끝나고 아들과 함께 머그컵을 산다. 빨간 머그컵을 보면서 유학 시절 나의 카페인 섭취에 크게 기여했던 빨간색 텀블러를 생각한다.

앞 장면을 순서대로 따라가 보자. 나의 의식은 끊임없이 어떤 상황 또는 사물로 이동한다. 이와 같이 우리의 의식은 늘 새로운 대상을 향하고 이동할 때마다 그전의 대상을 향했던 의식은 없어진다. 의식을 위해 기존에 채워진 무엇인가를 비워 내고 새로운 것을 채워 넣는 것을 무한반복하는 것이다. 여기에서 바로 축복과 부담으로서의 자유가 함께 나온다. '무엇을 채울 것인지'를 스스로 결정할 수 있는 자유는 축복이다. 스스로 자신만의 본질을 형성하는 인간에게 이와 같은 절대적인 자유가 주어진 것은 더할 나위 없는 특권이다. 반면 '비움과 채움을 무한히 반복해야 하는 작동 방식'은 부담이다. 무한히 반복한다는 것은 그 어떤 것으로도 텅 빈 근거를 완전히 충족시킬 수 없음을 의미한다. 자유롭지 않을 수 있는 자유가 없는 셈이다.

우리가 자유를 얘기할 때 그림자처럼 뒤따르는 것이 있는데 바로 책임이다. 사르트르에 따르면, 인간은 스스로 자신의 존재 의미를 규정하고 이를 바탕으로 매 순간 자유롭게 선택하고 그에 따른 책임을 지는 존재이다. 이를 강조하기 위해서였을까? 사르트르는 "인생은 B와 D 사이의 C"라고 했다. 출생(birth)과 죽음(death) 사이에서 무수히 많은 선택(choice)이 있다는 것이다. 무한대에 가까운 선택의 숫자만큼이나 그 선택에 따른 책임도 오롯이 내게 있다. 점심 메뉴를 물어보는 친구에게 "아무거나"라고 답한다면, 이것은 결국 '너의 메뉴 선택을 받아들이겠다'라는 것을 선택한 셈이다.

이에 가끔 우리는 스스로에게 선택할 수 있는 자유가 없다고 자신을 속이기도 한다. 깊은 생각 없이 현재의 전공이 나와 찰떡궁합이라고 세뇌하는 것, 본인의 특정 행위가 전적으로 당시의 어려운 상황에서 비롯되었다고 핑계대는 것, 치열하게 살지 않는 현재의 태도를 주변 사람의 특징에서 찾으려는 것은 모두가 주체로서의 자유와 책임을 회피하려는 자세이다. 쉽게 말해 실패의 책임이 두려운 나머지 스스로가 진정으로 자유롭지 않다고 믿는 것이다. 사르트르는 이를 '자기 기만(bad faith)'이며 실존을 회피하는 방식이라고 했다.

농구 경기에서 그 누구도 나의 자유투를 대신 던져 줄 수 없다. 주어진 자유와 책임을 온전히 이해하고 던진 공은 1점 이상의 의미를 지닌다. 실이 끊어진 연처럼 우리는 매 순간 스스로 삶의 방향을 결정하고 그 결과를 감당하는 존재이다. 자유는 특권이자 동시에 도망칠 수 없는 숙명이다. 대자존재로서 우리는 치열하게 고민하고 선택하여 스스로의 삶을 던지고 받아들이는 자유투를 시도한다. 실패를 두려워하지 않고 던지는 것이 나의 자유이고, 그에 따르는 결과를 겸허히 받아들이는 것이 나의 책임이다. 그 둘을 함께 끌어안을 때 비로소 우리는 진정한 자유를 살아낸다.

Chapter
37

몸을 움직이고 옷을 통과하는 무의식

다루는 개념   **무의식, 집단 무의식, 원형**

사례 1

2022 세계육상선수권대회 남자 110m 허들 결승전에서 시즌 최고 기록 (12.84) 보유자 데번 앨런(Devon Allen)이 부정 출발로 실격했다. 실격의 이유는 앨런의 출발 반응 시간이 0.099초였기 때문이다. 육상 경기에서 출발 총성을 듣고 0.1초 안에 선수의 신체가 반응하면 부정 출발에 해당한다. 귀로 입력된 음성신호가 0.1초 안에 뇌를 거쳐 각 신체 부위를 작동시키는 것은 과학적으로 불가능하다고 여기기 때문이다. 한편 이날 준결승전에서 앨런의 반응 시간은 0.101초였다. 준결승전에서는 결과적으로 0.001초가 더 걸려서 통과되었지만, 결승전에서는 0.001초가 빨라 실격된 셈이다.

사례 2

1991-92 시즌 NBA 경기에서 마이클 조던(Michael Jordan)과 패기 넘치는 루키인 디켐베 무톰보(Dikembe Mutombo)가 맞붙었다. 조던은 "나를 상대로 덩크나 레이업을 성공하면 소원 하나를 들어주겠다"라며 무톰보를 도발

했다. 득점에 성공한 무톰보는 자유투를 던지려는 조던에게 "내 소원은 네가 눈을 감고 자유투 넣는 것을 보는 거야"라며 대응했다. 자유투 라인에 선 조던은 미소를 지으며 "이것 널 위한 슛이야"라고 대답한 후 눈을 감은 채로 슛을 성공시켰다.

사례 3

2005년 NBA는 선수 복장 규정(dress code)을 신설했다. 바뀐 규정에는 실내 선글라스 착용 금지, 헤드 기어 착용 금지, 헤드폰 착용 금지, 체인 및 펜던트 착용 금지 등이 포함되었다. 이후 정장을 입고 출퇴근하는 선수가 많아졌다.

세 사례에서 공통으로 다루는 개념은 무의식이다. 첫 번째 장면은 의식할 수 없을 만큼 빠른 찰나에 무의식이 작동하는 모습을 보여 준다. 최정상급의 육상 선수는 출발 총성을 듣고 '출발해야겠다'라고 생각(의식)하고 움직이지 않는다. 출발 총성에 자동 반사적으로 반응할 뿐이다. 야구의 타격도 마찬가지이다. 투수가 시속 151km 속도로 던진 공이 홈 플레이트에 닿을 때까지 걸리는 시간은 약 0.4초이다. 타자가 투수의 손에서 떠난 공을 인식하기, 구질 판단하기, 스윙할지 말지 결정하기, 근육을 움직여 스윙을 시작하기 등을 수행하는 데 적어도 0.3초 이상이 걸린다. 최정상급 선수의 배트 스피드가 약 0.2초인 점을 고려하면 이론적으로 투수의 손에서 떠난 공을 보자마자 배트를 휘둘러야 공을 건드릴 수 있는 셈이다. 공을 본 뒤 치는 것이 아니라 몸이 먼저 반응해야 한다. 두 번째 사례 역시 비슷하다. 조던은 반복적인 훈련으로 자유투 메커니즘을 머리가 아닌 '몸'에 새겼다. 그 결과로 슛에 절대적으로 필요한 시각을 차단하고도 자유투를 성공할 수 있었다. 세 번째 사례는 복장으로 선수의 자유분방함을 무의식적으로 억제하려는 시도다. 전투복을 입다가 사복을 입은 순간 걸음걸이와 언행이 달라지는 점이나 느긋한 주말을 보낸 직장인이 정장을 입으면서 말투와 행동이 조심스러워지는 점도 같은 이유에서다.

앞에서 설명한 세 가지 장면의 무의식은 혼수상태에 빠진 사람의 '의식이 없는(無) 상태'와 거리가 멀다. 오히려 '늘 함께 있지만 중요하게 생각하지 않았거나 눈치채지 못했던 의식'에 가깝다. 무의식은 일상생활에서도 굉장히 다양한 방식으로 작동한다. 일어나자마자 이유 없이 스마트폰을 꺼내서 확인하는 행동, 아무런 생각 없이도 늘 내리는 전철역에서 집까지 걸어갈 수 있는 것, 특정 음식을 접할 때마다 누군가를 떠올리며 뭉클함을 느끼는 것, 잊을 만하면 반복되는 정치인의 말실수, 특정 직업군에 대해 부정적 이미지가 따라붙는 것 등 모두에 무의식이 작동한 것이다. 우리는 늘 무의식과 함께하는 셈이다.

오스트리아 심리학자 지크문트 프로이트(Sigmund Freud, 1856~1939)는 무의식이라는 개념을 대중화한 일종의 선구자이다. 프로이트에 따르면, 우리의 의식은 세 가지로 구성된다. '의식(conscious)'은 쉽게 말해 지금 보거나 말하거나 생각할 때 작동하는 정신이다. 여러분은 의식을 활성화한 채로 이 책을 읽고 있다. '전의식(preconscious)'은 평소에는 잘 쓰지 않지만 원할 때 꺼내서 쓸 수 있는 기억과 정보라고 할 수 있다. 졸업한 초등학교와 어릴 적 친구의 이름, 입안에 맴돌지만 바로 나오지 않던 명사가 갑자기 기억나는 경우, 특정 단어를 들었을 때 그 당시 회의 내용과 분위기가 떠오르는 것 등이 여기에 해당한다. 전의식은 의식과 무의식의 중간 지대에 위치해 있다가 자극에 의해 의식으로 소환될 수 있다. '무의식(unconscious)'은 의식되지 않지만 우리의 감정과 행동에 영향을 미치는 심층적인 정신 활동이다. 유년 시절 겪은 트라우마, 억눌린 분노, 성적 욕망 등이 무의식 형성에 크게 작용한다. 프로이트는 의도적인 방법으로 접근할 수 없는 무의식이 인간 행동의 근본적 원인으로 이해했다. 이와 같은 관점에서는 한 개인의 특정 행동이나 생각을 반영하는 의식은 무의식이라는 커다란 빙산의 일각일 뿐이다.

평소 무의식은 의식의 통제 아래 가려진 채 잠들어 있다. 의식이 약해지거나 꺼지는 순간 무의식은 표면 위로 떠 오른다. 꿈이 대표적이다. 깊은 잠에 빠지면 무의식 속에 억눌려 있던 생각이나 감정이 상징과 이미지로 나타난다. 평소 의식으로 접근하지 못했던 바닷속 깊은 빙산의 내용이 꿈을 빌려 우리에게 드러나는 것이다. '필름이 끊긴다'라는 말도 같은 맥락이다. 과도한 음주나 약물로 인해 의식으로 촬영할 수 있는 필름이 끊기면 비로소 무의식이 활동을 시작한다. 마찬가지로 평소라면 하지 않았을 말이나 행동이 튀어나온다. 결국 무의식은 조용히 틈을 엿보다가 의식이 잠들면 자신을 드러낸다.

무의식은 의식이 잠든 사이에만 작동하지 않는다. 분명히 깨어 있는 상태에서도 무의식은 그 작은 틈새를 찾아 그 모습을 드러낸다. '나도 모르게 해 버린 일'이나 '생각 없이 툭 튀어나온 말' 같은 것이 그렇다. 인종, 민족, 특정 세력에 대한 정치인의 바람직하지 않은 생각이 말실수라는 형태를 통해 반복적으로 뉴스에 오르내리는 이유도 여기에 있다. 공식적으로는 숨기고 싶은 생각이나 감정이 의식 사이의 틈을 비집고 나오는 것이다. 이와 같이 나도 모르는 사이에 본심을 드러내는 말실수(parapraxis, 착행증)를 '프로이트의 말실수(Freudian slip)'라고도 한다. 단순한 실수처럼 보이는 말 한 마디는 실제로는 억눌린 충동이 순간적으로 의식의 틈을 비집고 나오는 방식이다.

앞에서 살펴본 바와 같이 무의식에 기반한 행위나 실수는 어디까지나 개인 차원의 일이다. 때로는 사회나 기관이 부적절한 무의식적 욕망이 표면으로 드러나지 않도록 억제하는 방식을 채택하기도 한다. 사례 3에서 본 NBA 드레스 코드 신설 역시 규정으로 선수의 무의식적 태도나 충동을 조율하는 시도이다. 유니폼을 입은 채 그라운드에서 높은 수준의 에너지를 뿜어내는 선수들이 정장을 입고 참여하는 시상식이나 공식 행사에서 달라진 몸가짐과 언행을 보여 주는 점도 같은 이유에서다. 결국 복장은 단순히 겉모습을 바꾸는 것이 아니다. 해당 복장이 기대하는 태도를 무의식적으로 따르게 한다. 이와 같은 측면에서 드레스 코드는 무의식적 충동을 차단하거나 제어하는 일종의 교정 장치이다.

무의식은 집단 차원에서도 작동한다. 스위스 심리학자 카를 융(Carl Jung, 1875~1961)은 집단 무의식(collective unconscious)이라는 개념을 제시했다. 집단 무의식은 쉽게 말해 어떤 상징이나 상황에 자동으로 반응하게 만드는 깊은 층의 무의식이다. '엄마'라는 말과 이미지에서 따뜻함과 보호를 떠올리는 반응은 특정 문화를 초월한 공통적인 무의식에 가깝다. 융에 따르면, 과거 선조가 집단으로 경험했던 내용은 '원형(archetype)'의 형태로서 우리의 마음속에 내재되어 있다. 이와 같은 측면에서 원형은 일종의 공유되는 DNA와 유사한 것으로서 특정 문화나 민족에서 나타나는 보편적인 심리 기제이다. 풀리지 않은 억울함과 슬픔인 한(恨)에 깊이 감응하는 태도나 말로 표현하기 어려운 정(情)은 관계 기반의 공동체 정서가 개인과 세대를 넘어 반복적으로 축적된 집단 무의식이라고 할 수 있다. IMF 금융 위기 상황에서 집에 있는 금을 가져오는 일이나 세월호 참사나 코로나19와 같은 재난 상황에서 보여 주는 범국민적인 애도 역시 위기 상황에서 개인의 균열보다 공동체의 연대를 선택하는 집단 무의식으로 설명된다. '우리 엄마'나 '우리 남편'과 같이 '우리'를 1인칭으로 사용하는 것 역시 혼자보다 함께를 중요하게 여기는 집단 무의식이다.

스포츠는 집단 무의식이 선명하게 드러나는 무대 중 하나이다. 팀원이 협력해 상대 팀을 제압하려는 팀워크는 부족 간의 전쟁이나 협력하여 맹수를 사냥하던 과거 경험과 큰 틀에서 다르지 않다. 2002 한일 월드컵에서의 길거리 응원은 균질한 특징과 문화를 공유하는 대중이 같은 감정으로 응답하는 형식의 집단 무의식이라고 할 수 있다. 이 외에도 국가 연주 시에 느끼는 경건함이나 마이클 조던 등과 같은 스포츠 영웅에 대한 독특한 감정은 각각 집단 정체성과 영웅에 대한 희망을 의미하는 집단 무의식이라고 할 수 있다.

인정해야 할 것은 의도적으로 접근하거나 제어할 수 없는 무의식이 우리의 생각과 행동에 끊임없이 관여한다는 것이다. 스포츠는 무의식이 선명하게 작동하고 드러나는 무대이다. 반사적으로 반응하는 몸짓, 몸에 새겨진 숫, 정장이 제어하는 자세, 국기를 바라보며 울컥하는 마음은 의식하지 않아도 자연스럽게 일어난다. 중요한 것은 무의식을 두려워하거나 억제하는 일이 아니다. 의식의 뿌리에 해당하는 무의식이 언제, 어떻게, 어떤 방식으로 드러나는지 이해하려는 태도이다. 좀 더 분명한 의식과 가끔씩 드러내는 무의식 모두를 소중하게 여길 때 우리는 스스로를 더욱 깊이 있게 이해할 수 있다.

Chapter 38
축구공이라는 낱말은 둥글지 않다

다루는 개념 **신호, 정의, 기표, 기의, 파롤, 랑그**

사례 1

돌파하던 선수의 스텝이 뭔가 이상하다. 심판은 지체없이 휘슬을 불고 주먹을 쥔 양팔을 회전시키며 트래블링을 선언한다. 코트에 있는 모든 선수와 관중은 심판의 동작을 본 뒤 자연스럽게 다음 플레이를 준비한다.

사례 2

2024 파리 올림픽 탁구 여자 단체전 8강 첫 번째 게임. 전지희 선수가 서비스를 넣기 전 탁구대 아래에서 주먹을 쥔 상태에서 엄지손가락을 올린다. 신유빈 선수는 말없이 고개를 끄덕인 후 자세를 취한다.

사례 3

2017년 월드 시리즈 7차전에서 휴스턴 애스트로스는 LA 다저스를 꺾고 1962년 창단 이후 55년 만에 처음으로 우승컵을 품에 안았다. 그런데 2년 뒤 많은 사람들이 휴스턴의 우승을 다르게 바라보게 되었다. 휴스턴이 상대 팀 사인을 훔쳤다는 폭로가 이어졌기 때문이다. 메이저 리그 사무국은 조사에 착수했다. 조사 결과를 담은 보고서는 2017년과 2018년에 걸쳐 광범위하게 벌어진 사인 훔치기 내용을 담고 있다. 휴스턴의 사인 훔치기는 ① 외야 카메라를 이용한 상대 팀 포수의 사인 촬영, ② 더그아웃에 설치된 모니터로 전송, ③ 상대 팀 포수 사인 분석, ④ 더그아웃에 있는 쓰레기통을 두드려 타자에게 구종 알려주기 순서로 진행되었다.

세 사례의 공통점은 신호(signal)를 이용한 의사소통이다. 농구 심판은 정해진 수신호로 선수의 트래블링을 알리고, 전지희-신유빈 조는 미리 약속된 손가락 모양으로 서비스 구종을 공유하고, 휴스턴은 쓰레기통을 두드리는 소리로 타자에게 상대 투수의 구질을 알려준다. 스포츠에서 팀원끼리 공유하는 신호 체계를 보통 사인이라고 하는데, 경기력에 영향을 미치는 매우 중요한 요소이다.

스포츠에서 신호를 주고받는 행위는 제한된 내용과 방법을 다루지만, 일상생활의 수어(손, 팔, 표정, 입술 움직임 등과 같은 시각적 정보를 매개로 하는 의사소통 방법으로 수화(手話)라고도 한다)는 엄연한 시각 언어이다. 스포츠의 신호에서 유추할 수 있는 것과 같이 언어의 핵심 목적 중의 하나는 소통이다. 반대로 소통이 안 되는 신호 교환과 언어는 치명적인 결함이 있는 것으로 간주된다. 소통은 해당 개념에 대한 공통된 이해가 전제되어야 한다(두 사람 중 한 사람이 수어를 전혀 모르면 의사소통에 큰 어려움을 겪는다). 그런 의미에서 언어에서는 공통된 이해 체계를 구축하는 것이 매우 중요하다.

공통된 이해 체계를 구축하는 효과적인 방법 가운데 하나는 '정의 내리기'이다. 정의(定義)는 쉽게 말해 어떤 낱말 또는 사물의 뜻을 설명하는 행위 또는 그 뜻이라고 할 수 있다. 축구를 '11명이 팀을 이뤄 주로 발로 공을 차서 상대편의 골대에 공을 많이 넣는 방식으로 승부를 겨루는 스포츠'라고 설명하는 것을 예로 들 수 있다. 정의 내리기는 그 목적과 유형에 따라 다음과 같이 몇 가지 방식으로 구분된다.

첫째, 약정적 정의(stipulative definition)는 독립된 의미에 특정 낱말을 할당하는 것으로 약속하는 방식이다. A 대학교에서 학점을 A(90점 이상), B(80~89점), C(70~79점), D(60~69점), F(60점 미만)로 부여하는 것을 예로 들 수 있다. 스포츠에서 활용되는 수신호 역시 약정적 정의이다. 야구에서 포수가 손가락 한 개를 펼치면 직구를 던지고 두 개를 펼치면 커브를 던지는 것으로 서로 약속하는 것이다.

주목할 점은 표기 방식을 다르게 할당하더라도 문제가 없다는 것이다. A 대학교에서 규정을 변경(또 다른 약정 행위)해 다음 학기부터 학점을 ABCDF가 아니라 순서대로 E(excellent), G(good), F(fair), P(poor), B(bad)로 부여하기로 결정해도 이론적으로는 문제가 없다. 마찬가지로 포수가 손가락 하나에 슬라이더를 던지기로 하고 손가락 두 개에 체인지업을 던지기로 약속할 수 있다. 심판의 수신호 역시 약정적 정의에 의한 것이다.

둘째, 사전적 정의(lexical definition)는 한 낱말이 가진 의미를 다른 낱말로 설명하는 것이다. 초등학생이 대한민국 국가대표 팀의 경기를 관람하다가 처음으로 오프사이드(offside)라는 규칙을 접한 경우를 떠올려 보자. 초등학생은 골을 넣었는데 오프사이드 반칙으로 득점이 취소된 것을 이해하지 못한다. 이에 오프사이드가 무엇인지를 검색한다. 초등학생은 결과적으로 '오프사이드=이러이러한 것'을 알게 된다. 주목해야 하는 점은 이 등식에서 초등학생의 관심은 왼쪽이 아니라 오른쪽에 있다.[27]

달리 말하면, 정의되는 개념보다 이를 일반적인 맥락에서 설명해 주는 체계를 알고 싶은 것이다. 사전적 정의는 특정한 맥락을 고려하지 않는다는 점도 중요하다. 오프사이드는 축구의 본고장인 영국에서도, 대한민국에서도, 남아프리카에서도 동일한 방식으로 이해된다. 달리 말하면, 사전적 정의는 일반적으로 통용되는 낱말의 뜻을 만드는 방식이다.

셋째, 조작적 정의(operational definition)는 추상적인 개념이나 변수를 구체적으로 관찰하거나 측정할 수 있는 것으로 전환하는 방식을 뜻하며, 주로 학술 활동에서 널리 활용된다. 코치가 A 훈련이 팀워크에 미치는 영향을 미치는지 알아보는 연구를 수행한다고 가정해 보자. 팀워크는 사전적으로 '팀이 협동하여 행하는 동작 또는 팀원 간의 상호 연대'로 정의된다. 그런데 '협동' 또는 '상호 연대' 등과 같은 또 다른 개념은 눈에 보이거나 측정되지 않는다. 무릇 연구라면 타당성과 신뢰도가 확보되어야 한다. 이에 이 연구에서는 팀워크를 경기 중 팀원 간의

---

[27] 반대로 해당 낱말의 의미를 파악하려고 하지 않고 그 형태에만 관심을 가지는 경우도 있다. 예를 들면, '유기농'의 정확한 의미는 모른 채 관성적으로 해당 표현을 사용하는 것이다. 심지어 유기농을 뜻하는 영단어가 organic이라는 것도 알고 있다. 관심이 오른쪽이 아니라 왼쪽에 있는 것이다. 당연히 해당 낱말을 제대로 쓸 리 만무하다. 좀 더 많은 영단어를 피상적으로 외우고자 하는 노력은 일종의 전도된 학습이라고 할 수 있다.

의사소통 횟수, 팀워크를 평가할 수 있는 객관적 설문지, 경기 중 나온 협력적인 플레이(예: 정해진 작전에 따른 블로킹 성공 개수)라는 세 가지의 결합체로 설정(operation)할 수 있다.

이상의 세 가지 정의 내리기 방식에서 알 수 있듯이 정의 내리기도 소통을 목적으로 한다. 그렇기 때문에 같은 낱말이지만(표기 방식과 소리도 같다) 다르게 정의가 되면 큰 오해를 불러일으키기 쉽다. 너무나도 당연하게 들리지만 낱말은 사물과 현상을 제대로 지칭해야 한다.

언어학자 페르디낭 드 소쉬르(Ferdinand de Saussure, 1857~1913)는 전통적인 낱말과 사물의 관계를 완전히 뒤집었다. 소쉬르는 언어의 작동 방식을 설명하려고 기표(signifiant)와 기의(signifié)라는 핵심 개념을 설정한다. 기표는 소리, 문자, 이미지 등 감각적으로 언어 기호를 나타내는 외형적 요소이다. 축구공의 기표는 [축꾸공]으로 소리 내지거나 '축구공'이라는 글자로 인식된다. 반면 축구공의 기의는 '축구 경기에 쓰는 공으로 둘레는 68~71cm이고, 주로 재질은 가죽이다'라는 사전적 정의에 해당한다. 이것이 우리가 어떤 사물과 낱말의 관계를 이해하는 전통적인 방식이다. 즉, 기표와 기의는 떼려야 뗄 수 없는 관계이다.

반면 소쉬르에 따르면, 낱말(기표)은 사물(기의)의 이름이 아니라고 한다. 이게 무슨 뚱딴지 같은 말일까. 상식적으로 생각해 보면 사물이 먼저 있고, 그 사물을 지칭하는 낱말이 생겼을 것이다. 인류가 언어를 만들어 쓰기 전부터 달, 산, 시냇물이 있었다는 점은 너무나도 자명하다. 그렇기 때문에 낱말은 당연히 그 사물의 어떤 특징을 반영했을 것이다. 표의문자인 한자에서는 사물과 낱말의 관련성을 보이는 경우가 있다. 사물의 실제 모양을 본떠 만든 상형문자가 대표적이다. 달, 산, 시냇물이 각각 月, 山, 川으로 생성된 경우다.

그런데 '개'를 뜻하는 낱말이 우리나라에서는 '개', 한자로는 '犬,' 영어로는 'dog', 독일어에서는 'hund'로 쓰이고 불리지만, 이들 사이에는 아무런 공통점이 없다. 공통점이 없다는 것은 필연성이 없다는 것을 의미한다. 필연성이 없다는 것은 지시 대상(기의)과 언어 기호(기표)의 관계가 자의적임을 뜻한다. 약정적 정의처럼 왼쪽과 오른쪽의 관계는 전적으로 우연이다. 우리 집에서 키우는 바둑이를 '개'라고 부를 필연적인 이유가 전혀 없다. 실제로 개라는 낱말에서 바둑이의 어떤 특징을 떠올릴 근거도 없다. 여기서 소쉬르의 유명한 표현 "개는 짖어도 개라는 낱말은 짖지 않는다"가 탄생했다.

그렇다면 우리는 어떤 방식으로 기표와 기의를 이해하고 그것을 바탕으로 소통할 수 있을까? 소쉬르는 해당 낱말의 본질(소쉬르는 기표의 기의가 아무런 관계가 없기 때문에 낱말의 본질 자체가 없다고 본다)이 아닌 다른 낱말과의 관계에 집중한다. 그러고 보면 우리 주변에는 다른 낱말들과의 차이를 통해서만 이해될 수 있는 낱말이 많다.[28]

---

[28] 사전적 정의의 방식을 다시 생각해 보자. 어떤 낱말을 이해하려면 필연적으로 다른 낱말을 활용해야 한다. 결국 사전적 정의는 해당 낱말의 본질을 알려주는 것이 아니라 다른 낱말로 대체하는 방식일 뿐이다. 한자를 배울 때 이것이 가장 두드러진다. 군(軍)은 전차를 에워싸고 앞으로 나아가는 '군사'를 뜻하며, '군사 군'으로 외운다. 그런데 역설적으로 군사의 한자어는 軍士이다. 즉, 軍을 설명하려고 사용하는 한자어가 軍士인 셈이다.

왼쪽은 오른쪽의 존재를 통해 이해될 수 있으며(한쪽 방향만으로는 공간의 상대적 위치를 알 수 없다), 수요일은 어떤 요일을 기준으로 삼는지에 따라 한 주의 세 번째 또는 네 번째 요일이 될 수 있다. 회사의 계급 역시 해당 계급을 본질적으로 정의해 주는 특징은 없다. 대체로 차장은 과장보다 높고 부장보다 낮은 계급이다. 즉, 언어에서 중요하게 고려해야 하는 것은 실체(본질)가 아닌 관계(차이)이다.

우리가 흔히 사용하는 낱말과 해당 사물의 관계가 생각만큼 명확하지 않다면 결국 아무렇게나 쓰고 말해도 되는 것일까? 그렇지는 않다. 소쉬르에 따르면, 우리는 언어의 구조 속에 살고 있다. 우리의 언어에 지대한 영향을 미치는 불변의 구조가 있다는 것이다. 오늘부터 친구끼리 학원을 빠지고 PC방에 가자는 표현을 '논술 공부 하러 가자'로 정했다고 가정해 보자. 두 친구끼리 주고받는 대화나 카톡에서는 PC방이 논술 공부로 대체될 수 있다. 그러나 임의로 바꾼 이 논술 공부가 우리말을 사용하는 모든 사람에게까지 적용될 수는 없다.

소쉬르는 이와 같은 개인적 차원에서의 발화와 구조적 차원에서의 문법을 설명하고자 파롤(parole)과 랑그(langue)라는 개념을 만들었다. 파롤은 우리가 실제로 사용하는 개인적 차원의 표현이다. 모든 사람이 각자의 문체를 가지고 있듯이 어투 역시 제각각이다. 웃어른에게 점심을 먹었는지를 여쭤 보는 표현은 '점심 잘 드셨어요?', '식사하셨어요?', '맛있게 드셨어요?' 등과 같이 각기 다른 발화가 가능하다. 같은 사람이 동일한 의미를 다르게 표현할 수도 있다.

반면 랑그는 언어 공동체가 공유하는 체계적이고 추상적인 문법 구조라고 할 수 있다. 대한민국에서 태어나고 자라는 모든 사람은 한국어를 배울 때 이미 형성되어 있는 랑그를 바탕으로 익힌다. 우리 민족이 한국어를 만든 것은 맞지만, 이미 만들어진 랑그에서 우리는 결코 자유로울 수 없다. 한국어에서는 조사가 많은 역할을 하는데 보격 조사(이/가)를 적확하게 쓸 수 있는 능력을 자연스럽게 갖추게 된다.[29] 예를 들어, 우리는 '발레는 남학생이 좋아할 만한 스포츠가 아니다'라는 문장에서 스포츠 뒤의 '가'라는 조사를 자연스럽게 구사한다. 결론적으로 대한민국 국민은 공유하는 랑그가 있기 때문에 나와 다른 형태의 파롤을 접하더라도 소통이 가능한 것이다.

결국 언어는 단순한 이름 붙이기에 그치지 않는다. 우리가 '축구공'이라는 낱말을 접할 때 떠올리는 이미지, 의미, 감정 모두는 공동체가 공유하는 약속과 관계망 안에서 구성된 것이다. 기표와 기의의 관계는 어디까지 자의적이지만, 역설적으로 그 자의성이 반복되고 구조화되면서 우리는 비로소 소통할 수 있다. 달리 말하면 언어는 단순히 세계를 설명하는 도구가 아니라 세계를 구성하는 방식 그 자체다. 축구공이라는 낱말이 둥글지 않듯이 우리가 쓰는 말 역시 실체가 아닌 관계를 통해 의미를 얻는다.

---

[29] 처음 한국어를 배우는 외국인에게 조사는 굉장히 어렵다. 반면 우리나라 사람들은 자연스럽게 구사한다. 힘들여 배웠다기보다 자연스럽게 몸에 익힐 수 있었기 때문이다. 그런 의미에서 랑그는 일종의 무의식이라고도 할 수 있다. 다른 언어를 익힌다는 것은 해당 랑그를 공유하는 민족이 오랫동안 형성한 문화를 체험하는 것이라고 할 수 있다.

Chapter 39
코트 위의 언어

다루는 개념 **언어, 그림 이론, 언어 게임, 가족 유사성**

공격 팀 가드가 상대 수비 2명을 본인에게 끌어들인 뒤 동료에게 패스하면서 "비었어, 땡겨"라고 외친다. 공을 받은 선수는 지체 없이 슛을 던진다. 손을 떠난 공이 골대를 향해 날아가고 있다. 이때 슛을 던진 선수가 "없어"라고 외친다. 이를 들은 반대편에 있는 동료가 골대를 향해 돌진한다.

이 사례에서 나온 "비었어", "땡겨", "없어"는 농구 경기에서 쉽게 접할 수 있는 표현이다. 농구 경기에 익숙한 독자는 이 장면의 구체적인 상황이 머릿속에 그려질 것이다. 반면 농구를 전혀 경험한 적이 없거나 농구의 기본기는 배웠으나 실제 경기에 참여한 경험이 없다면 구체적인 모습을 떠올리는 데 한계가 있을 것이다. "비었어"는 근처에 수비수가 없음을, "땡겨"는 자신 있게 슛을 던지라는 것을, "없어"는 내가 던진 슛의 궤적 또는 거리가 정확하지 않아 공이 골대를 맞고 튀어나올 예정이니 리바운드에 참여하라는 것을 의미한다. 짧은 표현이지만 꽤 구체적인 내용을 포함한다. 이상의 표현에 익숙하지 않은 사람이라면 원활한 경기 참여에 애를 먹을 수 있다.

이해를 어렵게 만드는 또 다른 이유는 같은 표현이 농구 경기가 아닌 상황에서도 사용되기 때문이다. 피곤한 표정으로 배를 만지며 "비었어"라고 이야기하면 몹시 배가 고파 먹을 것이 필요함을 전하는 것이고, "오늘은 콜라가 땡겨"는 다른 날과 달리 콜라를 선택할 예정임을 알리는 것이다. 식사를 마치고 계산대에서 연신 호주머니에 손을 넣고 빼면서 놀란 표정으로 "없어"라고 이야기한다면, 이는 지갑을 깜빡하고 두고 와서 우리가 곤란한 상황에 처했음을 알리는 것이다. 정리하면 일상생활에서 쓰는 표현이 농구 경기라는 구체적인 상황에서는 전혀 다른 방식으로 사용된다.

사용하는 표현과 전달하고자 하는 의미가 일치하지 않는 경우도 있다. 사사건건 말꼬투리를 잡는 친구에게 "너는 정말 말을 이쁘게 하는구나."라고 하는 표현을 칭찬으로 받아들일 사람은 없다. 만약 이를 칭찬으로 받아들인다면 다음에는 직설적인 방식으로 이야기해야 할 것이다. 직전 시험에서 50점을 받았지만 꾸준히 노력해 80점을 받은 자녀에게 "잘했어!"라고 말하는 것과, 지난 두 시험에서 100점을 받은 아이가 자신의 능력을 과신하고 전혀 노력하지 않아 80점을 얻은 경우의 "잘했어!"는 표현은 같아도 전혀 다른 뜻이다. 일본의 교토 지역에서 실제 마음과 쓰는 표현이 다른 데서 많은 사람이 혼동을 느낀다는 점에 착안하여 생성된 'kyoTOEIC' 역시 같은 맥락이다.

이처럼 우리가 사용하는 언어(표현)는 결코 상황과 분리될 수 없다. 달리 말하면, 우리는 같은 표현(text)도 맥락(context)에 따라 다르게 사용할 수 있다. 이는 테니스공이 테니스 경기를 위해 사용될 수도 있고, 소음 방지를 위해 의자 발 커버로 사용될 수도 있는 것과 유사하다. 테니스공의 쓰임새가 달라지는 것처럼 언어에서도 더 중요한 것은 그 표현이 아니라 용도이다.

루트비히 비트겐슈타인(Ludwig Wittgenstein, 1889~1951)은 이와 같이 언어의 용도와 맥락의 중요성에 주목한 분석철학자다. 흥미로운 점은 언어에 대한 그의 생각이 극적이라고 할 정도로 달라졌다는 것이다. 구분의 용이함을 위해 비트겐슈타인의 철학을 전기와 후기로 나눈다면 각각 '그림 이론(picture theory)'과 '언어 게임(language game)'이라고 할 수 있다.

먼저 '그림 이론'부터 살펴보자. 이론의 명칭에서부터 드러나듯이 비트겐슈타인의 전기 사상에서는 언어를 세계에 대한 그림으로 설정한다. 우리가 감각 기관으로 인식하는 세계가 도화지에 그려질 수 있는 것과 같이 언어는 세계의 사실 구조를 그림처럼 반영한다. 학창 시절에 그린 풍경화를 떠올리면 쉽게 이해할 수 있는 것처럼 언어는 세계와 구조적으로 대응할 수 있다. 손흥민이 출전한 축구 경기를 본 뒤 친구에게 "손흥민이 페널티 박스 인근부터 상대 골대까지 약 75m를 드리블하면서 여섯 명의 수비수를 제치고 골을 넣었어."라고 말하는 장면을 예로 들어보자. 실제 손흥민의 득점 상황이 TV에서 움직이는 그림으로 그려지는 것과 같은 원리로 친구에게 전한 표현 역시 해당 득점 상황을 묘사하고 있다. 이는 언어와 세계가 모종의 구조를 공유하고 있음을 의미한다.

그렇다면 결국 언어로 모든 것을 빠짐없이 묘사할 수 있다는 뜻일까? 그렇지는 않다. 이 세계에는 그릴 수 없는 대상도 있기 때문이다. 진(眞)/선(善)/미(美), 영혼, 옳음/그름 등과 같이 형이상학에 해당하는 내용이 그것이다. 우리가 감각적으로 인식할 수 없기 때문이다. 많은 사람들이 아름답다고 여길 만한 꽃을 그림으로 그리거나 언어로 표현하는 것은 가능하다. 반면 '아름다움' 자체는 이 세계에 없으며 그렇기 때문에 그림으로 그려지거나 말로 표현될 수 없는 것이다. 그림 이론에 따르면, 형이상학에 해당하는 내용은 우리가 살아가는 세계와 대응하지 않는 것이다.

자연스럽게 비트겐슈타인은 형이상학에서 다루는 영혼, 도덕, 종교, 신과 같이 세계와 대응하지 않아 명확하게 그려질 수 없는 대상은 언어로 표현될 수 없다고 생각했다. 그가 생각하기에 지금까지의 철학은 명확하게 표현되기 어려운 주제에 대해서 많은 사족이 덧대어져서 결국 복잡하고 어려워졌다. 진·선·미 또는 도(道)와 같은 추상적인 개념은 정의되기도 어려운데, 여기에 이러쿵저러쿵 떠들어봐야 건설적인 논의가 진전될 리 만무하다는 것이다.

비트겐슈타인의 유명한 문구 "말로 할 수 있는 것은 명확하게 말해야 하고, 말할 수 없는 것에 대해서는 침묵을 지켜야 한다"는 바로 여기에서 비롯된 것이다. 이는 신비주의를 뜻하는 영단어인 mystic이 눈이나 입을 닫는다는 그리스어 mystikos에서 유래되었다는 점과 일맥상통한다. 만약에 비트겐슈타인이 공자의 "아침에 도를 깨우치면 저녁에 죽어도 좋다"나 노자의 "도를 도라고 말할 수 있으면 도가 아니다"와 같은 선문답과 같은 표현을 접했다면 혀를 끌끌 차며 고개를 가로저었을 것이다. 한 가지 주의해야 할 점은 비트겐슈타인이 말로 표현될 수 없다고 해서 '가치가 없는 것'으로 여기지는 않았다는 것이다. 그는 사랑, 윤리, 영혼 등은 논리적으로 분석할 수 있는 철학의 대상이 되기에 필요한 조건을 갖추지 못했지만, 인간의 삶에서 매우 중요한 가치를 지닌다고 생각했다.

이처럼 비트겐슈타인의 언어에 대한 전기 사상은 언어와 세계의 '대응'에 집중하고 있다. 지나친 단순화라고 할 정도의 획기적인 주장을 펼친 그는 자신이 지금까지 잘못 신행된 철학의 흐름을 바로 잡았디고 판단하고 케임브리지 대학을 떠나 오스트리아 시골에서 초등학교 교사로 일하는 평온한 삶을 택했다.

그랬던 비트겐슈타인은 언어에 대한 그의 생각을 송두리째 전환한 채로 철학계에 컴백한다. 앞에서 살펴본 바와 같이 비트겐슈타인 전기 사상의 핵심은 언어와 세계의 대응이다. 이는 우리가 사용하는 언어가 완전하려면 우리가 바라보는 세계(형이상학 영역을 제외한) 역시 완전해야 한다. 실제로 우리는 빈틈없고 깔끔한 방식으로 의사소통하고 있을까? 그렇지 않다. 마치 디저트 가게의 치즈 케이크는 그 형태가 매우 뚜렷하지만, 제과점에서 파는 치즈 케이크를 집에서 조각내면 전혀 그 모양이 나오지 않는 것처럼. 비트겐슈타인 역시 우리가 늘상 사용하는 언어 중에서 세계를 반영하지 못하는 경우가 많다는 점을 발견했다. 단조로운 일상에 대한 불만을 표현하는 "아이고 따분해 죽겠네."라거나 무더운 여름날 운동을 마치고 시원한 물을 들이켠 뒤 "아이고 살 것 같다."라는 표현은 대응하는 뚜렷한 세계가 없지만 의사소통으로서의 기능을 완벽하게 수행한다.

이처럼 우리는 주어, 목적어, 술어의 연결고리가 불완전한 일상 언어를 숨 쉬는 것처럼 자연스럽게 사용한다. 그럼에도 같은 언어를 공유한 사람끼리 의사소통하는 데 전혀 문제를 겪지 않는다. "개떡같이 말해도 찰떡같이 알아듣는다"라는 속담과 같이 말하는 사람이 세계에 대응하지 않는 불완전한 언어를 쓰더라도 듣는 사람은 그의 의도를 이해할 수 있다. 충청도에서 "뭐여"라는 표현 하나로 기쁨, 슬픔, 분노, 짜증, 두려움, 황당, 감동을 모두 전달하는 것이 대표적인 예이다. 이를 통해 우리는 쓰임새가 언어의 핵심 기능이라는 것을 알 수 있다.

충청도 사람들 마법의 단어

• 화났을 때	뭐여!!		• 슬플 때	뭐여 ㅜㅜ
• 놀랐을 때	뭐여?!		• 감동적일 때	뭐여 ㅜ
• 짜증날 때	뭐여?!		• 기분 나쁠 때	뭐여;
• 무서울 때	뭐여…!		• 기분 좋을 때	뭐여~ㅎ
• 황당할 때	뭐여…?			

이미지 출처: ⓒ프리픽

비트겐슈타인의 후기 사상은 '언어 게임'으로 알려져 있다. 이는 언어의 의미는 고정된 사전적 정의로 이해되는 것이 아니라 게임의 규칙처럼 달라질 수 있음을 뜻한다. 파울(foul)이라는 동일한 용어는 축구와 야구에서 각각 부당한 신체 접촉으로 인한 규칙 위반과 경기장의 파울 라인을 벗어난 타구를 의미한다. 말(馬) 역시 장기판에서는 직선 또는 대각선으로 움직일 수 있는 기물이지만, 윷놀이와 부루마불(blue marble)과 같은 보드게임에서는 다른 방식으로 작동한다.

이처럼 단어 하나도 상황에 따라 다른 방식으로 쓰이는 이유를 비트겐슈타인은 '가족 유사성(family resemblance)'이라는 개념으로 설명했다. 그는 모든 게임이 하나의 본질로 묶이지 않는다고 본다. 혈연으로 이루어진 가족 구성원이 눈, 코, 말투, 성격 등을 조합해 가며 유사하게 보이는 것과 마찬가지로 '게임'이라는 개념도 체스, 숨바꼭질, 농구처럼 다양한 놀이의 특징이 중첩되어 생성되었다는 것이다. 이처럼 언어의 의미는 고정된 정의로 환원되지 않는다. 오히려 유사한 특징이 얽혀 있는 구조 안에서 사용되고, 이 구조는 각 언어 게임의 규칙에 의해 형성된다.

같은 언어가 제각각 다르게 쓰일 수 있다면 우리에게 중요한 것은 무엇일까? 바로 그 언어가 활용되는 양상을 다룬 규칙이다. 게임의 핵심 속성 중의 하나는 바로 규칙이 있다는 것이다(규칙이 있어야만 이기고 지는 것이 성립된다). 파울(foul)과 말(馬)이 해당 게임의 규칙에 따라 제각각 다른 의미로 사용되는 것처럼 중요한 것은 개별 단어 또는 문장이 아니라 해당 언어를 둘러싸고 있는 구조인 셈이다. 여기서 말하는 구조란 언어가 사용되는 상황, 문화, 관습과 같은 맥락이다.

우리가 쓰는 말은 단어가 아니라 맥락 속에서 살아 움직인다. 언어란 삶 속에서 게임처럼 규칙을 따르면서도 상황에 따라 유연하게 움직이는 선수처럼 작동한다. 스포츠는 언어의 또 다른 경기장이다. 규칙, 몸짓, 말, 문화가 얽힌 살아 있는 언어의 현장이다. 여러 가지 스포츠에 참여하는 것은 언어의 본질에 한 걸음 더 가까이 다가가는 일이다.

Chapter 40
무소의 뿔처럼 혼자서 던져라

다루는 개념   **초인, 위버멘쉬, 영원 회귀, 낙타-사자-어린아이**

코비 브라이언트(Kobe Bryant)는 두 가지 특징으로 많은 존경과 동시에 비난을 받는 선수이다. 첫 번째는 누구보다 노력을 많이 하는 선수였다. 마이클 조던(Michael Jordan)과 코비 브라이언트 모두를 지도한 경험이 있는 필 잭슨(Phil Jackson) 감독은 훈련량만큼은 브라이언트가 많다고 말했다. 브라이언트가 비난을 받는 가장 결정적인 이유는 지나칠 정도로 개인 플레이를 즐겨하기 때문이다. 좀처럼 팀 동료에게 패스하지 않는 브라이언트는 '코난사('코비'와 아끼지 않고 슛을 던진다는 의미의 '난사'가 합쳐진 형태)'라는 불명예스러운 별명을 가지고 있다. 하루는 코치의 "왜 그렇게까지 패스를 안 하고 혼자 플레이해?"라는 질문에 브라이언트는 다음과 같이 답했다.

"진짜 이유를 알고 싶어? 팀 동료 중에 몇몇 선수는 최선을 다해서 노력하는 것이 뭔지 몰라. 기껏 연습 시간 10분 전에 어슬렁어슬렁 나와 연습이 끝나자마자 바로 집에 가 버려. 그런 애들을 보고 내가 무엇을 믿고 패스할 수 있겠어. 나는 그들이 농구를 대하는 태도가 싫어. 나는 항상 누구보다 먼저 나와서 열심히 훈련하고 조금이라도 내 실력을 키우기 위해 최선을 다하는데 말이야. 그런데 그 선수들은 더 나아지려고 최선을 다하지 않아. 걔네들한테 믿음이 생길 수가 없어. 당연히 그런 애들한테 패스할 수 없지. 패스를 받고 싶다면 나만큼 최선을 다해야 해."

20년 동안 LA 레이커스(Los Angeles Lakers) 한 팀에서만 활약하며 다섯 차례 우승을 거머쥔 코비 브라이언트의 총 득점은 33,643점인데 이는 NBA 역사상 4위에 해당하는 기록이다. 많이 넣은 만큼 놓친 슛도 많았다. 브라이언트는 총 14,481회의 슛을 놓쳤는데, 이는 NBA 역사상 2위에 해당한다. 그래서일까. 브라이언트의 자기 중심적 플레이는 종종 팀원과의 갈등으로 이어지기도 했다. 2000년에서 2002년까지 한솥밥을 먹으면서 스리핏(3-peat, NBA에서 유래된 용어로서 파이널 경기에서 3회 연속해 우승하는 것을 의미한다. 3을 뜻하는 'three'와 반복을 의미하는 'repeat'이 합쳐지면서 발음이 같은 '리'가 생략되었다)을 달성하는 동안 파이널 MVP를 독차지한 샤킬 오닐(Shaquille O'Neal)도 마찬가지이다. 브라이언트가 "만약 오닐이 나처럼 체육관에 일찍 나와 연습했다면 우리는 우승 반지 열두 개를 끼웠을 것이다"라고 인터뷰한 내용을 소개한 인스타그램에 오닐은 "네가 패스를 조금만 더 효율적으로 했다면 우리는 정말 우승 반지 열두 개 차지했겠지"라고 댓글을 달았다.

팀워크는 팀 스포츠의 핵심이다. 알렉스 퍼거슨(Alex Ferguson) 감독의 명언 "팀이 위대한 선수를 품어야 하기도 하지만, 위대한 선수 역시 팀을 위해 플레이해야 한다(The work of a team should always embrace a great player but the great player must always work)"와 같이 브라이언트 역시 팀의 승리를 위해 뛰어야 한다. 무턱대고 슛을 시도하는 선수가 있다면 상대 팀에서 예측하기가 쉬워진다. 동료들은 '어차피 내게 공이 오지 않을 것'이라는 생각에 공격 국면에서 집중하지 못한다. 소외감은 덤이며, 경기 실패에 대한 책임 회피 심리까지 생길 수 있다. 이래저래 지나친 자기 중심적 플레이는 팀에 일정 부분 부정적인 영향을 미칠 수밖에 없다. '코난사'에 대한 비판 수위가 하루가 멀다 하고 올라가고 있었다.

그런데 어느 순간부터 브라이언트의 다른 진면목이 돋보이게 되었다. 대중에게 브라이언트는 '슛에 욕심이 많은 선수'에서 '한계를 뛰어넘으려고 끊임없이 노력하는 선수'로 바뀌었다. 브라이언트의 농구에 대한 진중한 태도와 끊임없이 노력하는 자세가 알려졌기 때문이다. 그의 오프 시즌 666 훈련(새벽 4시에 하루를 시작해 두 시간의 달리기, 두 시간의 기술 연습, 두 시간의 웨이트 트레이닝으로 구성된 하루 6시간 훈련을 일주일에 6번씩 6개월 동안 진행하는 방식), 경기 도중 탈골된 손가락뼈를 맞추고 아무렇지 않다는 듯 코트로 돌아가는 모습, 동체 시력 향상과 발목 강화를 위해 복싱과 탭댄스를 배우는 태도는 자기 중심적 플레이어라는 기존 이미지를 지우는 데 효과적이었다. 결국 불명예스러운 '코난사'는 어제보다 나은 오늘을 위한 노력은 계속되어야 한다는 그의 '맘바 멘탈리티(mamba mentality)'로 대체되었다.

우리는 브라이언트와 같이 해당 종목에서 커다란 족적을 남긴 선수를 스포츠 영웅으로 여긴다. 통상적으로 스포츠 영웅은 다른 선수가 범접할 수 없을 정도의 경기력, 자기 극복을 위한 끊임없는 노력, 강력한 카리스마, 시대를 앞서가는 통찰력, 인종 차별 등과 같은 사회 문제 해결에 대한 큰 기여 등과 같은 특징을 보인다.

프리드리히 니체(Friedrich Nietzsche, 1844~1900)가 말한 위버멘쉬(Übermensch)는 브라이언트와 같은 스포츠 영웅을 이해하는 데 효과적인 개념이다. 초인(超人)[30]으로 번역되는 위버멘쉬의 주요 특징은 다음과 같다. 첫째, 기존의 도덕과 규범에 기대지 않고 자신의 의지대로 살아간다. 니체는 종교의 교리와 같이 잘 포장된 외부의 교리에 기대는 삶을 주체성을 상실한 것으로 봤다. 상대적으로 약한 사람에 대한 배려, 요구당하는 겸손, 기존 체제에 대한 순종 및 순응은 위버멘쉬의 모습과 거리가 먼 것이다. "왜 패스를 하지 않고 혼자 플레이하느냐"는 질문에 대한 브라이언트의 답 역시 이와 무관하지 않다.

둘째, 스스로를 넘어서기 위해 끊임없이 노력한다. 위버멘쉬는 단순히 힘이 더 센 사람이나 경기력이 좀 더 뛰어난 선수를 의미하지 않는다. 자신을 뛰어넘는 방식으로 끊임없이 한계를 재정의하는 사람이다. 오른 손목이 부러진 브라이언트가 바로 다음 날 새벽부터 오른손에 깁스를 한 채 왼손 드리블과 슛 연습을 했다는 유명한 일화가 있다. 그에

---

[30] 보통 뛰어넘는(超) 능력을 갖춘 일종의 초능력자로 오인될 수 있다는 측면에서 '극복인'으로 번역하기도 한다. 니체가 말한 초인은 기존 도덕이나 관습에 무비판적으로 수용하지 않으며, 자신의 가능성을 활짝 펼치고자 주체적으로 살아가는 사람이다. 이와 같은 측면에서 초인은 superman이 아니라 overman에 가깝다.

게 오른 손목 골절은 왼손을 집중적으로 연습할 기회였던 셈이다. 카메라 플래시 때문에 슛을 놓친 그가 여섯 시간 동안 태양 아래서 햇빛을 보면서 슛을 연습한 것 역시 같은 맥락이다. 부족한 점을 하나씩 메우면서 다시 개선할 점을 찾는 것이 위버멘쉬의 방식이다.

니체가 말한 '영원 회귀(Ewige Wiederkunft)'는 브라이언트의 훈련 방식과 맞닿아 있다. 영원 회귀는 쉽게 말해 "지금 이 삶을 영원히 그리고 무한히 반복해야 한다면 이것을 견딜 수 있겠는가?"라는 물음에 대한 답이다. 이는 단순히 반복되는 삶을 받아들이라는 것이 아니다. 같은 삶을 다시 살더라도 후회 없도록 매 순간을 주체적으로 살아가라는 것을 일깨우는 질문이다. 브라이언트의 삶은 이 질문에 대한 응답처럼 보인다. 수많은 부상, 비난, 좌절을 겪으면서도 그는 같은 방식의 노력을 선택하고 자신의 한계를 시험했다. 중요한 것은 한 번의 업적이 아니다. 그 선택을 기꺼이 다시 할 수 태도이다. 날마다 반복되는 훈련과 고통 속에서도 "이 삶을 다시 살아도 좋다"고 말할 수 있는 '맘바 멘탈리티'야말로 위버멘쉬의 조건인 것이다.

그렇다면 우리는 어떤 과정을 거쳐 위버멘쉬가 될 수 있을까? 니체는 《차라투스트라는 이렇게 말했다》에서 세 가지 단계를 설명한다. 첫 번째는 낙타 단계이다. 우리가 익히 아는 낙타의 모습은 짐을 지고 사막을 묵묵히 건너는 것이다. 이와 같은 측면에서 낙타는 주어진 숙명에 순응하면서 위대한 것을 공경하는 존재에 가깝다. 이 단계의 인간은 '참아야 한다'는 당위 앞에서 자신을 억누른다. 주목할 점은 낙타의 단계가 쓸모없는 것이 아니라는 데 있다. 순응하고 복종하는 단계를 겪어 봐야 지시하고 관리하는 일을 제대로 할 수 있기 때문이다. 신인 시절의 브라이언트가 코치의 지시를 충실히 따르며 NBA 세계에 적응해 가는 모습이 여기에 해당한다.

두 번째 단계는 사자 단계이다. 사자의 삶은 쉽게 말해 "나는 원한다"를 외치며 세상과 맞붙어서 싸워 이기려 하는 삶이다. 싸운다는 것은 기존의 것이 잘못되었다는 일종의 '부정'을 포함한다는 의미이다. 이 단계에서의 인간은 외부 권위에 저항하고 자신의 길을 스스로 개척한다. 흥미로운 점은 낙타 단계를 겪지 않은 사람은 제대로 된 사자가 될 수 없다는 것이다. 자신만의 질서와 가치를 만들어 내더라도 기존 질서를 따르는 경험이 없는 사람은 자신이 만든 규율을 지킬 수 없기 때문이다. 팀 플레이에 충실하지 않다는 비판에 굴하지 않고 자신만의 농구 철학을 경기장에서 풀어내고자 했던 브라이언트의 모습은 사자에 가깝다.

마지막은 어린아이 단계이다. 우리가 익히 아는 어린아이의 모습에는 낙타의 고됨이나 사자의 무서움이 잘 보이지 않는다. 어린아이를 들었을 때 제일 먼저 떠오르는 이미지는 무엇일까? 여러 가지가 있겠지만, 즐겁게 무언가를 가지고 노는 모습이다. 성인과 달리 실수하거나 실패를 크게 두려워하지 않는 것도 어린아이의 큰 특징 중의 하나다. 니체가 말한 어린아이는 새롭게 무엇인가를 만들어 내고 세계를 새롭게 받아들이는 태도를 뜻한다. 브라이언트가 후배에게 영감을 주는 존재로 성장하고, 은퇴 후 딸과 함께 농구를 즐기는 모습 등이 여기에 해당한다.

결국 위버멘쉬는 낙타처럼 인내하고, 사자처럼 저항하고, 어린아이처럼 새로운 세계를 여는 존재이다. 농구로 드러난 브라이언트의 삶은 이 세 단계를 생생하게 보여 준다. 타인의 시선보다 자신의 성장에 집중한 브라이언트의 모습은 무소의 뿔처럼 홀로 나아가는 위버멘쉬의 모습과 겹친다. 반복되는 힘든 훈련과 벗어나기 힘든 압박을 기꺼이 받아들이는 그의 태도에서 니체의 영원 회귀를 볼 수 있다. 브라이언트처럼 그 누구보다 자신을 믿고 동시에 스스로에게 엄격할 때 우리 또한 각자의 영역에서 위버멘쉬가 될 수 있다.

Epilogue
개념은 멈추지 않는다

개념은 사물처럼 실제로 존재하는 것이 아니다. 손에 잡히지도 않고 개념 간의 경계도 뚜렷하지 않다. 그렇기 때문에 개념을 정확히 포착하는 일은 매우 어렵다. 좀 더 정확히 이야기하면 애초에 불가능에 가깝다. 이 책에서 내가 한 일은 이미 존재한 개념에 나만의 해석과 경험을 조금 덧붙인 것에 불과하다. 아무것도 없는 상태에서 의미 있는 무언가를 뚝딱 만들어 내는 일이 불가능한 점을 고려하면, 이것은 너무나도 당연하다. 결국 내가 한 시도는 무 자르듯이 뚜렷하게 나눌 수 없는 개념을 잠정적으로나마 구분해 보고, 정확하게 말로 옮기기 어려운 생각을 내 나름의 말로 풀어내려 애쓴 것뿐이다.

이쯤에서 이 책의 제목인 '유니폼을 입은 개념: 스포츠로 배우는 생각하는 법'을 떠올릴 필요가 있다. 우리의 생각과 마찬가지로 개념 역시 살아 있는 생물과 같이 움직인다. 당연히 검색 엔진에서 제공하는 사전적 정의나 전문 서적에 표기되어 있는 기술적 정의만이 개념을 이해할 수 있는 방법은 아니다. 개념은 결코 머릿속에서만 움직이지 않는다. 우리의 몸, 감각, 일상, 관계 속에서 각기 다른 방식으로 작동한다.

스포츠는 살아 움직이는 개념이 생생하게 작동하는 무대이다. 이 책에서 다룬 40개의 이야기는 스포츠 장면에서 개념을 다시 생각하고 새롭게 이해한 것을 기록한 '나의 움직이는 생각들'이다. 우리는 아이의 성장을 지원하는 코칭에서 '배움'을 새롭게 바라보고 손에서 놓치고 다시 쥐는 테니스 그립에서 '실수'와 '성장'을 입체적으로 이해할 수 있다. 농구의 자유투와 탱킹은 각각 '선고된 자유'와 '공정함'을 다시 생각할 수 있는 기회를 제공한다.

이와 같이 개념은 고정된 정의가 아니라 살아가며 계속 달라지는 생각이다. 개념이 머릿속 지식으로만 남아서는 안 되는 이유이다. 어디까지나 경험을 통해 이해되어야 하고 실천으로 이어져야 한다. 책 읽는 나, 달리는 나, 연대하는 나 모두는 개념의 한 장면을 살아내고 있다.

40개의 이야기는 끝났지만, 여러분의 개념 여정은 계속된다. 여러

분의 머릿속에는 다양한 개념에 대한 내 생각이 바라건대 약간 투영되었을 뿐이다. 책을 덮은 이후 여러분의 삶 속에서 개념은 또다시 살아 움직일 것이다. 일상적으로 접하는 스포츠 뉴스, 자녀와 함께하는 운동, 오랜 친구와 함께 관람하는 국가대표 경기 등 그 모든 장면에서 개념은 새롭게 태어날 것이다.

책은 멈추지만 생각은 멈추지 않는다. 우리는 개념을 이해하고 동시에 삶 속에서 개념을 살아내기도 한다. 이 책이 여러분의 생각을 단 한 걸음이라도 움직였다면 그다음 걸음은 이제 여러분의 것이다.

참고 문헌 references

- 남경태(2014). 종횡무진 역사. 서울: 휴머니스트.
- 남경태(2015). 누구나 한번쯤 철학을 생각한다. 서울: 휴머니스트.
- 롤라 유네스(2016), 이영철 번역(2024). 비트겐슈타인 입문. 서울: 21세기 문화원.
- 르네 데카르트(1637), 아당·타네리 편집(1965–1974), 이재훈 번역(2024). 방법서설. 서울: 휴머니스트.
- 미셸 푸코(1961), 이규현 번역(2020 개정판). 광기의 역사. 파주: 나남출판.
- 박상현(2024). 친애하는 슐츠 씨. 서울: 어크로스.
- 박찬국(2013). 하이데거의 존재와 시간 읽기. 서울: 세창미디어.
- 서은국(2024). 행복의 기원. 파주: 21세기북스.
- 유발 하라리(2011), 조현욱 번역(2015). 사피엔스. 파주: 김영사.
- 장 폴 사르트르(1946), 박정태 번역(2008). 실존주의는 휴머니즘이다. 서울: 이학사.
- 조용환(2014). 차라투스트라는 이렇게 수업했다: 교육인류학의 눈으로. 교육인류학연구, 17(4), pp.5–74.
- 조용환(2021). 교육다운 교육. 서울: 바른북스.
- 톰 필립스(2018), 홍한결 번역(2024). 인간의 흑역사. 파주: 윌북.
- 허태균(2015). 어쩌다 한국인. 서울: 중앙books.

찾아보기 Index

[ㄱ]

가격   33, 204~207
가르침   53~58
가족 유사성   309
가치   32, 40, 71, 94, 117, 144, 178, 182, 200, 203~207, 211, 217 225, 251, 257, 260, 282, 307, 316
가치관   22, 76, 102, 193
간접 경험   25, 45~48
감각   31, 45, 46, 48, 78, 84~87, 111~113, 115~120, 125, 126, 254~256, 259, 263, 305
감성   118, 119
개념   12~17, 25, 30, 84, 118, 126, 164, 192, 318~320
개별자   84, 85
개인   39, 92, 95, 96, 105, 184, 193, 226, 242, 255, 293, 301
객관   117, 271
게임스맨십   67, 68
경쟁   68, 69, 131, 155, 160, 182, 183, 223, 229
경험   25, 43~49, 55, 57, 75, 86, 89, 96, 97, 118~120, 164, 264~266, 270, 275, 279, 293
경험론   110, 118, 270
계급   225~229, 301
계약   61, 198, 209~220
계층   77~79, 227
공간   76, 121~126, 228, 239
공격   94, 116, 122, 163, 187~194, 263, 313
공교육   55, 142~146
공동체   39, 78, 95, 103, 105, 130, 132, 175~178, 260, 293, 301, 302
공리주의   256, 258~260
공정   67, 69, 71, 155, 182, 183, 223, 228, 229
관계   24, 30~33, 84~86, 101~107, 188, 192~194, 218~220, 265, 293, 301, 302
관계주의   102~106
관습   35, 71, 226, 234, 310
관심   101, 102, 110, 248
교수   17, 55, 56
교육과정   145
교환 가치   204~207
구조화   120, 302
국가   40, 95, 96, 103, 143, 148, 159, 173~178, 181~185
국가대표   25, 173~175, 177, 180~184, 200, 233, 239
국위 선양   41, 180~184, 239
권력   158, 175, 239~243

규율 권력 242, 243
그림 이론 305, 306
기록 28~30, 33, 162, 207, 255, 264
기의 299, 300, 302
기표 299, 300, 302
기호 가치 206, 207

[ㄴ]

놀이 37, 63, 64, 309

[ㄷ]

다름 41, 56, 158
다문화 24, 35, 40, 41, 173, 178
다양성 69, 178
다자인 271~273
대자 285, 287
도핑 69, 182

[ㄹ]

랑그 301, 302

[ㅁ]

맥락 의존성 68, 71
무의식 46, 289~294
문화 자본 79
민족 24, 41, 176~178, 302

[ㅂ]

반성적 의식 276, 277
배움 49, 53, 54~58, 136~139, 141, 248~253
배움의 단계 248, 249, 252
변증법적 유물론 220
변화 123, 124, 126, 144, 152, 165, 220, 234, 235, 242
복잡계 164, 192
본질 24, 31, 43, 86, 264~266, 272, 276, 285, 286, 300, 301, 309
본질 직관 262, 265, 266, 278~280
불문율 128~132
불안 269, 270, 272, 284
비존재 124, 126

[ㅅ]

사고 실험 126
사교육 55, 142~146
사용 가치 204, 205, 207
상대주의 35, 40
상부구조 218~221
상비군 25, 184
상품 31, 197~201
생산 150, 197~199, 218, 220
생태계 148~150, 157, 160, 221, 235, 236, 243

찾아보기 Index

성별　　　　　　　　　　155, 157, 278
성장　　23, 43, 44, 49, 70, 134, 210, 211,
　　　　235, 262, 265, 266, 317
세계-내-존재　　　　　　　　272, 273
섹스　　　　　　　　　　　　　155~158
소비　　93, 196~201, 204, 206, 218, 220
소속감　　　　　　　　　　　　　　176
수비　　　　　　　　　　　187~194, 263
순위　　　　　　　　20, 28~30, 33, 68
스포츠맨십　　21, 66~72, 129, 130, 207
시간　　　　　　37, 49, 122~126, 231, 266
시간성　　　　　　　　　　　　　　266
시장　　146, 157, 162, 197~200, 205~207
시행착오　　　　　　　　　　　　　138
신뢰　　69, 125, 203, 207, 209, 211, 298
신분　　　　　　　　　　　　　226, 227
신용　　　　　　　　　　　　　211~213
신호　　　　　　　　　　　　　　51, 296
실수　　94, 134~139, 247, 251, 252, 269,
　　　　275, 292
실존　　　　　　　270, 275~280, 285, 287
실체　　28, 30~33, 45, 101, 105, 112, 113,
　　　　117, 158, 164, 193, 194, 241, 301,
　　　　302

아비튀스　　　　　　　　　　　　75~79
양적 공리주의　　　　　　　　　258, 259
언어　　30, 31, 116, 296, 299~302, 305~310
언어 게임　　　　　　　　　　　305, 309
언포스드 에러　　　　　　　135, 136, 139
역사　　　　　　　　　　　35, 36, 39, 82
역설　　　　　　　　　　　　　125, 126
영원 회귀　　　　　　　　　　　315, 317
예측　　　　　　　　　　161~168, 187, 264
오성　　　　　　　　　　　　　　118, 119
외부 세계　　112, 117~119, 165, 168, 285
원조　　　　　　　　　　　　　81~83, 87
원형　　　　　　　　　　　　　　87, 293
위버멘쉬　　　　　　　　　　　314~317
의사소통　　　　77, 132, 296, 307, 308
의식　　263, 264, 266, 276, 285, 286,
　　　　289~292
이데아　　　　　　　　　　　　　84~87
이분법　　　　　　　　　　　191, 192, 194
인식　　31, 32, 61, 62, 84~86, 96, 110, 112,
　　　　113, 117~119, 126, 266, 270, 271,
　　　　305, 306
인종　　　　　　　　　41, 70, 157, 158, 160
입스　　　　　　　　　　　　268, 269, 273

[ㅇ]

아마추어　　　　　　　　60~64, 136, 185

[ㅈ]

자기 기만　　　　　　　　　　　　　287

자발성	62, 64	지속성	63, 257, 258
자본	79, 197, 213, 217, 218, 220	지식	23, 55, 117, 118, 240~243
자본주의	197~199, 205, 212	지향성	263
자연(환경)	38, 39, 148~150	지혜	23~26
자유	31, 39, 62, 96, 282~287, 302	직접 경험	25, 45~48
재생산	78, 79, 227, 228	질료	86
전반성적 의식	276, 277, 280	질적 공리주의	259
정의	25, 31, 37, 82, 90, 93, 143, 148, 157, 158, 174, 182, 189, 227, 234, 278, 280, 296~307, 309	집단 무의식	292, 293

[ㅊ]

차별	82, 158, 160, 226
차이	24, 31, 32, 160, 229, 248, 301
책임	69, 105, 151, 286, 287
철학	21~23, 84, 85, 110~112, 117, 118, 122, 219, 270, 306, 307
체급	223, 224, 228, 229
초킹	269, 273

정체성	32, 41, 75, 156, 158, 176, 181, 185, 206, 218~220, 293
젠더	35, 155~158
조국	174~178
존재	30, 31, 63, 70, 86, 101, 105, 109~113, 117, 122, 124, 263, 266, 270~273, 276~280, 285~287
존재 가치	54
존재자	130~132, 270~272
존중	69~72
좋아함(좋아하는)	62~64, 248~252
주관	111, 116, 260, 271
주변화	105
주체	112, 113, 118, 270~276, 287, 314
즉자	285
즐김(즐기는)	62~64, 77, 150, 248~253
지속 가능(성)	151, 221, 235

[ㅋ]

코기토	109, 110
코칭	51~55
코페르니쿠스적 전환	119
쾌락	255~260
쾌락 계산법	257

[ㅌ]

탱킹	20, 21

찾아보기 **325**

찾아보기 Index

| 통찰력 | 25, 314 |

[ㅍ]

파놉티콘	238
파롤	301, 302
판단 중지	264
패러다임	113, 234
팬	69, 75, 101, 129, 196, 199, 201, 218, 220
프로	60~62, 64, 196, 197
프로 스포츠	21, 129, 162, 196~201, 209, 210~213, 216, 218~221, 239, 282
피투성	272

[ㅎ]

하부구조	218~221
학습	43, 45~47, 56, 138, 145, 165
학습자	54, 55, 58, 144, 145
합리론	110, 118, 270
행동 양식	36, 40, 71, 75, 130
행복	89~97, 256, 258
행운	91
행위	39, 71, 77, 220, 257, 260, 276~278, 296
혁신	234
현상학	262, 263, 266
현실 세계	85~87
현존재	22, 271, 272
협동	71, 298
협력	69, 293, 299
형상	86, 112
형이상학	306
확증 편향	167, 168
환경	39, 75, 76, 95, 97, 148, 149, 151, 152, 158, 284
휴리스틱	165~168
흑백 논리	191~194

[인명]

루트비히 비트겐슈타인 305~307, 309
르네 데카르트 109~113, 117, 118, 270
마르틴 하이데거 22, 260~272
미셸 푸코 240
아리스토텔레스 85~87, 90, 125
에드먼드 후설 262~266
엘레아의 제논 125, 126
임마누엘 칸트 118, 119
장폴 사르트르 275~277, 280, 283~287
제레미 벤담 256~259
조지 버클리 117, 118, 270
존 스튜어트 밀 259
지크문트 프로이트 290~292
플라톤 22, 84~87, 125
카를 마르크스 218, 220, 221
카를 융 292, 293
토머스 쿤 234
파르메니데스 124, 125
페르디낭 드 소쉬르 299~301
폴 새뮤얼슨 93
프리드리히 니체 314~317
피에르 부르디외 75, 78, 79
헤라클레이토스 123

Man is nothing else but what he makes of himself.
결국 우리는 스스로 만드는 존재일 뿐이다.
— 장폴 사르트르

멈추지 않는 생각이
우리를 끊임없이 형성한다.